감사로 드리는 제사

하나님의 영광을 위하여 …

시편 강해 ④
책 이 름　감사로 드리는 제사

펴 낸 날　1판 1쇄 2003. 4. 15
1판 6쇄 2015. 7. 15

지 은 이　김서택
펴 낸 이　이환호
만 든 이　반갑경 · 김민경
펴 낸 곳　예찬사
등　　록　1979. 1. 16 제 302-2004-000056호
주　　소　서울시 용산구 한강대로 46길 6 정우빌딩 205호
전　　화　798-0147(편집) 798-0148~9(영업)
팩시밀리　798-0145
블 로 그　blog.naver.com/yechansa
전자우편　octo0691@naver.com
ISBN　9789-7439-252-6 (전10권)
9789-7439-256-9 03230

옥토를 만드는 믿음의 책-
예찬사는 기독교 출판 실천윤리강령을 준수합니다.

김서택 목사의 시편 강해 ④

감사로 드리는 제사

김서택 지음

■ 서문

무한한 진리의 보고

저는 언젠가 신문에서, 침몰한 옛날 보물선을 찾아내어 무진장한 보물을 얻은 사람의 이야기를 본 기억이 있습니다. 그 사람은 우선 정확한 고증과 문헌 조사를 통하여 보물을 실은 선박이 침몰한 시기와 위치를 알아냈다고 합니다. 그리고 나서 최첨단 과학 장비와 끈질긴 노력으로 실제로 그 보물선을 발견한 것입니다.

우리가 가지고 있는 시편은 그야말로 '진리의 보고' 입니다. 이 시편 안에는 우리의 신앙에 필요한 모든 귀중한 보배들이 다 들어 있음에도, 사실 우리는 이 진리의 바다 속에 들어가는 것을 두려워해 왔습니다. 그러나 진정으로 자신의 영혼을 풍요롭게 하기를 원하는 자들은 보물선을 탐사하듯 시편 속에 묻힌 보물을 충분히 찾아보아야 합니다.

다른 성경은 하나님께서 우리에게 직접 말씀하신 것이기 때문에 '여호와께서 가라사대' 로 되어 있습니다. 그런데 시편은 다른 성경과는 달리 믿음의 사람들이 하나님께 대하여 신앙을 고백한 것입니다. 우리 인간이 하나님의 진리를 자신의 경험과 체험 속에 완전히 녹여서 하나님께 기도나 찬송으로 표현한 것입니다. 이것은 완전히 삶 속에 녹은 진리이기 때문에 우리가 그대로 먹기만 하면 약이 됩니다.

특히 다윗이 이렇게 많은 시를 지은 것이 놀랍습니다. 그만큼 그에게는 놀라운 성령의 부으심이 있었고 성령의 영감이 넘쳐 흘렀습니다. 하나님께서 교회에 놀랍게 복을 주시는 부흥의 시기에는 바로 이런 풍성한 말씀의 은혜가 있습니다.

저는 시편을 설교하면서 지금까지 제가 설교한 모든 것을 종합한다는 심정이었습니다. 왜냐하면 시편 자체가 그렇게 되어 있기 때문입니다. 시편의 놀라운 진리들이 우리의 신앙을 부요하게 만들어 줄 것입니다. 그리고 다시 한번 교회의 강단에서 풍성한 진리가 넘쳐 흐름으로 성령의 위대한 부흥의 시대가 우리에게 찾아오기를 바랍니다.

2003년 봄

대구 수성교 옆에서 **김서택** 목사

■ 차례

감사로 드리는 제사

사슴이 시냇물을 사모하듯이

42.

하나님이여
사슴이 시냇물을 찾기에 갈급함같이
내 영혼이 주를 찾기에 갈급하나이다
내 영혼이 하나님 곧 생존하시는 하나님을 갈망하나니
내가 어느 때에 나아가서 하나님 앞에 뵈올꼬
사람들이 종일 나더러 하는 말이
네 하나님이 어디 있느뇨 하니
내 눈물이 주야로 내 음식이 되었도다
내가 전에 성일을 지키는 무리와 동행하여
기쁨과 찬송의 소리를 발하며
저희를 하나님의 집으로 인도하였더니
이제 이 일을 기억하고 내 마음이 상하는도다
내 영혼아 네가 어찌하여 낙망하며
어찌하여 내 속에서 불안하여 하는고 너는 하나님을 바라라
그 얼굴의 도우심을 인하여 내가 오히려 찬송하리로다
내 하나님이여 내 영혼이 내 속에서 낙망이 되므로
내가 요단 땅과 헤르몬과 미살 산에서 주를 기억하나이다
주의 폭포 소리에 깊은 바다가 서로 부르며
주의 파도와 물결이 나를 엄몰하도소이다
낮에는 여호와께서 그 인자함을 베푸시고
밤에는 그 찬송이 내게 있어 생명의 하나님께 기도하리로다
내 반석이신 하나님께 말하기를 어찌하여 나를 잊으셨나이까
내가 어찌하여 원수의 압제로 인하여 슬프게 다니나이까 하리로다
내 뼈를 찌르는 칼같이 내 대적이 나를 비방하여 늘 말하기를
네 하나님이 어디 있느냐 하도다
내 영혼아 네가 어찌하여 낙망하며
어찌하여 내 속에서 불안하여 하는고
너는 하나님을 바라라
나는 내 얼굴을 도우시는 내 하나님을
오히려 찬송하리로다

As the deer pants for streams of water,
so my soul pants for you, O God.
My soul thirsts for God, for the living God.
When can I go and meet with God?
My tears have been my food
day and night,
while men say to me all day long,
"Where is your God?"
These things I remember
as I pour out my soul:
how I used to go with the multitude,
leading the procession to the house of God,
with shouts of joy and thanksgiving
among the festive throng.
Why are you downcast, O my soul?
Why so disturbed within me?
Put your hope in God,
for I will yet praise him,
my Savior and my God.
My soul is downcast within me;
therefore I will remember you
from the land of the Jordan,
the heights of Hermon-from Mount Mizar.
Deep calls to deep
in the roar of your waterfalls;
all your waves and breakers
have swept over me.
By day the Lord directs his love,
at night his song is with me-
a prayer to the God of my life.
I say to God my Rock,
"Why have you forgotten me?
Why must I go about mourning,
oppressed by the enemy?"
My bones suffer mortal agony
as my foes taunt me,
saying to me all day long,
"Where is your God?"
Why are you downcast, O my soul?
Why so disturbed within me?
Put your hope in God,
for I will yet praise him,
my Savior and my God.

사람의 마음에 가장 큰 고통을 주는 것은 '상실감' 이라고 합니다. 특히 배우자의 상실이 가장 큰 고통이고 그 다음에는 직장이나 집을 잃어버리는 것이라고 합니다. 가족을 떠나 먼 외국에서 생활을 할 때 가족에 대한 그리움은 말로 표현할 수가 없을 것입니다. 가족 한 사람 한 사람의 얼굴을 생각하면 당장이라도 모든 것을 그만두고 집으로 달려가고 싶을 것입니다. 그러나 집으로 달려가고 싶어도 달려가지 못하게 막는 것이 있습니다. 즉 돈을 벌어야 한다거나, 공부를 해야 한다거나, 아니면 죄를 지어서 갈 수 없는 경우입니다.

저는 어렸을 때 시골길을 혼자서 타박타박 걸어가다가 정말로 가족이 그립고 보고 싶었던 적이 있습니다. 어느 집 창문 밖으로 불빛이 새어나오면서 그 가족들이 함께 식사하는 소리가 달그락달그락 나고 오순도순 이야기하는 소리가 들려왔을 때, 저는 가족들이 사무치도록 그리웠습니다. 그런데 성도들에게는 또 다른 하나의 가족이 있습니다. 그것은 함께 은혜와 말씀을 나누었던 믿음의 식구들입니다.

교회에서 주일학교 교사로 열심히 봉사하던 청년이 군에 입대해서 교회를 떠나게 되면, 자신이 가르치던 주일학교 아이들과 봉사했던 그 순간들이 얼마나 그리워지는지 모릅니다. 그래서 훈련 중에 밤이 되어 취침하거나 혼자 보초를 서게 되면 아이들이 보고 싶어서 훌쩍거리면서 우는 것입니다. 그러다가 예배 시간이 되면 아예 펑펑 울면서 눈물을 쏟아 놓습니다. 그리스도인들에게 가장 큰 고통은 영광스러운 예배의 상실과 사랑하는 신앙의 가족들과의 이별입니다.

시편 42편은 도망자의 기도입니다. 아마 이 시는 다윗의 시일 가능성이 많습니다. 다윗은 도망 다닐 때가 참 많았습니다. 특히 사울이 그를 핍박했을 때 다윗은 거의 도망 다니지 않은 곳이 없을 정도로 여러 곳을 전전해야 했습니다. 그런데 그때 그에게 뼈에 사무치는 그리움이 있었습니다. 그것은 어렸을 때 놀던 고향도 아니고, 친한 친구나 가족들도 아니고, 그가 직접 찬양대를 인도하면서 하나님께 드렸던 예배의 기쁨이었습니다. 다윗은 하나님의 은혜가 너무나도 그리웠습니다. 그래서 그 예배를 그리워하면서 얼마나 많은 눈물을 흘렸던지 눈물이 양식이 되었다고 고백하고 있습니다.

본시의 표제는 '고라 자손의 마스길'로 되어 있습니다. 고라 자손은 다윗 시대 이후에 찬양을 담당했던 사람들입니다. 그들은 주로 찬양시를 보관하는 일을 했는데 그중 많은 시가 다윗의 시일 것으로 생각됩니다. 그리고 마스길은 교훈시라는 뜻인데 여러 가지 가르침을 주는 시라는 뜻입니다. 사실 아삽의 시나 고라 자손의 시는 교훈적인 내용이 많은 것이 특징입니다. 그런데 본 시는 교훈시라기보다는 신앙 고백적인 내용이 더 많고 그래서 다윗의 시일 가능성이 높다고 봅니다.

하나님의 은혜를 사모함

사람에게 있어서 가장 그리운 대상은 역시 자기 가족들일 것입니다. 그래서 감옥에 있는 죄수들도 자기 가족들을 만날 것을 고대하면서 감옥 생활을 견디는 것입니다. 남북 이산 가족 상봉 장면을 보면 가족에 대한 그리움이 얼마나 뼈에 사무쳤는지를 잘 알 수 있습니다. 무려 오십 년 만에 부모와 자식이 만나고 형제들이 만나는데, 그 동안에도 그리움은 조금도 사그라지지 않고 더욱더 사무치더라는 것입니다. 그런데 성도들에게는 가족을 만나는 것보다 더 심한 갈급함이 있습니다. 그것은 하나님의 은혜를 다시 회복하고 맛보는 것입니다.

"하나님이여 사슴이 시냇물을 찾기에 갈급함같이 내 영혼이 주를 찾기에 갈급하나이다"(42:1).

다윗은 들판에서 양을 치면서 사슴을 만날 기회도 많았을 것입니다. 그런데 사슴은 피가 더운 동물이라서 그런지 갈증을 견디지 못합니다. 그래서 한번 목이 마르면 사슴은 물을 찾아서 숨을 헐떡이면서 얼마나 정신 없이 달려가는지 금방이라도 죽을 것처럼 달려갑니다. 다윗은 이 세상에서 가장 갈급한 소리는 사슴이 목이 말라서 헐떡거릴 때의 소리라고 생각했을지도 모릅니다. 아마도 사슴은 입에서 무슨 비명 소리 같은 것을 내면서 당장이라도 물을 마시지 않으면 죽을 것처럼 그렇게 급하게 물이 있는 쪽으로 달려갔을 것입니다.

사실은 사슴까지 갈 필요도 없습니다. 어린아이가 어머니 젖을 먹지 못하면 어떻습니까? 얼마나 심하게 우는지 모릅니다. 그러다가 엄마의 젖을 물려주면 헐떡거리면서 젖을 먹는데 정말 숨도 쉬지 않고 젖을 빱니다.

구원받은 성도들도 반드시 먹어야 하는 것이 있습니다. 그것은 바로 순전한 젖인 하나님의 말씀입니다. 성도들은 순전한 하나님의 말씀을 먹어야 기운을 차릴 수가 있고 만족한 신앙 생활을 할 수가 있습니다. 그런데 성도가 하나님의 말씀을 어느 정도 먹지 못하면 마음속에서 이유도 없이 화가 나기 시작합니다. 그것이 벌써 헐떡거리는 것입니다.

그래도 계속 하나님의 말씀을 듣지 못하면 그때부터는 시름시름 앓기 시작합니다. 그때는 마음에 기쁨이 하나도 없고 무슨 일을 해도 의욕이 생기지 않습니다. 이 단계는 이미 영적인 침체가 온 것입니다. 그리고 매사에 비판적이고 회의적입니다. 다른 사람들은 이 사람을 이해할 수가 없습니다. 왜냐하면 그 성도가 어떤 것에도 만족하지 못하고 화만 내고 있기 때문입니다. 이 단계가 지나면 결국 우울증이 오게 되고 위염이 생기는 등 여러 가지 육체적인 질병까지 오게 됩니다. 병원에 가서 진찰을 받아도 특별한 약도 없고 그저 '신경성'이라고 말할 뿐입니다.

그러다가 어느 날 살아 있는 하나님의 말씀을 들었다고 합시다. 그때 사람이 완전히 변하게 됩니다. 얼마나 울고 기뻐하는지 완전히 미친 사람 같습니다. 지금까지 보았던 침체되고 비판적인 사람이 아니라, 완전히 미친 사람처럼 울고 웃는데 다른 사람들은 이것을 또 이해할 수가 없습니다. 그런데 바로 이 모습이 사슴이 시냇물을 사모하는 것처럼 갈급한 것입니다.

전에 어떤 분은 오랫동안 말씀을 듣지 못해서 영적인 침체에 들어갔습니다. 그는 열심히 교회 봉사를 했습니다. 나름대로 열심히 전도도 하고 성경도 묵상했습니다. 그러나 그는 능력 있는 하나님의 말씀을 듣지 못해서 영혼이 깊이 병들게 되었고 모든 일에 의욕을 잃어버리게 되었습니다. 그러다가 어느 순간에는 육체의 병까지 얻게 되고 정신 치료까지 받게 되었습니다. 저는 그분께 말씀을 드렸습니다. "당신이 정상입니다. 나는 왜 다른 사람들은 당신처럼 육체와 정신의 병을 앓지 않는지 오히려 그게 더 이해되지 않습니다." 즉 그가 병들었던 것은 영적으로 살아 있었기 때문이라는 말입니다.

그런데 그후에 말씀을 들었을 때 그는 다시 미치기 시작했습니다. 물론 그 전과는 다른 종류였습니다. 그는 예배 시간에 울고 웃고 하기를 계속했습니다. 그후 우울증이 치료되었고 육체의 질병도 깨끗하게 나았습니다. 과거의 그 영감과 능력도 되살아 났습니다.

우리 그리스도인들에게서 다른 것을 다 빼앗아 간다 해도 그것이 우리에게 그렇게 치명적인 타격을 주지는 못합니다. 그리스도인도 재산을 잃을 수 있고 가족을 잃을 수도 있습니다. 물론 이것이 큰 슬

픔인 것은 분명하지만 그것으로 인해 성도가 죽는 것은 아닙니다. 그러나 성도가 하나님의 말씀을 잃어버리면 그때는 아무것도 할 수가 없습니다.

"목마른 사슴이 시냇물을 찾기에 갈급하듯이 내 영혼이 주를 찾기에 갈급하나이다." 우리는 이 말씀이 이해되어야 정상입니다. 이 말씀이 이해되지 않는 사람은 참 양식이 아닌, 참 젖이 아닌 다른 가짜 양식을 잔뜩 먹었기 때문에 영적으로 주린 줄을 모르는 것입니다. 참 양식을 먹지 못하여 영혼이 병들면 갈급해야 하고 미쳐서 울부짖는 것이 정상입니다.

사슴은 물 냄새를 기가 막히게 맡습니다. 그리고 사슴은 물을 한번 발견하고 나면 염치나 체면을 생각하지 않습니다. 아직 염치를 생각하고 체면을 생각하는 사람은 덜 갈급한 것입니다. 갈급한 영혼은 물 냄새를 맡으면 목마른 사슴처럼 목숨을 걸고 덤벼들게 되어 있습니다. 그리고 성도들은 물을 마시고 나면 다시 그 능력을 나타내기 시작합니다. 우리는 성도 한 사람이 성령으로 다시 힘을 얻었을 때 나타낼 수 있는 힘이 얼마나 엄청난지 모릅니다.

"내 영혼이 하나님 곧 생존하시는 하나님을 갈망하나니 내가 어느 때에 나아가서 하나님 앞에 뵈올꼬"(42:2).

다윗이 만나기 원하는 하나님은 죽은 하나님이 아닙니다. 인간이 자기 머리로 상상해 내어서 스스로 도취에 빠지는 우상이 아닙니다. 사실 사람들이 우상을 찾는 이유는, 그것이 자기 도취에 빠지게 하기 때문입니다. 사람들은 신을 추구하는 자신의 열정에 스스로 감격해 합니다. 그것은 한 마디로 말해서 웃기는 짓입니다. 마치 거울 속에 있는 자신의 모습을 보고 감격하는 것과 같습니다.

그러나 하나님은 살아 계신 하나님이십니다. 하나님은 내 자신을 투영시킨 존재나 자기 도취가 아닙니다. 하나님은 감정이 있는 분이시며 대화가 통하는 분이십니다. 그 하나님은 내 모든 사정을 나보다 더 잘 아십니다. 그리고 하나님 앞에서는 나의 모든 문제들이 마치 실타래가 풀리듯이 풀립니다.

그런데 그 하나님이 어디에 계십니까? 다윗은 성전에 계신다고 생각했습니다. 그런데 어느 성전입니까? 다윗 시대에 제사장들은 사울왕의 손에 많이 죽임을 당했고 여호와의 법궤는 블레셋 사람들에게 빼앗겼다가 아직 오벧에돔의 집에 있었습니다. 사실 이것이 오늘 우리 믿는 자들에게 가장 심각한 것입니다. "내가 어느 때에 나아가서 하나님 앞에 뵈올꼬." 어느 때가 아닙니다. 어느 곳입니다. 도대체 어느 곳에 가면 살아 있는 하나님의 음성을 들을 수 있습니까? 원칙적으로 모든 교회의 강단에서 하나님의 음성을 들을 수 있어야 합니다. 그러나 그 음성을 찾으려면 땅끝까지 가야 할 것입니다. 사람들은 그 수고를 하지 않고 가만히 앉아서 누군가가 귀한 하나님의 말씀을 자기 입에 떠 먹여주기를 바라고 있습니다. 그러니까 앉은뱅이 신앙에서 일평생 일어서지 못하는 것입니다.

마음이 상함

하나님의 말씀을 잃어버린 성도는 몇 가지 이유로 더 마음이 상합니다.

우선, 그는 다른 사람들과 전혀 서로 소통되지 않는 데서 마음이 상합니다.

"사람들이 종일 나더러 하는 말이 네 하나님이 어디 있느뇨 하니 내 눈물이 주야로 내 음식이 되었도다"(42:3).

"내 눈물이 주야로 내 음식이 되었도다."라는 말은 엄청나게 많은 눈물을 흘렸다는 말입니다. 눈물을 흘리다보면 눈물이 입에도 들어가고 콧구멍 안으로도 들어갑니다. 얼마나 많은 눈물을 흘렸는지 밥 먹듯이 눈물을 흘렸다고 말하고 있습니다.

이 성도로 하여금 이렇게 많은 눈물을 흘리게 하는 원인이 어디에 있습니까? 첫 번째가, 그와 가장 가까운 사람들조차도 그가 왜 갈급한지 그 이유를 이해하지 못하더라는 것입니다. 기껏 한다는 말이 이것입니다. "도대체 너는 믿어도 왜 그렇게 별나게 믿니?" 그리고 한 걸음 더 나아가서 "네가 그렇게 찾는 하나님은 도대체 어디 계시니?" 라고 하면서 비난을 합니다.

사람이 자기는 너무나도 분명하게 믿는 진실을 다른 사람들은 아무도 믿어주지 않을 때 '왕따'를 당하게 되는데, 이것이 진짜 왕따인 것입니다. 사람들은 말합니다. "저 사람은 진짜 이상한 사람이야. 은혜를 잘못 받아서 머리가 살짝 돈 모양이야." 심지어 어떤 사람들은 정신병원에 강제로 집어넣어야 한다고 말하기도 합니다. 정말 아름답고 소중한 하나님의 은혜가 있는데 아무도 그것을 이해하지 못하고 믿어주지 않을 때 우리는 속이 상합니다.

그리고 또 다른 이유는 이것입니다. 성도는 그 사람들에게 큰 소리를 쳤습니다. 분명히 어느 정도 시간이 지나면 하나님의 뜻이 나타나고 우리의 문제가 해결될 것이라고 약속을 했습니다. 그러나 시간이 지났는데도 하나님의 뜻은 하나도 나타나지 않고 어려움은 계속될 때, 신앙이 없거나 믿음이 부족한 사람들은 이런 식으로 성도를 몰아붙입니다. "그래, 네가 하나님의 뜻이라고 했는데 그 하나님의 뜻이 도대체 어디 있지? 네가 기다리면 하나님의 뜻이 나타난다고 해서 기다렸잖아? 그런데 네가 말하던 그 하나님은 도대체 어디 계신 거니?" 그때에는 할 말도 없고 그렇다고 해서 나의 믿음을 부정할 수도 없으니 속이 상하고 눈물이 흐릅니다. 눈물이 얼마나 흐르는지 그냥 눈물을 벌컥벌컥 마시면서 살았다는 것입니다.

두 번째는, 소중한 성도의 교제를 잃어버림으로 인하여 마음이 더 상합니다.

> "내가 전에 성일을 지키는 무리와 동행하여 기쁨과 찬송의 소리를 발하며 저희를 하나님의 집으로 인도하였더니 이제 이 일을 생각하고 마음이 상하는도다" (42:4).

전에는 성도들과 함께 나누었던 감격스런 예배가 있었고 성도의 교제가 있었습니다. 그때 이 성도는 찬양대 지휘자였습니다. 그래서 사람들의 찬송을 지휘하면서 하나님의 집으로 인도하였습니다. 그때 위대한 말씀이 있었고, 위대한 찬송이 있었으며, 위대한 기도가 있었고, 위대한 능력이 있었습니다. 그때는 하나님께 예배하기 위하여 얼마나 많은 사람들이 몰려들었으며, 얼마나 많이 울었고, 얼마나 많이 기뻐했는지 모릅니다. 바로 이것이 부흥의 순간입니다.

그러나 이 감격을 전혀 모르는 사람들이 있습니다. 그들은 기도를 하자고 해도 기도할 필요를 느끼지 못합니다. 돈이면 모든 것이 다 되는 줄 압니다. 그리고 모이자고 해도 왜 사람들을 자꾸 귀찮게 하느냐고 합니다. 부흥의 순간이 지나가면 사람들은 자기 생각이 전부인 줄 압니다. 그래서 그들은 누워 있는 자리에서 꼼짝도 하지 않으려고 합니다.

사무엘이 미스바에서 이스라엘 백성들을 모아놓고 예배드린 것은 큰 부흥이었습니다. 거기에 위대한 설교가 있었고 위대한 회개가 있었습니다. 그리고 이스라엘 백성들을 죽이기 위하여 블레셋 사람들이 몰려들었을 때 하나님의 위대한 능력이 나타나서 하나님께서 우박으로 블레셋 사람들을 쳐서 물리치셨습니다.

성도들은 다른 사람들이 위대한 성령의 역사를 인정하지 않고 인간적인 것이 전부라고 생각하고 신앙적으로 맥이 풀려 있는 것을 보면 마음이 상하지 않을 수가 없습니다. 더 위대하고 더 큰 것이 있는데 왜 이 사람들은 하나님의 능력을 믿지 않는가에 대한 답답함입니다.

세 번째는, 마음속에 자꾸 불안과 낙심이 생기면서 마음이 상하는 것입니다. 이것은 바로 영적인 침체에서 오는 것입니다.

> "내 영혼아 네가 어찌하여 낙망하며 어찌하여 네 속에서 불안하여 하는고 너는 하나님을 바라라 그 얼굴의 도우심을 인하여 내가 오히려 찬송하리로다" (42:5).

이 성도는 오랫동안 하나님의 말씀을 듣지 못해서 마음이 침체되어 있습니다. 마음이 침체되었다는 것은 염려나 불안이 장기화되어서 스스로의 힘으로는 회복되지 않는 것을 말합니다. 그래서 그의 마음은 늘 낙심되어 있으며 오히려 이렇게 계속 침체에 빠져버리려고 하는 것입니다. '내가 괜히 하나님의 은혜를 사모하여 주위의 사람들과 어울리지도 못하고 모든 일에 기쁨이 없고 비판적인데 은혜를 받아서 무슨 소용이 있단 말인가?' 하는 마음이 드는 것입니다. 문제의 핵심은 바로 여기에 있습니다. 즉 이제는 아무 의욕도 없고 힘도 없습니다. 그래서 모든 것을 다 포기하고 싶고 모든 것에서 도망치고 싶은 피해의식만 남아 있는 것입니다.

그때 우리가 자기 스스로를 위로하는 말이 무엇입니까? 하나님은 절대로 우리를 버리지 않으시며 하나님은 결코 우리를 내팽개치시지 않는다는 것입니다. 하나님의 말씀을 사모하여 이렇게 갈급해하는 사람이 있다는 것 자체가, 아직까지 교회가 죽지 않고 목숨이 붙어 있다는 이야기입니다. 만약 이 사람마저 말씀에 대한 갈급한 마음을 버린다면 교회의 등불은 완전히 꺼지게 되는 것입니다.

사도 바울이 소아시아에서 마케도니아로 넘어가기 전에 어떤 마케도니아 사람이 자기를 향하여 손짓하는 환상을 보게 되었습니다. 그것은 바로 그곳에도 하나님의 말씀을 사모하는 사람이 있으며 아직 진리의 등불이 완전히 꺼지지는 않았다는 의미입니다. 밤이 깊으면 아침이 가깝습니다. 그래서 성도는 자기 마음이 이토록 갈급하고 견딜 수 없는 것을 보면, 머지않아 곧 하나님께서 은혜를 소낙비같이 쏟아 부어 주실 것이라는 생각을 하게 됩니다. 그래서 그는 '하나님을 바라라' 고 말하고 있습니다. 왜냐하면 하나님은 결코 공연히 우리에게 이런 갈급함을 주시지 않기 때문입니다. 갈급함이 있으면 반드시 성령의 부으시는 은혜가 있기 마련입니다.

하나님의 은혜를 기다림

시인은 여러 곳에 도망을 다니면서도 가는 곳마다 하나님을 경험하려고 애를 쓰고 있습니다. 그러나 아직까지 하나님의 은혜는 나타나지 않고 있습니다.

"내 하나님이여 내 영혼이 내 속에서 낙망되므로 내가 요단 땅과 헤르몬과 미살 산에서 주를 기억하나이다"(42:6).

이 사람은 어느 한 곳에 있지 못하고 여러 곳을 옮겨다녀야만 했던 것 같습니다. 아마도 그는 계속 도망을 다녀야 했나봅니다. 그런데 그는 그곳에서 낙망만 한 것이 아니라 하나님을 기억하게 되었습니다. 즉 그 지경에 이르렀을 때 하나님에 대한 소망을 가지게 되었고, 하나님께 기도하고 나름대로 응답받는 시간이 있었던 것 같습니다.

요단 땅과 헤르몬 산은 아는 지명인데 미살 산은 분명치 않습니다. 그냥 이름이 없는 작은 산인지도 모르겠습니다. 지금까지는 오로지 예루살렘만 생각했습니다. 그런데 그는 예루살렘이 아닌 곳에서도 작은 하나님의 은혜가 마음속에 임하는 것을 체험하게 되었습니다. 그것이 무엇입니까? 바로 '영감' 입니다.

다윗에게는 특별한 은사가 있었는데 그것은 바로 언제 어디서나 하나님의 영감이 솟구쳐 오르면서 하나님에 대한 말씀이 생각나서 찬송이 터져 나오는 것입니다. 바로 그의 마음속에 있는 마르지 않는 '하나님의 영감' , 바로 이것이 하나님께서 그와 함께 하신다는 증거요, 하나님께서 그를 찾아오시는 표시였습니다.

> "주의 폭포 소리에 깊은 바다가 서로 부르며 주의 파도와 물결이 나를 엄몰하도소이다 낮에는 여호와께서 그 인자하심을 베푸시고 밤에는 그 찬송이 내게 있어 생명의 하나님께 기도하리로다"(42:7~8).

다윗은 폭포 소리를 들을 때 거기서 하나님의 응답을 느낄 수 있었습니다. 그 폭포가 하나님의 은혜 부으시는 모습을 생각나게 했던 것입니다. 그러니까 그는 이제는 자연 현상을 통해서 하나님의 은혜를 간접적으로 상상할 수 있었습니다. 폭포가 떨어지면서 파도가 일어나는데 그 물결이 그를 포근하게 감싸는 것 같으며 자기를 그 물 속에 잠기게 하는 것 같았습니다.

여기서 '엄몰한다' 는 말은 반드시 나쁜 뜻만은 아닌 것 같습니다. 대개 "물결이 나를 엄몰한다."라는 표현을 쓸 때에는 목숨이 위태롭다는 뜻이지만, 여기서는 '하나님의 은혜 속에 깊이 잠기는 체험' 을 했다는 뜻으로 생각됩니다. 그러니까 한순간 엄청난 영적인 고통과 번민의 순간이 지나가고 나니까 하나님의 은혜가 따뜻한 햇빛처럼 그의 마음을 채우고 있었던 것입니다.

왜냐하면 하나님께서는 장소에 매이는 분이 아니시기 때문입니다. 낮에는 하나님의 인자하심이 찾아오고 밤에는 찬송이 그의 마음속에 있었습니다. 그는 비록 쫓기는 가운데 있지만 낮에는 하나님께서 햇빛의 따뜻함과 안전함으로 지켜주셨고 밤에는 마음속에 찬송이 있어서 외롭지가 않았습니다.

그러면 여기서 한번 생각해 봅시다. 이렇게 상황의 큰 변화 없이 마음속에서 일어나는 확신도 응답이라고 볼 수 있을까요? 그렇습니다. 그것이 응답의 시작입니다. 마치 얼어붙은 땅에 제비 한 마리가 날아오는데 이것이 제비 한 마리로 끝나지 않고 계속적인 변화가 일어나는 것과 같습니다.

물론 아직까지 어려움은 남아 있습니다.

> "내 반석이신 하나님께 말하기를 어찌하여 나를 잊으셨나이까 내가 어찌하여 원수의 압제로 인하여 슬프게 다니나이까 하리로다 내 뼈를 찌르는 칼같이 내 대적이 나를 비방하여 늘 말하기를 네 하나님이 어디 있느냐 하도다" (42:9~10).

물론 마음속에 하나님의 은혜가 찾아왔다고 해서 모든 어려움이 다 해결된 것은 아닙니다. 아직도 그는 원수의 압제로 인하여 정착하지 못하고 슬프게 도망을 다녀야 하고, 아직도 원수들은 뼈를 찌르는 칼같이 그의 신앙을 조롱하면서 비방하고 있습니다. 그러나 우리는 아직 해결되지 않은 큰 어려움 때문에 작은 은혜를 빼앗길 수는 없습니다. 어떤 사람들은 큰 어려움이 해결되기 전에는 작은 은혜를 소중하게 생각하지 않습니다. 일단 큰 빗이 해결되어야 하며 당장 모든 어려움이 해결되어야 하나님의 은혜가 임했다고 생각합니다. 그런 사람은 아직 믿음이 작은 사람입니다.

큰 어려움은 작은 은혜로 인하여 무너지기 시작합니다. 마치 작은 봄소식에 산더미 같은 얼음이 이미 녹기 시작하는 것과 같습니다. 얼음이 다 녹아야 봄이 온 것이 아닙니다. 얼음에 물기가 생기기 시작할 때 이미 추위는 물러가고 있는 것입니다. 그래서 승리는 이미 마음속에서 이루어지는 것입니다. 마음속에 확신과 기쁨이 있으면 외적인 어려움은 오히려 생각보다 쉽게 이길 수가 있습니다. 그래서 주님은 천하에 지킬 것 중에 무엇보다 마음을 지키라고 하셨습니다.

> "내 영혼아 네가 어찌하여 낙망하며 어찌하여 네 속에서 불안하여 하는고 너는 하나님을 바라라 나는 내 얼굴을 도우시는 내 하나님을 오히려 찬송하리로다" (42:11).

우리가 낙망하는 것은 불신앙이며 죄입니다. 우리가 침체에 오래 빠져 있다는 것 자체가 하나님의 능력을 인정하지 않는 것입니다. 우리는 어려울 때일수록 하나님을 바라보아야 합니다. 그러면 하나님께서 우리의 얼굴을 도우셔서 굳어 있는 얼굴에 화색이 돌게 하실 것이며, 슬퍼하는 얼굴로 기뻐하며 감사하게 하실 것입니다.

불의한 자에게서 건지소서

43.

하나님이여 나를 판단하시되
경건치 아니한 나라에 향하여
내 송사를 변호하시며
간사하고 불의한 자에게서 나를 건지소서
주는 나의 힘이 되신 하나님이시어늘
어찌하여 나를 버리셨나이까
내가 어찌하여 원수의 압제로 인하여 슬프게 다니나이까
주의 빛과 주의 진리를 보내어 나를 인도하사
주의 성산과 장막에 이르게 하소서
그런즉 내가 하나님의 단에 나아가
나의 극락의 하나님께 이르리이다
하나님이여 나의 하나님이여
내가 수금으로 주를 찬양하리이다
내 영혼아 네가 어찌하여 낙망하며
어찌하여 내 속에서 불안하여 하는고
너는 하나님을 바라라
나는 내 얼굴을 도우시는 내 하나님을
오히려 찬송하리로다

Vindicate me, O God,
and plead my cause against an ungodly nation;
rescue me from deceitful and wicked men.
You are God my stronghold.
Why have you rejected me?
Why must I go about mourning,
oppressed by the enemy?
Send forth your light and your truth,
let them guide me;
let them bring me to your holy mountain,
to the place where you dwell.
Then will I go to the altar of God,
to God, my joy and my delight.
I will praise you with the harp,
O God, my God.
Why are you downcast, O my soul?
Why so disturbed within me?
Put your hope in God,
for I will yet praise him,
my Savior and my God.

요즘 우리 나라 영화는 '조직 폭력배들'을 소재로 한 것들이 많습니다. 이런 폭력배들뿐 아니라 우리 사회에는 눈에 보이지는 않지만 여러 악한 집단들이 있습니다. 그런데 때로는 회사가 악한 집단이 될 수도 있고, 어떤 경우에는 국가 자체가 폭력 조직으로 변해서 성도들을 조직적으로 핍박하기도 합니다. 이때 개인이 집단이나 국가를 상대로 싸워서 이기기란 불가능한 일입니다. 집단이나 국가는 이미 큰 힘을 가지고 있고 무력을 사용하기 때문에 개인이 아무리 강할지라도 이런 조직적인 세력을 이길 수는 없습니다. 그러니 만일 국가 자체가 불의의 세력으로 둔갑해서 의로운 자의 재산과 생명을 탈취한다면 개인으로서는 고스란히 당할 수밖에 없는 것입니다. 무슨 재주로 국가 공권력을 상대로 싸움을 벌이겠습니까?

시편 42편과 43편은 연결되는 시라고 생각할 수 있습니다. 그 이유는 똑같은 표현이 함께 나오기 때문입니다. 42장 9절 하반절에 보면 "내가 어찌하여 원수의 압제로 인하여 슬프게 다니나이까."라고 했는데 43장 2절에도 똑같은 표현이 나옵니다. 그리고 42장 11절과 43장 5절이 똑같이 "내 영혼아 어찌하여 낙망하며 어찌하여 네 속에서 불안하여 하는고 너는 하나님을 바라라 나는 내 얼굴을 도우시는 내 하나님을 오히려 찬송하리로다."라는 표현으로 끝나고 있습니다.

아무튼 우리는, 이 두 편의 시를 통해 지금 시인이 엄청난 영적인 침체를 겪고 있는데 그 침체의 원인이 혼자서는 감당할 수 없는 불의의 세력과의 싸움에 있다는 것을 알 수 있습니다.

혼자서 감당할 수 없는 짐

시인은 자기 자신에게 이렇게 말하고 있습니다.

"내 영혼아 네가 어찌하여 낙망하며 어찌하여 네 속에서 불안하여 하는고" (43:5).

여기서 "네가 어찌 낙망하며"라는 말은 어떤 어려운 일을 눈앞에 두고 그냥 염려하고 불안해하는 정도가 아니라 혼자 힘으로는 전혀 감당할 수 없어서 완전히 의욕 상실증에 걸린 것을 뜻합니다. 웬만하면 정신을 차려서 한번 해결해 보려고 할 테지만, 그 어려움이 내가 감당할 수 있는 범위를 훨씬 벗어나버리면 그때에는 '내 영혼이 낙망할 수밖에' 없습니다.

우선 여기서 우리는, '영적인 침체'라고 하는 것은 염려나 불안의 단계를 훨씬 벗어난 것임을 알아야만 합니다. 사실 우리에게 여러 가지 어려운 일이 닥치면 우리는 염려하고 불안해 합니다. 이 어려움들을 도저히 감당하지 못하여 모든 행복을 다 빼앗기고 한순간에 망해버릴까 두렵기 때문입니다. 그러나 실제로는 막상 부딪쳐보면 대개 감당할 만한 것들이며, 하나님의 특별한 위로와 은혜가 있기 때문에 우리는 거의 이겨낼 수 있습니다.

그러나 개중에 우리가 실제로 감당할 수 없는 시험이 찾아와서 그 육중한 무게로 계속 내리누를 때 우리의 영혼은 낙망할 수밖에 없는 것입니다. 대개 고무줄 같은 것은 일정한 힘으로 당겼다가 놓으면 원래의 길이로 회복되는 것이 정상입니다. 그러나 고무줄의 탄력으로 감당할 수 없는 큰 힘으로 계속 당기면 결국 고무줄은 끊어져버리고 맙니다. 영적인 침체란 마치 이와 같습니다.

우리는 시편 42편과 43편에서 성도를 침체에 빠뜨리는 세 가지 원인을 살펴볼 수 있습니다.

그 첫 번째는, 우리가 이미 살핀 것인데, 오랫동안 하나님의 말씀을 듣지 못하고 성도의 교제를 나누지 못한 것입니다. 그러면 아무리 신앙의 용사라 하더라도 침체에 빠지지 않을 수 없습니다. 하나님의 말씀은 우리 영혼의 양식입니다. 아무리 힘이 센 용사라 하더라도 오랫동안 먹지 않고 일만 한다면 결국 영양실조로 쓰러질 수밖에 없는 것입니다.

그리고 하나님께서는 우리에게 필요한 거의 대부분의 은사를 다른 성도들과의 만남을 통해서 공급해 주십니다. 우리가 스스로 자기에게 공급할 수 있는 에너지는 대략 5퍼센트 정도밖에 되지 않습니다. 나머지 95퍼센트의 에너지를 다른 성도들을 통해서 공급받아야 하는데 그것을 제대로 공급받지 못하면 침체될 수밖에 없습니다. 우리는 다른 성도들의 기도의 도움이 필요하고, 위로가 필요하며, 물질적인 후원과 가르침이 필요합니다. 그것이 없으면 아무리 장사라 하더라도 쓰러지게 됩니다.

두 번째로, 혼자의 힘으로는 감당할 수 없는 무거운 짐을 질 때입니다. 다윗의 '무거운 짐'은 사울과의 싸움이었습니다. 이것은 개인 대 개인의 싸움이 아닙니다. 다윗은 모든 자격과 직위를 다 박탈당한 개인이고, 사울은 이스라엘의 왕이요 모든 군대를 동원할 수 있는 권한이 있는 사람이었습니다. 그러니 다윗이 사울을 상대로 싸운다는 것은, 계란으로 바위를 치는 것밖에 되지 않았습니다. 지금 이런 상황인데 사울이 갑자기 변할 리도 없는 것이고, 사울이 금방 죽을 것 같지도 않습니다. 그래서 다윗은 침체될 수밖에 없었습니다.

그런데 이런 것 외에도 혼자 지기에는 무거운 짐들이 있습니다. 예를 들어서 남편은 빚만 남겨놓고 죽었는데 시부모와 아이들을 먹여 살리면서 또 집안 일까지 해야 하는 부인이 있다면, 그는 너무 무거운 짐을 지고 있는 것입니다. 다른 사람들은 한 가지 일만 하기도 어려운데 돈도 벌어야 하고, 집에 오면 집안 일도 해야 하고, 거기에다가 아이들까지 속을 썩일 때에는 너무 그 짐이 무겁습니다. 그럴 때에는 어디론가 도망치고 싶은 생각이 듭니다. 또 한 예로, 집안의 어느 식구가 중병이 들어 오랫동안 병 수발을 해야 하는데 너무 그것이 힘들거나, 혹은 시집 어른들이나 직장의 상사가 인간적인 대우를 해주지 않고 단 하루도 견딜 수 없도록 들들 볶을 때, 아무리 믿음이 좋더라도 그 영혼이 낙망하지 않을 수가 없을 것입니다. 그러니까 우리가 혼자서 지고 가기에는 너무 어려운 짐을 떠 안게 되면 영적인 침체를 겪게 됩니다.

세 번째는, 어려운 환난의 기간이 너무 긴 경우입니다. 즉 고무줄도 너무 오래 잡아당기면 고무줄 자체가 너무 늘어나버려서 그후에는 손을 놓아도 원상 회복이 되지 않는 것처럼, 우리들도 어려움이 너무 길면 결국 그 답답함이 마음의 모든 기쁨을 다 빼앗아서 결국 병이 생기게 되는 것입니다. 어려움이 한두 달 만에 없어진다면 침체에 빠질 사람은 없을 것입니다. 그러나 어려움이라는 것이 그렇게 빨리 없어지는 것이 아닙니다. 고통이 십 년 이십 년 동안 계속 되면 결국 밝았던 성격도 다 사라지고 성격 자체가 병들게 됩니다.

우리는 신약 성경에서 38년 동안이나 병석에 누워 있었던 사람을 예수님께서 치료해 주신 것을 보게 됩니다(요 5:1~16 참조). 예수님께서 그에게 낫고자 하느냐고 물으셨을 때 그는 "낫고 싶습니다!"라는 말을 하지 못했습니다. 그 대신 자기보다 먼저 물 속에 들어가는 사람들을 욕하고 원망했습니다. 오랜 질병이 그의 성격을 다 망가뜨려 놓은 것입니다.

우울증은 마음속에 분노나 불안이 오래 지속되면 생기는 병입니다. 마음속에 있는 분노와 불안이 감정을 다 갉아먹어 버려서 나중에는 감정 통제 기능을 상실하게 됩니다. 그래서 분노할 일도 아닌데 자동적으로 분노가 일어나게 됩니다. 그리고 불안할 이유도 없는데 감정은 자동적으로 불안해 합니다. 이럴 때는 이미 병이 생긴 것입니다. 그때는 자꾸 다른 사람들이 나를 흉보는 것 같고, 나를 무시하는 것 같고 도무지 기쁜 일이 없습니다. 그리고 세상을 살 재미가 없습니다. 자살을 기도하는 사람들 중에는 이런 낙망을 이기지 못한 사람들이 많습니다. 우선 자기를 누르고 있는 정신적이고 육체적인 짐을 감당할 자신이 없는 것입니다. 부채는 눈덩이처럼 불어나는데 도저히 돈 생길 구멍이 없을 때, 정신적으로 우울증이 심해져서 도저히 기쁨이 없고 이 세상에 낙이 없는 데다가 육체에 불치의 병까지 걸렸을 때, 사람들은 살아서 무슨 소용이 있겠느냐는 마음에 자살을 하거나 가출을 하는 것입니다.

우리가 이런 것들을 생각하면 우리의 신앙 생활이 얼마나 치열한 '영적 전쟁' 인지를 알게 됩니다.

영적인 침체를 이기는 법

우리의 침체가 그렇게 심각한 단계가 아닐 때에는 스스로 치료할 수 있는 방법이 몇 가지 있습니다. 그중 하나가 일종의 '자기 최면' 입니다. 그것은 자기가 과거에 하나님의 특별한 은혜를 받았던 순간을 깊이 생각하는 것입니다. 할 수 있는 대로 사람들과의 접촉을 피하고 혼자 숲속이나 외딴 들판에 거하면서, 과거에 하나님께서 성령으로 축복과 은혜를 주시고 기적을 베푸셔서 위기를 넘기게 하셨던 순간을 생각하는 것입니다. 그리고 할 수 있으면 그 상황 속으로 깊이 들어가는 것입니다. 그러면 메말랐던 우리의 눈에서 눈물이 흐르기 시작하면서 마음속에 기쁨이 회복되기 시작합니다.

그렇게 심각하지 않은 침체의 경우에는 눈물의 기도가 효과가 있습니다. 사람의 눈물은 마음속에 있는 분노를 빼내는 능력이 있습니다. 그래서 마음속에 있는 두려움과 답답함을 모두 하나님께 일러바치면서 실컷 울면 마음이 후련해지면서 다시 힘을 낼 수가 있습니다. 그런데 남자들의 경우에는 잘 울지 않기 때문에 잘 회복이 되지 않는 것 같습니다. 어렵고 답답할 때에는 염치와 체면 같은 것은 생각하지 말고 실컷 울어버리면 마음속에 있는 분노와 불안은 확실히 어느 정도 빠져나갈 것입니다.

어떤 사람은 기도하면서 울지 않고 혼자 다른 사람을 미워하면서 울거나 음식을 마구잡이로 먹는데, 그것은 좋지 않은 방법입니다. 음식을 많이 먹으면 비만해지기 때문에 더 분노가 쌓이게 됩니다. 그래서 그런 비만을 '분노의 삼겹살' 이라고 부르는 것입니다.

그런데 영적인 침체가 몹시 깊을 때에는 다른 방법이 없습니다. 순수한 말씀, 100퍼센트 하나님의 말씀을 설교하는 곳을 찾아서 장기 입원하는 것이 필요합니다. 다시 말해서 하루 이틀에 완치되기를 기대해서는 안 됩니다. 적어도 2, 3년 정도 농도 깊은 하나님의 말씀으로 내 영혼 깊은 곳의 상처와 분노가 치료되어야 합니다. 처음에는 '왜 말씀을 들어도 나는 변화되지 않는가? 그리고 의욕이 되살아나지 않는가?' 하고 생각할지 몰라도 1년 정도 지나면 자신감이 살아나기 시작할 것입니다. 그후에야 세상의 일이나 하나님의 일을 감당할 수 있지 침체된 상태에서는 아무것도 할 수가 없습니다.

그래서 영혼이 병들었을 때에는 말씀을 듣기 위하여 결단을 내려야 합니다. 이사를 하든지, 직장을 옮기든지, 교회의 직분도 포기하는 결단을 내려야 합니다. 혼자 참는다고 해서 저절로 치료되지 않는 것이 '침체' 입니다. 만약 그분에게 정신병적인 증세까지 나타났다면 급할 경우에는 정신과 전문의의 치료도 받아야 합니다. 그러나 지속적으로 말씀을 듣고 은혜를 받으면 병원 치료는 줄어들 것입니다.

악의 세력과의 싸움

다윗의 고통은 혼자 힘으로는 도저히 감당할 수 없는 짐 때문에 생긴 것이었습니다. 그는 한 개인으로서 왕을 상대로 싸워야 했던 것입니다.

> "하나님이여 나를 판단하시되 경건치 아니한 나라에 행하여 내 송사를 변호하시며 간사하고 불의한 자에게서 나를 건지소서"(43:1).

사실 다윗에게 사울을 상대로 싸운다는 것은 감당할 수 없는 무거운 짐이었습니다. 상대방은 왕이라 군사를 동원할 수 있습니다. 그러나 다윗은 개인이라 아무런 힘도 없습니다. 이것은 싸움이라기보다 죽지 않으려고 기를 쓰고 도망치는 것밖에 되지 않습니다.

얼마 전에, 이십 년 전에 정보기관에서 조사를 받다가 떨어져 죽은 서울대 교수의 사인이 자살이 아니라는 보도가 있었습니다. 즉 수사관이 밀어서 죽였다는 것입니다. 이렇게 권력을 잡은 자는 한두 사람 정도는 얼마든지 죽일 수도 있다는 생각을 실제로 하는 것입니다. 그런데 그런 의문이 있어도 일개 개인이 어떻게 국가 기관을 상대로 싸울 수가 있겠습니까? 이럴 때는 그런 권력 기관에 주목의 대상이 되지 않는 것이 최선이지 일단 한번 걸려들었다 하면 살아남기가 어려운 것입니다.

하나님께서 국가에 권력을 주신 것은, 이 세상의 불의를 막고 심판하도록 하기 위해서입니다. 그런데 때때로 국가 권력 자체가 불의의 세력이 될 때가 있습니다. 그럴 때 우리 성도들은 어떻게 해야 합니까?

우선, 독재 권력이라고 해서 무조건 투쟁할 필요는 없습니다. 왜냐하면 하나님께서는 우리에게 이 세상의 모든 불의를 다 없애라고 말씀하지는 않으셨기 때문입니다. 하나님의 백성들이 반드시 싸워야 할 대상은 제일계명을 어기게 하는 세력들입니다. 즉 우상 숭배를 강요당할 때입니다. 독재 세력은 자기 자신을 절대시할 가능성이 아주 높기 때문에 조심을 해야 하고 특히 경계해야 합니다. 이럴 때 정신이 나간 종교 지도자들이 독재자와 손을 잡고 앞장서서 정권의 시녀 노릇을 하는 경우도 있습니다. 절대로 이런 악한 자들과는 친구가 되지 말아야 합니다. 이런 정치 권력자들이 우상 숭배를 강요할 때에는 절대로 순종하지 않을 뿐 아니라 끝까지 싸워야 할 것입니다.

그런데 생각지도 못한 일 때문에 이런 악한 세력의 손에 걸려들어서 많은 고통을 받을 때가 있습니다. 다윗의 경우가 바로 그런 것인데, 다윗은 사울에게 괘씸죄로 걸려든 것입니다. 사울은 하나님께 버림을 당한 후 자기 대신 다윗이 기름 부음 받은 사실을 알게 되면서 다윗을 미워하여 죽이려고 했습니다.

이럴 때는 할 수 있는 대로 악한 자를 피하는 것이 좋습니다. 정면으로 맞설 힘도 없을 뿐 아니라 이 악한 자를 세우신 분이 하나님이시기 때문에 하나님의 때를 기다려야 합니다. 다윗이 참고 기다린 이유가 바로 여기에 있습니다. 사울 왕을 세우신 분이 하나님이시기 때문에 자기가 사울 왕을 죽일 수 없다는 것입니다. 다윗은 하나님께서 때가 되면 의로운 판정을 내리신다는 것을 믿었습니다.

하나님의 백성들에게는 기본권이라는 것이 있습니다. 기본권이란, 내가 하나님 앞에 범죄하지 않은 이상 재산과 지위와 생명을 빼앗길 수 없다는 것입니다. 그런데 이 세상의 악한 자들이 자기 권력을 남용하여 성도들을 이 세상에서 뿌리뽑으려고 할 때가 있습니다. 말도 되지 않는 트집을 잡아서 재산을 몰수하고 지위를 박탈하는 것입니다. 그때 우리는 최고의 법정에 계신 하나님께 호소할 수 있습니다.

"주는 나의 힘이 되신 하나님이시어늘 어찌하여 나를 버리셨나이까 내가 어찌 하여 원수의 압제로 인하여 슬프게 다니나이까"(43:2).

이것은 성도들이 하나님을 원망하는 말이 아닙니다. 이것은 하나님 앞에 악한 자를 고발하면서 자신의 기본권을 지켜달라고 상소를 올리는 것입니다. 이것은 우리 성도들에게는 보장되어 있는 권리입니다. 우리를 이 세상에 살도록 하신 분은 하나님이십니다. 그런데 악한 자는, 성도들이 자기 마음에 들지 않는다고 기본권을 박탈하려 하고 있습니다. 우리는 이것을 하나님께 호소해야 합니다.

그리고 절대로 악한 자와 손을 잡으면 안 됩니다. 그러면 하나님께서는 우리의 기도를 들으시고 하나님의 때에 응답을 하십니다. 여기서 '하나님의 때' 라고 하는 것은 당장은 아닐 수도 있습니다. 하나님께서는 악한 자를 그냥 바로 내리치시지 않으십니다. 하나님께서는 악한 자로 하여금 마음껏 교만하게 하셔서 모든 사람들로 하여금 그 악한 실상을 똑똑히 보게 하신 후 한순간에 내리치십니다. 그래서 마치 악한 자들은 잔칫집 돼지와 같습니다. 악한 자들은 잔칫날이 되기까지 전혀 걱정 없이 편안하게 모든 좋은 것을 먹고 마시다가 한순간에 도살을 당하는 것입니다.

그래서 성도들은 이 악한 날을 주의해서 잘 보내야 합니다. 우선 악한 자의 손에 걸려들지 않도록 조심을 해야 합니다. 어쩔 수 없이 곤욕을 치를 때에는 할 수 없지만 굳이 사서 고생을 할 필요는 없습니다. 악한 마귀가 우는 사자처럼 돌아다닐 때 자기도 돌아다니면서 "나를 잡아먹으시오!" 라고 사자를 자극할 필요는 없습니다.

베드로는 예수님이 붙잡히신 밤에 돌아다니다가 세 번씩이나 주님을 부인하게 되었습니다. 그날 밤은 악한 세력이 마음껏 설치도록 허락이 된 때요 베드로의 힘으로는 감당할 수 없는 시험의 날이었던 것입니다. 그런 위험한 밤에 베드로가 자기 열심만 믿고 붙들린 주님을 따라갔으니 마귀의 시험에 넘어갈 수밖에 없었습니다.

우리가 시험을 당할 때 멍청하게 가만히 있으면 침체가 옵니다. 그럴 때는 자기가 할 수 있는 작은 일을 열심히 하면 됩니다. 사도 바울의 경우에는 로마 감옥에 갇혔을 때 열심히 교회에 편지를 보냈습니다. 사도 바울은 할 수 없는 일을 억지로 하려고 무리하지 않았습니다. 그 대신 그는 주어진 범위 안에서 할 수 있는 것을 최선을 다해서 했습니다. 어떤 사람은 어려울 때에 열심히 성경을 연구하기도 하고 어떤 사람은 책을 저술하기도 합니다. 예수님께서는 어려울 때에 갈릴리에서 열심히 제자들을 키우셨습니다.

우리는 어려울 때는 어려울 때라는 것을 인정해야 합니다. 그래서 어려울 때는 편안할 때와는 다른 방법으로 생존을 해야 합니다. 곰이 겨울에는 어떻게 합니까? 겨울잠을 잡니다. 최대한도로 몸의 에너지를 아끼면서 겨울을 납니다. 우리 성도들의 생존 전략도 마찬가지입니다. 평안할 때에는 적극적으로 사회에 나가서 빛과 소금의 사명을 다해야 합니다. 정치가도 되고 사업가도 되며 사회 활동도 보다 적극적으로 할 필요가 있습니다. 그러나 악한 때에는 그렇게 할 수가 없습니다. 그때에는 최대한도로 몸을 아껴서 일단 살아남는 것이 중요합니다. 왜냐하면 하나님께서 허락하시는 때가 되면 얼마든지 적극적으로 자신의 뜻을 펼 수가 있기 때문입니다.

악한 자를 버리시는 방법

하나님께서는 때가 되면 악한 자를 내리치십니다. 그런데 두 가지 방법을 쓰십니다.

하나는, '정상적인 방법' 으로서 악한 자를 자리에서 내려앉게 하시든지 아니면 물리적인 방법을 쓰십니다. 예를 들면 임기가 다 되어서 자리에서 물러나도록 하는 것입니다. 사실 이 방법이 무리가 가정적은 방법인데 그렇게 쉬운 것은 아닙니다. 왜냐하면 악한 자는 어떻게 해서든지 권력을 손에서 놓지 않으려고 하기 때문입니다. 어떤 사람은 민주화의 세력이 독재자를 굴복시켰다고 주장하는데 사실은 하나님께서 그의 손을 비틀어서 권력을 빼앗으신 것입니다. 그래서 민주화를 했다고 해서 인간들에게 영광을 돌리면 안 됩니다. 이것은 하나님께서 국민들을 불쌍히 여기셔서 악한 자를 물리치신 것입니다.

그리고 또 다른 방법은, 악한 자의 비행을 드러내셔서 권력의 자리에서 '비정상적인 방법' 으로 쫓겨나게 하는 것입니다.

"주의 빛과 주의 진리로 보내어 나를 인도하사 주의 성산과 장막에 이르게 하소서"(43:3).

여기서 '주의 빛과 주의 진리' 라고 하는 것은 우연한 일로 그 모든 비행을 드러내시는 것입니다. 그러면 악한 자들이 부정한 방법으로 돈을 받은 것이나 무고한 사람들을 억울하게 해친 것이 백일하에 드러나게 됩니다. 지금까지 악한 자들은 자기가 가장 정의로운 것처럼 선전하고 있었는데 이제 그것이 거짓이었음이 밝혀집니다. 결국 악한 자들은 더이상 권력의 자리에 있지 못하고 그 자리에서 내쫓기게 되는 것입니다. 그들의 비행이 드러나는 순간 모든 정치적인 생명도 끝나는 것입니다.

그런데 그 모든 악을 드러내는 분은 사람이 아닙니다. 사람은 그렇게 하고 싶어도 겁이 나서 할 수가 없습니다. 그리스도께서 사람을 통하여 죄를 드러내시는 것입니다.

악이 권력을 잡을 때 조심해야 하는 것이 무엇입니까? 웬만한 사람들은 모두 다 악의 세력에 동조하게 된다는 것입니다. 사실 이것보다 더 무서운 유혹은 없습니다. 왜냐하면 누구든지 악의 세력에 아부하기만 하면 출세할 수 있기 때문입니다. 그러나 이것이 무서운 하나님의 함정입니다. 하나님께서는 악한 자와 관계되는 모든 사람들을 다 뿌리뽑으려고 악한 자를 날뛰게 하신 것입니다.

그래서 성도는 모든 일의 결국을 보고 두 가지로 하나님을 찬송하게 됩니다.

첫째는, 하나님께서는 이 세상의 어떤 악한 자보다 더 크시다는 것입니다. 이 세상의 어떤 악한 자도 하나님을 이길 수는 없습니다. 결국은 하나님께서 그를 내리치십니다. 그래서 4절에 "극락의 하나님께 이르리이다."라고 말하고 있습니다.

> "그런즉 내가 하나님의 단에 나아가 나의 극락의 하나님께 이르리이다 하나님이여 나의 하나님이여 내가 수금으로 주를 찬양하리이다"(43:4).

여기서 '극락'은 좋은 번역이 아닌 것 같습니다. 원어에는 '기쁘고 기쁜 하나님'으로 되어 있습니다. 이것은 '너무나도 좋은 하나님'이라는 뜻입니다. 왜냐하면 하나님께서 우리를 악한 자의 손에서 건져주셨고 좋은 것을 주셨기 때문입니다.

둘째는, 우리 성도들이 악한 자에게 미움을 받은 것이 결국은 더 좋은 결과를 낳았다는 것입니다. 악한 자가 우리를 좋아했더라면 한편이 되었을 텐데 악한 자의 미움을 받는 바람에 악한 자와 한편이 되지 못했습니다. 그래서 결국 우리가 하나님의 심판에서 건짐을 받고, 악한 자들이 망했을 때 존귀한 지위를 얻게 된 것입니다. 그러므로 우리 영혼은 낙망하거나 불안해할 이유가 없는 것입니다. 우리가 악하고 교만한 자로부터 미움을 받는 것은 하나님의 사랑을 받는 길이기 때문에 반드시 나쁜 것만은 아닙니다.

성도가 당하는 시편

44-1.

하나님이여 주께서
우리 열조의 날 곧 옛날에 행하신 일을
저희가 우리에게 이르매 우리 귀로 들었나이다
주께서 주의 손으로 열방을 쫓으시고 열조를 심으시며
주께서 민족들은 괴롭게 하시고 열조는 번성케 하셨나이다
저희가 자기 칼로 땅을 얻어 차지함이 아니요
저희 팔이 저희를 구원함도 아니라
오직 주의 오른손과 팔과 얼굴의 빛으로 하셨으니
주께서 저희를 기뻐하신 연고니이다
하나님이여 주는 나의 왕이시니
야곱에게 구원을 베푸소서
우리가 주를 의지하여 우리 대적을 누르고
우리를 치려 일어나는 자를
주의 이름으로 밟으리이다
나는 내 활을 의지하지 아니할 것이라
내 칼도 나를 구원치 못하리이다
오직 주께서 우리를 우리 대적에게서 구원하시고
우리를 미워하는 자로 수치를 당케 하셨나이다
우리가 종일 하나님으로 자랑하였나이다
우리가 하나님의 이름을 영영히 감사하리이다(셀라)
그러나 이제는 주께서 우리를 버려 욕을 당케 하시고
우리 군대와 함께 나아가지 아니하시나이다
주께서 우리를 대적에게서 돌아서게 하시니
우리를 미워하는 자가 자기를 위하여 탈취하였나이다
주께서 우리로 먹힐 양 같게 하시고 열방 중에 흩으셨나이다
주께서 주의 백성을 무료로 파심이여
저희 값으로 이익을 얻지 못하셨나이다

We have heard with our ears, O God;
our fathers have told us
what you did in their days,
in days long ago.
With your hand you drove out the nations
and planted our fathers;
you crushed the peoples
and made our fathers flourish.
It was not by their sword that they won the land,
nor did their arm bring them victory;
it was your right hand, your arm,
and the light of your face, for you loved them.
You are my King and my God,
who decrees victories for Jacob.
Through you we push back our enemies;
through your name we trample our foes.
I do not trust in my bow,
my sword does not bring me victory;
but you give us victory over our enemies,
you put our adversaries to shame.
In God we make our boast all day long,
and we will praise your name forever.Selah
But now you have rejected and humbled us;
you no longer go out with our armies.
You made us retreat before the enemy,
and our adversaries have plundered us.
You gave us up to be devoured like sheep
and have scattered us among the nations.
You sold your people for a pittance,
gaining nothing from their sale.

한번은 이런 말을 들은 적이 있습니다. "우울한 크리스천은 정상이 아니다." 저는 그 말을 들었을 때 마음이 별로 기쁘지 않았습니다. 왜냐하면 그때 저는 한참 우울하게 생활하고 있었기 때문입니다. 그런데 우리 그리스도인들이 이 세상에 살면서 항상 기쁨이 충만하고 행복해야 하는가 하면 반드시 그런 것은 아닙니다. 물론 이론적으로는 우리 그리스도인들은 언제나 형통하고 잘 되어야 합니다. 왜냐하면 하나님께서 우리를 사랑하시며 우리에게 복 주시기를 기뻐하시기 때문입니다. 그러나 실제로는 그렇지 않을 때도 많이 있습니다. 성도들 중에는 이 세상에 살면서 시련을 당하는 경우가 많이 있습니다.

하나님께서 사랑하시는 성도들이 어려움을 당하는 이유가 어디에 있을까요? 한 마디로 잘라서 말할 수는 없지만, 하나님께서는 성도들의 고통을 통하여 다른 고생하는 자들에게 증거가 되며 위로가 되기를 원하십니다. 만일 하나님의 백성들이 모두 성공하여 부자가 되었다면 가난한 자들은 어떻게 위로를 받겠으며, 모든 성도들이 다 건강한 자라면 병든 자나 약한 자들은 어떻게 하나님의 도움을 받을 수 있겠습니까? 세상 사람들이 보니까 가난한 자들 중에서도 자기들과 다른 자들이 있고 병든 자들 중에서도 자기들과 다른 사람들이 있습니다. 그들이 바로 성도들인데, 가난하고 병든 자들을 위로하고 축복하시기 위하여 하나님께서 보내신 사자들인 것입니다. 하나님께서는 그리스도를 이 세상의 가장 낮은 곳까지 보내신 것처럼 주의 백성들을 가장 낮은 곳까지 보내셔서 어렵고 불쌍한 자들을 위로하시고 구원하여 주시는 것입니다.

오늘 본문은 어느 때에 지은 시인지 알 수는 없지만 하나님을 잘 믿는 성도들이 적에게 패배하여 노예로 팔려가면서 지은 시입니다. 우리가 생각하기에 하나님을 믿는 성도들은 늘 전쟁에 이겼을 것 같지만 그렇지 않을 때도 있었던 것 같습니다. 그들은 절대로 우상에 절한 사람들이 아닙니다. 그리고 하나님에 대한 믿음을 저버린 적도 없습니다. 그럼에도 불구하고 하나님께서 함께 하시지 않는 바람에 전쟁에 패하여 노예로 팔려가게 되었습니다. 그때 그들은 과거에 하나님께서 출애굽 때 행하셨던 기적과 가나안 땅의 원주민을 몰아내셨던 일을 기억하면서 자신들을 어려움에서 건져달라고 하나님께 기도를 하고 있습니다. 아마 다윗 이후에 이스라엘과 유다의 국력이 약해지면서 적에게 포로로 잡혔던 성도들이 지은 시로 생각이 됩니다. 하나님께서 이들에게 이런 시련을 주신 이유가 어디에 있을까요? 다른 모든 노예들에게 증거가 되게 하기 위해서라고 생각됩니다.

고난 중에 복음을 전하는 자

"하나님이여 우리 열조의 날 곧 옛날에 행하신 일을 저희가 우리에게 이르매 우리 귀로 들었나이다"(44:1).

이 시의 배경은 어떤 이스라엘 자손들이 적에게 패배하여 전쟁 포로가 된 때입니다. 일단 사람이 전쟁 포로가 되면 모든 자신감이나 희망을 잃고 완전히 기가 죽게 되어 있습니다. 왜냐하면 이때부터는 죽은 목숨이나 마찬가지이며 모든 육체적 · 정신적인 자유는 인정되지 않기 때문입니다. 그래서 전쟁 포로는 하나의 인격체가 아니고 짐승과 같은 육체 덩어리일 뿐입니다. 그런데 성도들은 이런 비참하고 어려운 상황에서 과거에 하나님께서 그들의 조상들에게 행하신 일을 듣게 되었습니다.

"저희가 우리에게 이르매"라고 했는데 중요한 것은 '저희'가 누구냐 하는 것입니다. 아마도 포로는 여러 명이었던 것 같고 여러 족속들이 뒤섞여 있었을 것입니다. 그런데 그중에서 자기말고 다른 한 이스라엘 노예가 있었는데 그 사람이 포로들 가운데 일어나서 하나님의 이야기를 들려준 것입니다.

이 사람의 이야기는, 노예로 잡혀 온 사람에게는 완전히 하나의 설교였습니다. 그는 포로 된 자리에서 하나님께서 과거에 이스라엘 백성들에게 얼마나 큰 능력을 주셨는지에 대한 이야기를 들었습니다. 이 사람은 평소에 자유로울 때에는 그런 이야기를 들을 수가 없었습니다. 그 동안은 혹시 너무 바빴거나 하나님의 말씀을 귀중하게 생각하지 않았을 수도 있었을 것입니다. 그런데 그는 오히려 포로 된 가운데서 하나님의 이야기를 듣게 되었습니다. 그가 그 이야기를 믿을 수밖에 없는 이유는, 그것 외에는 희망을 가질 수 있는 것이 전혀 없었기 때문입니다.

예를 들어 어떤 사람이 죄를 지어서 감옥에 들어가게 되었는데 하필이면 그 감옥에 성경을 잘 아는 사람이 같이 있게 되었다고 합시다. 그러면 이 사람은 꼼짝 하지 못하고 그에게 성경 교육을 받을 수밖에 없습니다. 우리는 그런 예를 얼마든지 들을 수 있습니다. 저희 교회 여전도회는 일 년에 한 번씩 군 교도소에 위문을 갑니다. 가보면 세상에 있을 때는 방탕하게 살던 사람들도 교도소에서는 간절하게 하나님을 찾는다고 합니다. 교도소 안에서는 모든 것이 너무나도 어렵고 힘들기 때문에 지푸라기라도 잡고 싶은 심정으로 말씀을 듣는다는 것입니다. 그런데 그 많은 죄수들 중에서 가장 신앙이 뜨거운 사람은 사형수라고 합니다. 왜냐하면 그에게는 신앙 외에는 살 수 있는 길이 전혀 없기 때문입니다.

우리는 신약 성경에서도 이런 예를 볼 수 있습니다. 빌레몬 서를 보면 빌레몬의 노예로 있다가 도망을 친 오네시모라는 사람이 있습니다. 그는 다른 죄로 붙들려서 감옥에 가게 되었는데 마침 사도 바울이 갇혀 있는 감옥에 들어가게 된 것입니다. 그러니까 어쩔 수 없이 바울의 가르침을 받고 신자가 되어서 아주 착실한 사람이 되었습니다. 그래서 바울의 보냄으로 자기 옛 주인 빌레몬에게 돌아가게 되었습니다.

그런데 오늘 본문의 시를 보면 못된 짓을 하다가 전쟁에서 진 것 같지는 않고 나름대로 열심히 하나님을 믿었는데도 불구하고 포로가 된 것 같습니다. 그런데 포로 된 곳에서 하나님의 말씀을 듣게 된 것입니다. 얼마나 반갑고 신기한 일입니까? 여기서 우리가 알 수 있는 것이 무엇입니까? 하나님의 말씀은 인간의 힘으로는 막을 수가 없다는 것입니다. 아무리 인생 저 밑바닥에 간다 하더라도 하나님의 말씀은 그곳까지 찾아가게 되어 있습니다.

여기서 우리가 알게 되는 것이 바로 '저희' 라는 사람입니다. 이 사람이 누구인지는 알 수 없지만 자기와 같이 포로가 된 사람임에 분명합니다. 그런데 그 사람이 포로가 되지 않았더라면 그곳에 있는 다른 사람들은 하나님의 말씀을 들을 수 있는 기회를 아예 가질 수 없었을 것입니다. 노예들이란 시간만 나면 자든지 욕하든지 싸움질을 합니다. 그러나 신앙을 가진 한 사람이 노예가 됨으로 그들의 수용소는 시간이 날 때마다 부흥회로 변했습니다. 서로 눈물로 기도하고 축복해 주는 시간으로 변한 것입니다. 우리가 어느 곳에 있든지 주님만 함께 하시면 그곳이 천국이 될 수도 있고 변화산도 될 수 있다는 것을 우리는 체험하게 됩니다.

우리는 여기서 그리스도인이라고 해서 항상 잘사는 것만은 아니라는 것을 보게 됩니다. 만약 모든 그리스도인들이 성공해서 잘살아야 한다면 가난하고 병들고 인생 밑바닥에 있는 사람들은 복음을 들을 기회가 없을 것입니다. 복음은 잘사는 사람들에게도 필요하지만 가난하고 소외된 자들에게도 필요합니다. 그래서 하나님께서는 모든 종들을 다 잘되게 하시지는 않습니다. 다 잘산다면 누가 저 구석까지 가서 복음을 전하겠습니까? 그래서 성도들 중에는 부요한 자도 있어야 하지만 가난한 자도 있어야 하고, 건강한 자도 있어야 하지만 병든 자도 있어야 하는 것입니다.

여기서 우리가 또 깨달을 수 있는 것이 무엇인가 하면, 하나님의 인내입니다. 하나님께서는 한 영혼이라도 건지시기 위하여 인간 영혼이 있는 곳이면 어디에든 자기 종들을 보내십니다. 그래서 포로가 되어서 노예로 팔려 가는 자들 속에도 복음을 전하는 사람을 두셔서 하나님의 말씀을 듣게 하십니다.

하나님께서는 우리보다 더 비참하고 어려운 자들에게 복음의 빛을 비추시기 위하여 우리를 어렵게 하실 수도 있습니다. 그럴 때에는 '아, 하나님께서 나에게 낮은 자들에게 복음을 전하라고 하시는구나.' 라고 생각하고 기쁨으로 받아들이시기 바랍니다. 그리하여 기꺼이 그 어렵고 비참한 자들에게 입을 열어서 하나님의 말씀을 전하십시오. 그러면 반드시 그들 중에 말씀을 믿고 새로운 삶을 사는 자들이 있습니다. 그래서 우리는 사도 바울이 말한 것처럼 때를 얻든지 얻지 못하든지 복음을 전해야 하는 것입니다.

지금도 시골 교회에 가면 할머니 할아버지 몇 명을 앉혀놓고 설교하는 목사님들이 있습니다. 아마 목사님들은 다 대도시에서 성공한 목회를 하고 싶어하실 것입니다. 그러나 농촌 교회를 지키는 분들이 계시기 때문에 또 그곳에 계신 노인들이 복음을 듣게 되는 것입니다.

고난 중에 들려진 하나님의 능력

이 성도가 포로로 붙들려 있으면서 들었던 하나님의 말씀은, 놀랍게도 하나님께서 그들의 조상들에게 베푸신 능력에 대한 것이었습니다.

> "주께서 주의 손으로 열방을 쫓으시고 열조를 심으시며 주께서 민족들은 괴롭게 하시고 열조는 번성케 하셨나이다 저희가 자기 칼로 땅을 얻어 차지함이 아니요 저희 팔이 저희를 구원함도 아니라 오직 주의 오른손과 팔과 얼굴빛으로 하셨으니 주께서 저희를 기뻐하신 연고니이다"(44:2~3).

노예로 붙들려 있는 곳에서 귀에 들린 말씀은 놀랍게도 하나님께서 당신의 손으로 열방을 내쫓으셔서 이스라엘 백성들로 하여금 가나안 땅에 뿌리내리게 하신다는 말씀이었습니다. 이스라엘 조상들은 전혀 가나안 사람들을 내쫓을 수 있는 능력을 가지고 있지 못했습니다. 그런데 오직 믿음으로 순종했을 때, 그들은 불가능하게만 보이던 승리를 거둘 수 있었습니다.

그러면 지금 포로 되어 있는 자들도 이제라도 믿음을 가진다면 하나님의 구원을 체험할 수 있는 것입니까? 낙심해 있는 그들에게 이런 말씀을 하시는 이유가 어디에 있을까요? 단지 심심하니까 옛날 이야기를 하는 것입니까? 아니면 이루어지지는 않겠지만 희망을 가지도록 하기 위하여 이 말을 하는 것일까요? 바로 여기서 설교의 능력을 믿느냐, 믿지 않느냐 하는 것이 나타나게 됩니다. 하나님의 말씀을 선포하면 어떻게 됩니까? 선포된 하나님의 말씀은 시간과 장소를 가리지 않고 그 말씀을 듣고 믿는 자에게 동일한 효력을 나타냅니다. 그러니까 가나안 땅을 정복할 때 선포되었던 그 말씀이 그후에 전쟁에 패배하여 붙들려 있는 자들에게나 오늘 그 말씀을 듣는 우리들에게나 동일한 능력을 나타냅니다. 하나님의 말씀의 능력은 영원 불변하기 때문입니다.

그래서 포로로 잡혀 있는 자들이 하나님의 말씀을 듣게 됨으로 그들은 완전히 딴 사람으로 변하게 됩니다. 즉 그들은 노예의 무리들이 아니라 하나님의 말씀으로 무장된 사람들이 됩니다. 물론 그들이 그 말씀을 들었다고 해서 당장 노예에서 풀려나지는 못할 수도 있습니다. 그러나 말씀이 없었더라면 한평생 정신적인 노예와 패배자의 인생을 살 수밖에 없는 그들이 말씀을 들음으로 하나님의 종이 될 뿐 아니라 포로들 가운데 하나님의 증인이 되는 것입니다. 말씀이 없으면 정말 비참할 수밖에 없는 상황에서 말씀이 있음으로 가장 당당하고 정신이 똑바른 노예가 되는 것입니다. 결국 그 사람이 주인을 전도하게 됩니다. 그리고 포로에서 하나님의 도우심으로 돌아올 수도 있습니다.

빌립보서에 보면 사도 바울이 시위대 안에 있는 감옥으로 옮겨지게 됩니다. 시위대 감옥은 악명이 높은 감옥으로 바울의 죽음이 임박함을 의미합니다. 그러나 바울은 시위대 감옥 안에서 최선을 다해서 사람들을 섬겼고, 그로 인해 시위대 안에 있는 군인들 중에서 예수를 믿는 사람이 생겨나게 되었습니다.

또 한 좋은 예가 있습니다. 엘리야 때 수리아의 군대 장관 나아만이 문둥병에 걸렸습니다. 그때 이스라엘에서 잡혀 온 노예가 하나 있었는데, 그 계집종이 나아만에게 자기 나라에는 엘리야라고 하는 하나님의 사람이 있는데 그 사람이 기도하면 문둥병이 나을 수 있다고 알려주었습니다. 결국 나아만이 문둥병을 치료받고 하나님을 믿게 되는 데는 바로 그 노예로 잡혀 온 계집종의 역할이 컸던 것입니다(왕하 5:1~14 참조).

그러니까 하나님의 백성들은 어느 곳에 있다 하더라도 하나님의 말씀이 임하기만 하면 힘을 얻게 되어 있고, 정체성을 되찾게 되어 있으며, 증인의 사명을 감당할 수가 있습니다.

> "하나님이여 주는 나의 왕이시니 야곱에게 구원을 베푸소서 우리가 주를 의지하여 우리 대적을 누르고 우리를 치려 일어나는 자를 주의 이름으로 밟으리이다"(44:4~5).

여기서 성도는 생각해 보게 되었습니다. 이스라엘의 조상들이 자기들보다 훨씬 더 힘이 센 가나안 족속들을 쫓아내고 하나님의 나라를 세운 것이 자기들의 힘 때문이 아니라 하나님의 도우심에 의한 것이었다면, 자기라고 해서 하나님의 도우심을 얻지 못할 이유가 어디에 있으며 원수들을 내쫓지 못할 이유가 어디에 있느냐 하는 것입니다. 그래서 하나님의 말씀을 듣고 난 후에는 더 담대하게 "하나님이여, 주는 나의 왕이시니이다."라고 담대히 고백하면서 "당신의 백성들을 구원하소서."라고 기도를 합니다.

그런데 성도들이 하나님의 큰 능력을 체험할 때는 평안할 때가 아니라 어려운 위기 가운데서입니다. 그래서 이렇게 적에게 포로 되어 있을 때 얼마든지 하나님께서 기가 막힌 방법으로 그들을 도우시는 것을 체험할 수가 있습니다.

삼손 같은 경우에는 들릴라에게 속아서 머리털이 밀리고 눈알이 뽑힌 채 블레셋 사람들의 감옥에 붙들려 있었습니다. 그가 거기서 살아서 나갈 수 있는 가능성은 제로입니다. 더욱이 다른 이스라엘 백성들이 그곳까지 삼손을 도우러 올 리도 만무합니다. 그런데 삼손이 하나님께 부르짖었을 때 하나님께서는 그에게 다시 힘을 주셔서 블레셋 사람들의 신전 기둥을 팔로 껴안고 무너뜨리니까 한꺼번에 삼천 명이나 되는 사람들이 그 신전의 건물 더미에 깔려서 죽었습니다(삿 16:22~31 참조).

다니엘은 다른 신에게 기도하지 말라는 왕의 명령을 알고도 예루살렘을 향하여 하루에 세 번씩 기도를 했습니다. 결국 다니엘은 악한 자들의 모함에 걸려들어서 사자굴 속에 들어갔지만 하나님의 사자(使者)가 사자들의 입을 봉하는 바람에 사자들이 다니엘을 해치지 못했습니다. 그러나 왕이 그 다음에 다니엘을 모함했던 사람들을 사자굴에 집어넣으니까 그들이 땅에 떨어지기도 전에 사자들이 덮쳐서 뼈까지 부수어서 먹었습니다(단 6:16~24 참조).

하나님의 능력이 더 크게 나타날 때는 아무 일이 없는 평안한 때가 아니라 가장 어려울 때입니다. 그때 더 큰 하나님의 능력을 체험하게 되는 것입니다.

더욱더 하나님만 의지하게 됨

사람이 어려움 가운데 빠지게 되면 지푸라기도 붙잡는 심정으로 철저하게 하나님을 의지하게 됩니다. 이때가 바로 우리가 가장 순수하게 하나님을 의지할 때이며 하나님과 가장 가까울 때입니다.

> "나는 내 활을 의지하지 아니할 것이라 내 칼로 나를 구원치 못하리이다 오직 주께서 우리를 우리 대적에게서 구원하시고 우리를 미워하는 자로 수치를 당케 하셨나이다"(44:6~7).

지금 성도들이 처해 있는 어려움은 사람의 힘으로는 건져낼 수 없는 어려움입니다. 그런데 놀라운 것은 바로 이런 어려움 가운데서 하나님의 함께 하심을 너무나도 분명하게 느낄 수가 있다는 것입니다.

이것은 마치 환자가 중환자실에 입원해 있을 때 의사나 간호사가 집중적으로 환자를 관리하는 것과 같습니다. 무슨 조그만 어려움이 있어도 당장 하나님의 간섭함이 나타나는 것입니다. 누군가가 노예들을 구타하는데도 이상하게 하나님의 백성들은 예외가 됩니다. 그리고 사고가 나서 여러 사람들이 죽는 일이 생겼는데도 하나님의 성도들은 위기를 피하게 됩니다. 그리고 그런 가운데서 기도하는 것마다 놀라울 정도로 응답이 됩니다. 그때 비로소 자기 자신에게는 활이나 칼보다 더 강한 무기가 있는데, 그것은 바로 하나님의 능력이라는 것을 알게 됩니다.

이렇게 인생의 밑바닥에서부터 하나님의 진리는 능력을 나타내게 되는데 두 가지 방향에서 나타나게 됩니다.

우선 하나는, 성도가 인생 밑바닥의 어려움을 겪는 과정에서 그들의 신앙은 생활 가운데 녹아서 진리의 성육신이 되게 됩니다. 그러니까 그 사람이 굳이 성경 이야기를 많이 하지 않아도 이미 그들의 인격 속에 성경적인 신앙이 녹아 있어서 누구든지 공감을 할 수 있는 신앙이 되는 것입니다. 그전에는 자기 욕심만 챙기면서 입으로만 하나님의 사랑을 말했는데, 이제는 입으로는 그런 소리를 하지 않아도 몸으로 실천을 다 해버리니까 다른 노예들까지 믿고 따르게 되는 것입니다. 진리가 진정한 진리가 되기 위해서는 우리 성도들이 밑바닥의 인생을 한번 거쳐볼 필요가 있습니다. 그래야 진리와 현실의 괴리 문제를 극복할 수 있습니다. 모든 사람들이 공감할 수 있는 진리가 바로 능력이 있는 진리입니다.

그리고 성도는 이런 시련을 겪으면서 마음속에 있는 아집의 담이 많이 허물어지면서 많은 사람들을 포용할 수 있는 아량을 가지게 됩니다. 그전에는 믿는 사람들이 아주 작은 의견 차이로 갈라지고 싸우는 일을 많이 했습니다. 그런데 밑바닥에서 구르다보면 그런 차이라는 것이 결국 아집이며 아무것도 아니라는 것을 깨닫게 됩니다. 그래서 우리 성도들이 사소한 오해를 뛰어넘을 수 있는 포용성을 가지게 되는데 결국 이 넓은 마음이 사회를 변화시키는 누룩의 역할을 하게 됩니다. 왜 기독교 진리가 세상을 바꾸지 못합니까? 그것은 아집에 차 있고 자기 고집을 버리지 못하기 때문입니다.

그 다음에, 하나님께서는 자기 백성들의 이유 없는 고난을 통해서 자기 민족과 가족들을 구원하시기를 기뻐하십니다. 사실 우리 가족들과 민족들이 하나님 앞에 얼마나 많은 죄를 지었습니까? 그들이 하나님에 대한 훼방의 말을 얼마나 많이 쏟아냅니까? 또 얼마나 악한 짓을 많이 했습니까? 그 죄악들을 누군가는 감당을 해야 하지 않겠습니까? 그래서 하나님께서는 주의 백성들에게 이유 없는 환난을 주십니다. 물론 그것이 완전한 속죄는 될 수 없지만 그래도 하나님께서는 성도들의 환난과 고통을 보시고 우리의 가족이나 민족의 허물을 불쌍히 여기시고 은혜를 주시는 것입니다. 그래서 우리 나라가 구원을 받으려면 우리 믿는 사람들이 고난을 당해야 합니다. 하나님께서 고난을 주시지 않으면 스스로라도 고난을 좀 택해야 합니다. 기도를 좀 더 하고, 스스로 먹고 싶고 즐기고 싶은 것도 참으면서, 어떤 때에는 금식을 하면서 하나님 앞에 겸비한 모습을 가져야 합니다.

> "우리가 종일 하나님으로 자랑하였나이다 우리가 하나님의 이름을 영영히 감사하리이다"(44:8).

참으로 놀라운 것은, 인생 밑바닥에서도 하나님의 백성들과 마귀의 백성들이 나누어지는데 언제나 하나님은 성도들이 이기게 하시더라는 것입니다. 특히 밑바닥 인생에서는 직접적으로 하나님의 능력이 나타나게 되어 있습니다. 왜냐하면 영적인 전투가 직접 이루어지는 최전선이기 때문입니다. 그래서 우리가 편하게 믿으려고 안일한 생활을 하면 기도의 능력을 체험할 수가 없습니다. 하나님의 능력을 체험하려면 영적인 최전방으로 나가야 합니다. 그러면 직접 우리를 위해서 싸우시는 하나님을 체험하게 될 것입니다.

어느 것이 더 나은가?

성도는, 어떻게 해서 자신들이 이렇게 패배하고 포로로 잡혀 오게 되었는지 반성을 해봅니다.

> "그러나 이제는 주께서 우리를 버려 욕을 당케 하시고 우리 군대와 함께 나아가지 아니하시나이다 주께서 우리를 대적에게서 돌아서게 하시니 우리를 미워하는 자가 자기를 위하여 탈취하였나이다"(44:9~10).

성도가 생각하기에 정상적으로는 '우리'가 악의 세력에게 패할 수 없었다는 것입니다. 왜냐하면 '우리'는 활이나 칼을 의지하지 않고 여호와의 이름 하나만으로도 얼마든지 적을 이길 수 있기 때문입니다. 그런데 하나님께서 함께 싸우시지 않으셨기 때문에 대적에게 패했고 결국 원수들에게 붙들리게 되었다는 것입니다.

그러면 원수를 이기지 못한 이유가 어디에 있습니까? 가장 중요한 이유는 철저하게 하나님과 함께 동행하지 못한 점입니다. "주께서 우리 군대와 함께 나가지 아니하시나이다." 함께 하신 줄 알고 전쟁에 나갔는데 실제로는 하나님께서 함께 하시지 않았던 것입니다. 그래서 자기 힘으로 싸우다가 참패를 한 것입니다.

여호수아 서에 보면 여호수아가 이스라엘 백성들에게 할례를 행하게 한 후에 그들에게 도착하신 하나님의 군대 장관을 만났습니다(수

5장 참조). 그때 여호와의 군대 장관은 "이제 내가 왔느니라."라고 말씀하셨습니다. 그러니까 만일 여호수아가 여호와의 군대 장관이 오기 전에 적과 싸웠더라면 패배하는 것입니다.

우리에게는 언제나 하나님의 때가 있습니다. 그리고 아무리 하나님께서 우리와 함께 하시더라도 영적인 전쟁을 우습게 알면 안 됩니다. 왜냐하면 하나님의 일 중에서 쉬운 일은 아무것도 없기 때문입니다. 아무리 사소한 것이라 하더라도 최선을 다해야 겨우 감당할 수 있습니다. 아무리 하나님께서 함께 하시는 일이라 하더라도 저절로 되는 것은 아무것도 없습니다.

그리고 아간의 경우처럼 숨은 한 가지 죄가 이스라엘 백성 전체를 무력하게 만들어서 비참한 패배를 가져오게 할 수도 있습니다(수 7:1~15 참조). 그런데 우리는 인간인데 사소한 숨어 있는 죄 하나하나를 어떻게 알 수 있습니까? 일일이 물어보는 수밖에 없습니다. 그런데 더 중요한 것은 한 번 패배했다고 해서 모든 것이 끝난 것은 아니라는 것입니다. 하나님께서는 얼마든지 합력하여 선을 이루실 수 있습니다.

그러니까 이 성도들은 패배했을 때 하나님께서 더 함께 하시는 것을 체험할 수 있었습니다. 왜냐하면 이것이 실전이었기 때문입니다.

> "주께서 우리로 먹힐 양 같게 하시고 열방 중에 흩으셨나이다 주께서 주의 백성을 무료로 파심이여 저희 값으로 이익을 얻지 못하셨나이다"(44:11~12).

전쟁에 패배한 이스라엘 전쟁 포로들은 비참하게 여러 나라로 노예로 팔려갔습니다. 그런데 얼마나 헐값으로 팔려갔던지 거의 무료로 제공되다시피 했습니다. 사람들이 서로 가져가려고 하지 않았던 것 같습니다. 그러나 이것은 모든 것의 끝이 아닙니다. 하나님께서는 포로 된 그곳에서 다시 누룩으로 일어서게 하는 것입니다.

옛날에는 신앙을 가진 처녀가 믿지 않는 집에 시집을 가는 경우가 많았습니다. 그는 엄한 시집에서 신앙 생활을 할 수가 없었습니다. 그러나 어떤 인생의 어려움을 겪으면서 다시금 일어서게 되는 경우가 많았습니다. 예를 들어 한번 무서운 병에 걸렸다가 살아나는 체험을 통해서 다시 신앙을 붙잡고 먼저 아이들을 예수 믿게 하고, 나중에는 제사를 없애고, 또 시부모들이나 다른 친척들까지 예수 믿게 하고, 결국에는 자식들을 목사나 장로로 키우는 경우가 많았습니다. 이렇듯 성도는 노예로 일단은 죽는 것 같지만 다시 한번 살아날 때가 있고 그때에는 더 강한 능력으로 살아나서 세상을 바꾸는 것입니다.

박해받는 성도들

44-2.

주께서 우리로 이웃에게 욕을 당케 하시니
둘러 있는 자가 조소하고 조롱하나이다
주께서 우리로 열방 중에 말거리가 되게 하시며
민족 중에서 머리 흔듦을 당케 하셨나이다
나의 능욕이 종일 내 앞에 있으며
수치가 내 얼굴을 덮었으니
나를 비방하고 후욕하는 소리를 인함이요
나의 원수와 보수자의 연고니이다
이 모든 일이 우리에게 임하였으나
우리가 주를 잊지 아니하며
주의 언약을 어기지 아니하였나이다
우리 마음이 퇴축지 아니하고
우리 걸음도 주의 길을 떠나지 아니하였으나
주께서 우리를 시랑의 처소에서 심히 상해하시고
우리를 사망의 그늘로 덮으셨나이다
우리가 우리 하나님의 이름을 잊어버렸거나
우리 손을 이방신에게 향하여 폈더면
하나님이 이를 더듬어 내지 아니하셨으리이까
대저 주는 마음의 비밀을 아시나이다
우리가 종일 주를 위하여 죽임을 당케 되며
도살할 양같이 여김을 받았나이다
주여 깨소서 어찌하여 주무시나이까
일어나시고 우리를 영영히 버리지 마소서
어찌하여 주의 얼굴을 가리우시고
우리 고난과 압제를 잊으시나이까
우리 영혼은 진토에 구푸리고
우리 몸은 땅에 붙었나이다
일어나 우리를 도우소서
주의 인자하심을 인하여
우리를 구속하소서

You have made us a reproach to our neighbors,
the scorn and derision of those around us.
You have made us a byword among the nations;
the peoples shake their heads at us.
My disgrace is before me all day long,
and my face is covered with shame
at the taunts of those who reproach and revile me,
because of the enemy; who is bent on revenge.
All this happened to us,
though we had not forgotten you
or been false to your covenant.
Our hearts had not turned back;
our feet had not strayed from your path.
But you crushed us and made us a haunt for jackals
and covered us over with deep darkness.
If we had forgotten the name of our God
or spread out our hands to a foreign god,
would not God have discovered it,
since he knows the secrets of the heart?
Yet for your sake we face death all day long;
we are considered as sheep to be slaughtered.
Awake, O Lord! Why do you sleep?
Rouse yourself! Do not reject us forever.
Why do you hide your face
and forget our misery and oppression?
We are brought down to the dust;
our bodies cling to the ground.
Rise up and help us;
redeem us because of your unfailing love.

옛날 로마 시대를 배경으로 한 영화를 보면, 네로 황제가 원형 경기장에 그리스도인들을 집어넣고 사자들을 풀어서 물어 죽이게 하는 장면들이 나옵니다. 역사가들은 로마 문명이 인간이 만들어낸 가장 위대한 문명이라고 했는데, 바로 그 로마 시대에 그리스도인들에 대한 잔인한 박해가 가장 성행하였습니다. 그리스도인에 대한 박해가 적어도 열 차례나 있었던 것 같습니다. 어떤 경우에는 황제 숭배를 거부한다고 해서 화형시키는 일도 있었습니다. 사실 과거에는 모든 권력이 국가의 황제 한 사람에게 다 주어져 있기 때문에 황제가 그리스도인들을 미워하면 얼마든지 그들을 죽일 수 있었고, 그때 그리스도인들은 완전히 고양이 앞의 쥐처럼 꼼짝하지 못하고 모든 박해를 다 당할 수밖에 없었습니다.

그리스도인들에게 이해할 수 없는 것이 바로 이런 일들입니다. 마치 하나님께서 사랑하는 성도들을 죽음의 자리까지 내모신 후 "죽을래, 신앙을 지킬래?" 하고 물으시는 것 같습니다. 다른 말로 표현해서 하나님에 대한 신앙을 죽음까지 두려워하지 않고 끝까지 지키겠느냐는 것입니다.

그래서 실제로 죽기까지 하나님께 대한 신앙을 지키는 성도들이 많이 있었습니다. 사실 우리 신앙은 죽음과 깊은 관계가 있습니다. 바로 우리 주님께서 진리 때문에 십자가의 무서운 처형을 받고 죽기까지 하셨기 때문입니다. 그리고 제자들에게도 "아무든지 나를 따라오려거든 자기를 부인하고 자기 십자가를 지고 나를 좇을 것이니라" (막 8:34). 하고 말씀하셨습니다.

이것은 일종의 죽음의 서약입니다. 예를 들어 어떤 단체에 가입을 할 때 이런 죽음의 서약을 하게 되는데, 테러단 같은 아주 호전적인 집단이 주로 그런 일을 합니다. 남을 죽이는 단체는 자기들도 그만한 죽음을 각오해야 할 것입니다. 그러나 예수님은 남들을 죽이는 일을 하지 않고 살리는 일을 하는데도 죽음을 각오하라는 것입니다. 왜냐하면 이 세상이 그만큼 하나님의 진리를 좋아하지 않기 때문입니다. 그러나 우리의 이 진리는 너무나도 중요하기 때문에 우리는 설사 죽음의 위협이 온다고 해도 이 진리를 포기할 수 없는 것입니다.

주위 사람들의 조롱거리가 됨

우리가 하나님의 백성이 되었을 때 주위의 사람들에게서 사랑을 받고 존경을 받으면 얼마나 좋겠습니까? 그러나 실제로는 가장 가까운 사람들에게도 미움을 받고 조롱을 당한다고 말씀하고 있습니다.

> "주께서 우리로 이웃에게 욕을 당케 하시니 둘러 있는 자가 조소하고 조롱하나이다"(44:13).

우리가 하나님의 백성이 된 그 순간부터 '우리를 둘러 있는 사람들', 즉 우리 주위의 가장 가까운 사람들에게 미움의 대상이 되고 조롱의 대상이 된다고 말씀하고 있습니다. 그 이유가 무엇입니까? 그만큼 우리가 생각하는 것이나 행동하는 것이 그들과 다르기 때문입니다.

첫 번째로, 믿지 않는 사람들은 신앙을 가진 사람을 이해하지 못합니다. 왜냐하면 믿지 않는 사람들에게 중요한 것은 눈에 보이는 현실이기 때문입니다. 그들의 행복은 이 세상에서 많은 것을 누리고 잘사는 것입니다. 그런데 하나님의 백성들은 눈에 보이지 않는 것을 위하여 살려고 하고, 눈에 보이지 않는 복을 위해서 이 세상의 모든 것을 포기하고 희생합니다. 그러니까 세상 사람들의 눈에는 성도들이 얼마나 비현실적으로 보이며 얼마나 이상한 사람으로 보이겠습니까?

사실 우리는 이 세상 속에 살아도 이 세상을 위하여 모든 것을 다 바치지는 않습니다. 하나님의 백성들은 이 세상에 살면서도 이 세상을 위하여 충성을 다하지 않습니다. 반면 세상 사람들은 이 세상이 영원하기를 바라며, 이 세상을 위하여 노력하고 애쓰는 사람들을 알아주고 칭찬해 주며 보상을 합니다. 그러니 눈에 보이지 않는 하나님의 나라를 위하여 일하는 성도들을 세상 사람들이 좋아할 리가 없습니다.

두 번째로, 믿지 않는 사람들은 믿는 사람들이 자기들에게 위협이 된다고 생각합니다. 왜냐하면 믿지 않는 사람들을 하나씩 설득을 해서 하나님의 백성으로 만들어 나가기 때문입니다. 사실 믿는 사람들은 이 세상을 영원한 것으로 보지 않습니다. 이 세상을 서서히 침몰해 가고 있는 배로 생각합니다. 침몰하는 배에서 한 사람이라도 건지기 위해서 이 세상에 남아 있는 것이지, 이 세상이 전부라고 생각하지는 않습니다. 그래서 그냥 내버려두면 한 사람 한 사람을 변화시켜서 결국 모든 사람들을 다 하나님의 백성으로 만들고 말 것입니다. 그러니까 이 세상 사람들은 그리스도인들의 존재에 대하여 위협을 느끼는 것입니다. 어떤 사람은 아예 노골적으로 "믿으려면 당신이나 믿을 것이지 다른 사람들을 전도할 생각은 하지 마시오."라고 경고를 하기도 합니다.

그뿐만 아니라 그리스도인들은 이 세상의 기존 체제를 흔들기 시작합니다. 이 세상의 체제는 대체로 미신적이며 잘못된 권위에 기초를 두고 있는 경우가 많습니다. 그래서 그리스도인들은 미신적인 의식에 대하여 반대하거나 사람의 인권을 짓밟는 정치 체제에 대하여 반대를 합니다. 결국 그리스도인들은 이 세상의 체제에 대하여 도전적인 세력으로 보이게 되는 것입니다.

가장 먼저 차이를 느끼는 사람들이 주위에 있는 가족이나 이웃들입니다. 그리스도인들은 신앙을 가진 후 과거처럼 술을 마시거나 무위도식을 하지 않습니다. 성실해지고 거짓말도 하지 않습니다. 그런데 문제는, 이들이 자기들의 요구를 따르지 않는다는 것입니다. 전에는 아주 말을 잘 듣는 사람이었는데 어느 한순간부터 하나님의 말씀에 순종해야 한다고 하면서 부모님의 말씀을 듣지도 않고 이웃 어른들의 말을 듣지도 않을 때, 이들은 우리를 하나님께 빼앗겼다고 생각하는 것입니다. 그래서 가족이나 친구들을 잃어버린 미움 때문에 더 미워하게 되는 것입니다. 즉 그들은 기독교에 대하여 "과거의 내 아들을 돌려주고 과거의 내 술 친구를 돌려달라."라고 하는 것입니다.

그러나 우리가 하나님을 믿는 것은 돌아올 수 없는 다리를 건너는 것입니다. 우리가 일단 한번 하나님을 믿으면 이제는 더이상 과거의 그 아들이 될 수 없고, 더이상 과거의 그 친구가 될 수 없습니다. 그러니까 전에 우리를 알고 있던 사람들은 결국 우리를 미워하고 조롱하게 되는 것입니다. 그들이 우리를 미워하지 않으면 결국 우리는 그들을 따라가게 될 것입니다.

그런데 하나님의 백성들은 개인만 이런 비난을 당하는 것이 아니라 교회나 국가도 결국 세상 사람들의 비난을 받고 미움을 받는 것입니다.

"주께서 우리로 열방 중에 말거리가 되게 하시며 민족 중에서 머리 흔듦을 당케 하셨나이다"(44:14).

우리 나라에서 천주교와 불교는 아주 친한 관계에 있습니다. 그러나 양쪽 모두 기독교에 대해서는 아주 노골적인 적대감을 드러냅니다. 그 이유가 무엇입니까? 참된 진리가 그들에게 위협이 되기 때문입니다. 이 세상의 종교들은 모두 손을 잡을 수 있습니다. 왜냐하면 그 중심 사상이 모두 인간의 노력으로 구원을 이루어보자는 것이기 때문입니다. 그래서 그들은, 길은 다르지만 목표는 같기 때문에 서로 이해하고 협력을 할 수 있다고 생각합니다.

그러나 기독교는 오직 그리스도의 십자가만이 구원받을 수 있는 유일한 길이라고 믿습니다. 하나님 앞에서 의로워지는 다른 길을 일체 인정하지 않습니다. 우리가 구원받는 길은 오직 하나님의 은혜라고 주장합니다. 믿는 자들과 세상 사람들은 도저히 하나 될 수가 없는 것입니다.

우리가 믿는 것은 오직 하나님의 계시입니다. 즉 하나님께서 우리 인간에 대하여 말씀하신 것입니다. 그러나 사람들은 하나님의 계시보다는 인간의 경험과 지식이 더 학문성이 있다고 믿습니다. 그리고 실제로 이 세상에서 직업을 가지고 돈을 버는 데는 하나님의 진리보다는 이 세상의 지식이 훨씬 더 유용합니다. 좋은 학교를 졸업하고 전문 지식을 가지고 있으면 당장 좋은 직장을 가질 수가 있습니다. 성경을 아무리 많이 알고 기도를 많이 한다고 해서 당장 취직이 되는 것은 아닙니다. 그래서 세상 사람들은 하나님의 말씀이 써먹을 수 없는 지식이라고 생각하는 것입니다.

그러나 사람이 돈으로만 사는 것이 아닙니다. 왜냐하면 영혼이 병들어 있으면 그가 아무리 돈을 잘 번다 하더라도 결코 아름다운 삶을 살 수 없기 때문입니다. 영혼이 병든 사람은 아무리 지식을 많이 가지고 있다고 하더라도 그의 지식은 부정적인 목적으로 사용되게 될 것입니다. 이 병든 영혼을 치료할 수 있는 것은 하나님의 말씀밖에 없습니다. 그래서 사람이 진정으로 아름다운 삶을 살려면 하나님의 말씀을 먹어야 합니다.

"나의 능욕이 종일 내 앞에 있으며 수치가 내 얼굴을 덮었으니 나를 비방하고 후욕하는 소리를 인함이요 나의 원수와 보수자의 연고니이다"(44:15~16).

하나님을 모르는 사람들이 성도들을 욕하고 미워하는 이유는 그들에게 맡겨진 진리가 너무나도 고귀한 것이기 때문입니다. 그런데 이 진리가 우리를 자기들과 다른 사람으로 만들었기 때문에 그들은 우리를 싫어합니다. 우리들에게 어서 그 진리를 버리고 옛날의 관계로 돌아오라는 것입니다. 옛날처럼 함께 술 마시고 죄짓던 생활로 돌아가자는 것입니다.

그래서 하나님의 백성들이 주위의 사람들로부터 미움을 받지 않으면 오히려 이상한 것입니다. 그것은 진리를 감추고 지나치게 타협하는 자세로 살고 있다는 증거이기 때문입니다. 즉 그 사람은 빛을 드러내지 못하고 통 안에 넣어서 감추고 있기 때문입니다. 그러나 성도들이 진리를 감추고 타협하면 나중에 사람들의 발에 밟히게 됩니다. "너 같은 것도 집사냐?" 하는 소리를 듣게 될 것입니다.

하나님께서 지켜주심

지금 이 시를 쓰고 있는 성도는 아마도 이방 나라와의 전쟁에서 패배하여 전쟁 포로로 잡혀 있는 것 같습니다. 그렇다면 그는 이미 죽은 목숨이나 마찬가지이며 그에게는 아무런 자유가 보장될 수 없습니다. 그는 살아남기 위해서 원수들이 시키는 모든 일을 할 수밖에 없습니다.

그런데 그중에서 가장 싫은 것이 무엇입니까? 우상에게 절을 하고 우상의 음식을 먹는 것입니다. 성도들이 걱정하는 것이 바로 이것입니다. 그런데 놀라운 것은 그런 절망적인 상황에서도 하나님께서 힘을 주셔서 하나님에 대한 언약을 저버리지 않고 우상에게 절을 하지 않게 되더라는 것입니다.

> "이 모든 일이 우리에게 임하였으나 우리가 주를 잊지 아니하며 주의 언약을 어기지 아니하였나이다 우리 마음이 퇴축지 아니하고 우리의 걸음도 주의 길을 떠나지 아니하였으나"(44:17~18).

전쟁 포로로 잡혔으니까 무슨 자유가 있겠습니까? 그들은 모두 죽은 목숨이나 마찬가지입니다. 그래서 원수들은 성도들을 마음껏 조롱하고 고통을 줄 수 있습니다. 그런데 놀라운 것은, 이 모든 일을 당했는데도 성도는 원수들이 두렵지 않았고, 하나님께서는 어려움 중에서도 하나님께 대한 언약을 지킬 수 있도록 해주시더라는 것입니다. 즉 포로가 된 성도들이 우상에게 절을 하거나 그들의 유혹에 넘어가지 않고 신앙의 정조를 굳게 지켰다는 것입니다. 그들은 마음이 조금도 위축되지 않았고 걸음조차도 주의 길을 떠나지 않았다는 것입니다. 포로로 잡혀 와 있었지만 그들의 양심은 조금도 죽지 않았고 어느 누구도 그들을 억지로 우상에게 절하도록 만들지 못했습니다. 그 힘이 도대체 어디서 온 것입니까? 바로 하나님께서 그들과 함께 하시며 그들을 지켜주셨기 때문입니다.

결국 우리가 진정으로 하나님을 믿는다면 넘어야 할 하나의 산이 있습니다. 그것은 우리가 우리의 목숨까지 내놓고 하나님을 믿으며 하나님의 진리를 붙들 수 있느냐, 하는 것입니다. 하나님께서는 우리를 그런 극단적인 자리까지 몰고 가셔서 우리의 믿음을 시험해 보는 것입니다. 그래서 우리의 시험이 합격의 판정을 받으려면 목숨까지 하나님께 맡기고 하나님의 진리를 붙드는 자리까지 가야 합니다.

야고보 서에 이런 말씀이 있습니다. "시험을 참는 자는 복이 있도다 이것에 옳다 인정하심을 받은 후에 자기를 사랑하는 자들에게 약속하신 생명의 면류관을 얻을 것임이니라"(약 1:12). 여기서 '시험에 옳다 인정함을 받는다는 것'은 결국 주님을 위하여 죽을 수도 있느냐 하는 것입니다. 하나님께서 우리에게 약속하신 진리는 영원한 생명입니다. 영원한 생명을 진정으로 믿는다면 결국 이 진리를 위하여 죽을 수도 있어야 한다는 것입니다. '죽으면 죽으리라'의 신앙입니다. 이런 결단이 반드시 핍박 때만 요구되는 것은 아닙니다.

우리 그리스도인들의 신앙은, 하나님께서는 나의 필요를 채워주신다는 것입니다. 그래서 우리는 하나님이 주시는 것으로 살게 되어 있습니다. 그런데 하나님께서 주시지 않을 때도 있습니다. 하나님께서 직장을 주시지 않고, 하나님께서 결혼할 배필을 주시지 않고, 하나님께서 기거할 집을 주시지 않을 때가 있습니다. 그럴 때 어떻게 해야 합니까? '아, 하나님은 이런 문제에서는 별 도움이 되지 않으시는가 보다.' 라고 하면서 세상적인 방법을 쓰면 결국 하나님의 언약을 어기는 것이 됩니다.

우리 믿는 자는 하나님 외에는 그 어느 것에게도 경배를 하지 않습니다. 돈이나 권력이나 지식이나 그 어느 것도 우리의 왕이 될 수 없습니다. 그런 것들은 모두 우리가 부리는 종이요 수단이지 절대로 우리 인생의 목표가 될 수 없습니다. 그런데 이것이 분명치 않으면 결국 이 모든 것들에 의해서 지배를 당하게 됩니다.

"우리가 우리 하나님의 이름을 잊어버렸거나 우리 손을 이방신에게 향하여 폈더면 하나님이 이를 더듬어내지 아니하였으리이까 대저 주는 마음의 비밀을 아시나이다"(44:20~21).

'손을 이방신을 향하여 폈다'고 하는 것은 우상에게 도움을 청하여 우상을 향하여 기도를 했다는 뜻입니다. 그래서 위의 말씀은, 성도들은 절대로 우상에게 기도하거나 머리를 숙이지 않았다는 것입니다. 포로 된 처지에서 어떻게 그럴 수 있었을까요? 아마 둘 중의 하나일 것입니다. 그들이 비록 노예이지만 굳게 결심하고 우상에게 절을 하지 않으니까 주인이 어쩔 수 없이 포기를 했거나 아니면 하나님께서 이들에게 이런 시험당하는 것을 피하게 하셨을 것입니다.

하나님께서 박해받는 성도들을 통하여 이 세상 사람들에게 보여주시려고 하시는 것은, 이들이 믿는 진리는 목숨과도 바꿀 수 있는 참 진리라는 것입니다. 이 세상에서 자기가 믿는 바에 대하여 목숨을 걸고 증거할 수 있는 사람은 그렇게 많지 않습니다. 그런데 그리스도인들에게는 이런 힘이 있습니다. 마귀는 하나님의 백성들을 박해하고 죽이면 모든 성도들이 겁을 집어먹어서 진리를 버리고 여호와의 신앙을 버릴 줄로 압니다. 그러나 한 성도의 죽음은 마귀의 기대와는 달리 이 진리가 정말 참 진리라는 것을 온 세상에 증거하는 능력이 되는 것입니다. 그래서 더이상 마귀가 다른 사람들을 속일 수가 없습니다.

마귀는 가인을 흥분시켜서 동생 아벨을 죽이게 했습니다. 이것이 최초의 신앙 박해요 순교였습니다. 그러나 가인이 아벨의 육체를 죽일 수 있었는지는 모르지만 그의 진리를 죽일 수는 없었습니다. 아벨은 그의 피로써 하나님의 진리가 옳다는 것을 증거했습니다. 마귀는 로마 천주교를 통해서 존 후스(John Huss)를 죽였습니다. 그러나 로마 천주교가 존 후스의 육체를 죽일 수 있었는지는 모르지만 그가 믿었던 참 진리를 죽일 수는 없었습니다.

사실 하나님 앞에서 가장 귀한 상이 진리를 위하여 목숨을 버리는 것입니다. 그러나 이 복은 누구나 다 받을 수 있는 것이 아닙니다. 하나님께서 특별한 사람들을 위하여 예비해 놓으신 상급입니다. 그래서 우리는 '내가 순교당하지는 않을까?' 하고 미리 두려워할 필요가 없습니다. 우리는 그냥 이 세상에 살면서 하나님의 진리가 옳다는 것을 증거하는 것으로 충분합니다.

그 동안 우리 나라에서는 이념 때문에 분신 자살을 하는 사람들이 있었습니다. 사실 청년들이 분신 자살을 할 때 사람들은 많이 놀랐고 특히 그리스도인들이 많이 놀랐습니다. '저 사람들은 자기가 믿는 것을 위해서 목숨을 버리는데 우리 믿는 사람들은 도대체 무엇을 했는가?' 하는 마음 때문이었습니다. 사실 우리 그리스도인들은 아주 작은 손해도 보지 않으려고 하고 철저하게 이기적인 때가 많습니다. 그렇지만 이런 이념을 위한 죽음은 사실 헛된 죽음입니다. 왜냐하면 그 이념들이 피가 끓는 순진한 젊은이들을 속여서 자기 목숨을 버리게 만들었기 때문입니다. 그래서 시간이 지나면 아무것도 아니게 됩니다. 그러나 그리스도인의 순교는 성령의 증거가 함께 하기 때문에 시간이 지나면 지날수록 더 강렬해지고, 나중에는 모든 사람들의 머리 속에 얼마나 기독교의 진리가 옳은지 확인을 시키게 됩니다.

핍박받는 성도들의 모습

성도들은 하나님의 진리를 지키기는 했지만 원수들에게서 많은 고통을 받았습니다.

"주께서 우리를 시랑의 처소에서 심히 상해하시고 우리를 사망의 그늘로 덮으셨나이다"(44:19).

여기서 '시랑의 처소'라고 하는 것은 늑대의 소굴을 말합니다. 성도들은 바로 늑대의 소굴로 끌려갔습니다. 그리고 모든 늑대들이 보는 가운데 여기저기를 물어뜯기는 바람에 심한 상처를 입게 되었습니다. 그들에게는 '사망의 그늘' 이 덮였습니다. 즉 도저히 살아날 수 있는 가망은 없었다는 뜻입니다.

그런데 그들은 이런 상황을 하나님께서 허락하셨다고 믿고 있습니다. 즉 원수들 앞에서 우리가 믿고 있는 진리가 옳다는 것을 생명을 걸고 증거하라는 하나님의 뜻이라는 것입니다. 그러면 그들 중에서도 반드시 회개하고 믿는 자가 생기게 되는 것입니다.

"우리가 종일 주를 위하여 죽임을 당케 되며 도살할 양같이 여김을 받았나이다"(44:22).

성도들이 모두 끌려 온 곳은 인간 도살장이었습니다. 그들이 기다리고 있는 것은 죽임을 당하는 순서였고 성도들은 한 명씩 한 명씩 불려나간 후에는 다시는 돌아오지 않습니다. 성도들은 헤어지기 전에 뜨겁게 포옹을 하면서 서로 눈물로 인사를 합니다. "우리 주님 앞에서 다시 만납시다." 이것이 그들의 인사였습니다. 그들을 불쌍히 여겨주는 사람도 없고 그들을 이 위기에서 건져줄 만한 사람도 없었습니다. 오직 이들은 여기서 세상을 떠나는 수밖에 없는 것입니다. 반항 한번 제대로 하지 못하고 죽을 수밖에 없는 것입니다. 우리는 여기서 두 가지 모순된 모습을 볼 수 있습니다.

우선 하나는, 인간적으로 볼 때 진리 때문에 죽임을 당하는 사람이 가장 불쌍하고 어리석게 보인다는 것입니다. 그 진리를 버리고 부인하기만 하면 얼마든지 목숨을 건질 수 있는데 굳이 아무 데도 써먹을 수 없는 진리를 위하여 목숨을 버리니까 세상 사람들 눈에는 얼마나 불쌍하고 비참한 죽음입니까? 그러나 하나님 앞에서는 이런 죽음이 가장 존귀한 죽음이며 그를 위하여 영광의 나팔이 준비되어 있습니다. 그가 이 세상에서 고통받는 순간은 잠깐이요, 이 육체의 죽음이 끝난 후에는 바로 천사들의 손에 이끌리어 영광의 나라로 들어가게 되는 것입니다. 그래서 인간의 눈으로 보기에는 가장 비참한 죽음이 하나님 앞에서는 가장 의롭고 존귀한 죽음이 되는 것입니다.

그리고 또 다른 하나는, 이 세상 사람들은 주의 백성들을 이렇게 비참하게 죽일 정도로 하나님의 진리를 싫어한다는 것입니다. 그 이유가 어디에 있습니까? 내 인생은 내 것이기 때문에 내 마음대로 결정하겠다는 것입니다. 하나님께서는 우리에게 이래라 저래라 하지 말라는 것입니다.

유대인들이 예수님을 십자가에 못박아 죽게 한 이유가 어디에 있습니까? 예수님께서 이 세상 모든 것이 하나님의 것이라고 주장하셨기 때문입니다. 예수님께서 유대인들에게 자기 것이라고는 아무것도 없고 모든 것이 다 하나님의 것이기 때문에 하나님께 돌려드려야 한다고 했을 때, 자기들의 것을 빼앗기기 싫어서 예수님을 십자가에 처형한 것입니다.

복음이 무엇입니까? 우리가 가지고 있는 모든 것에 하나님의 '차압 딱지'를 붙이는 것입니다. 그러니까 우리는 모든 것을 하나님께 돌려드려야 하며 하나님의 뜻대로 사용해야 합니다. 따라서 그들의 눈에는 성도들이 하나님의 집달리로 보인다는 것입니다. 성도들의 논리대로 한다면 내가 한평생 번 돈이나 내가 얻은 지위를 내 마음대로 쓰지 못하고 하나님께 빼앗겨야 하니까 얼마나 억울합니까? 그래서 그들은 진리의 증인들을 죽이는 것입니다.

그래서 우리가 알아야 하는 것은, 이 세상은 결코 평온하지 않으며 치열한 영적인 싸움터라는 사실입니다. 내가 하나님의 뜻대로 바로 믿으려고 하면 그때부터 사람들의 미움이 시작될 것입니다.

"주여 깨소서 어찌하여 주무시나이까 일어나시고 우리를 영영히 버리지 마소서 어찌하여 주의 얼굴을 가리우시고 우리 고난과 압제를 잊으시나이까"(44:23~24).

하나님께서는 자기 백성들에게 불필요한 고난을 주시지 않습니다. 그래서 불필요하게 순교자를 많이 만드시지 않습니다. 하나님은 꼭 필요한 만큼만 희생이 일어나게 하시며, 그때도 하나님의 허락 없이는 참새 한 마리도 떨어질 수 없고 머리털 하나도 상하게 할 수 없습니다. 그러나 우리들이 보기에는 하나님께서 주무시고 계신 것 같고 하나님께서 우리를 영원히 버리시는 것처럼 보입니다. 결코 하나님은 고난당하는 성도들에게 얼굴을 가리시지 않습니다. 우리가 당하는 모든 고통을 주님은 다 느끼고 계시는 것입니다. 스데반은 죽을 때 보좌 우편에 서 계신 주님을 보았다고 했습니다.

"우리 영혼은 진토에 구푸리고 우리 몸은 땅에 붙었나이다 일어나 우리를 도우소서 주의 인자하심을 인하여 우리를 구속하소서"(44:25~26).

지금 성도들은 완전히 땅에 붙어 있습니다. 낮아질 대로 낮아져서 이제는 더 낮아질 것도 없습니다. 그러나 마지막 순간에도 성도들은 하나님의 도우심을 간구합니다. 왜냐하면 살든지 죽든지 우리는 주님의 도우심 없이는 잠시도 견딜 수가 없기 때문입니다. 우리 하나님은 절대로 우리를 버리지 않으시고 불필요한 고통을 우리에게 주시지 않으며 기도하는 우리에게 항상 최선의 것으로 응답하여 주실 것입니다.

하나님이 세우신 왕

45.

내 마음에서 좋은 말이 넘쳐
왕에 대하여 지은 것을 말하리니
내 혀는 필객의 붓과 같도다
왕은 인생보다 아름다워 은혜를 입술에 머금으니
그러므로 하나님이 왕에게 영영히 복을 주시도다
능한 자여 칼을 허리에 차고 왕의 영화와 위엄을 입으소서
왕은 진리와 온유와 공의를 위하여 위엄 있게 타고 승전하소서
왕의 오른손이 왕에게 두려운 일을 가르치리이다
왕의 살이 날카로워 왕의 원수의 염통을 뚫으니
만민이 왕의 앞에 엎드러지는도다
하나님이여 주의 보좌가 영영하며
주의 나라의 홀은 공평한 홀이니이다
왕이 정의를 사랑하고 악을 미워하시니
그러므로 하나님 곧 왕의 하나님이 즐거움의 기름으로
왕에게 부어 왕의 동류보다 승하게 하셨나이다
왕의 모든 옷은 몰약과 침향과 육계의 향기가 있으며
상아궁에서 나오는 현악은 왕을 즐겁게 하도다
왕의 귀비 중에는 열왕의 딸이 있으며
왕후는 오빌의 금으로 꾸미고 왕의 우편에 서도다
딸이여 듣고 생각하고 귀를 기울일지어다
네 백성과 아비 집을 잊어버릴지어다
그러하면 왕이 너의 아름다움을 사모하실지라
저는 너의 주시니 너는 저를 경배할지어다
두로의 딸이 예물을 드리고
백성 중 부한 자도 네 은혜를 구하리로다
왕의 딸이 궁중에서 모든 영화를 누리니
그 옷은 금으로 수놓았도다
수놓은 옷을 입은 저가 왕께로 인도함을 받으며
시종하는 동무 처녀들도 왕께로 이끌려 갈 것이라
저희가 기쁨과 즐거움으로 인도함을 받고
왕궁에 들어가리로다
왕의 아들들이 왕의 열조를 계승할 것이라
왕이 저희로 온 세계의 군왕을 삼으리로다
내가 왕의 이름을 만세에 기억게 하리니
그러므로 만민이 왕을 영영히 찬송하리로다

My heart is stirred by a noble theme
as I recite my verses for the king;
my tongue is the pen of a skillful writer.
You are the most excellent of men
and your lips have been anointed with grace,
since God has blessed you forever.
Gird your sword upon your side, O mighty one;
clothe yourself with splendor and majesty.
In your majesty ride forth victoriously
in behalf of truth, humility and righteousness;
let your right hand display awesome deeds.
Let your sharp arrows pierce the hearts of the king' s enemies;
let the nations fall beneath your feet.
Your throne, O God, will last for ever and ever;
a scepter of justice will be the scepter of your kingdom.
You love righteousness and hate wickedness;
therefore God, your God, has set you above your companions
by anointing you with the oil of joy.
All your robes are fragrant with myrrh and aloes and cassia;
from palaces adorned with ivory
the music of the strings makes you glad.
Daughters of kings are among your honored women;
at your right hand is the royal bride in gold of Ophir.
Listen, O daughter, consider and give ear:
Forget your people and your father' s house.
The king is enthralled by your beauty;
honor him, for he is your lord.
The Daughter of Tyre will come with a gift,
men of wealth will seek your favor.
All glorious is the princess within her chamber;
her gown is interwoven with gold.
In embroidered garments she is led to the king;
her virgin companions follow her
and are brought to you.
They are led in with joy and gladness;
they enter the palace of the king.
Your sons will take the place of your fathers;
you will make them princes throughout the land.
I will perpetuate your memory through all generations;
therefore the nations will praise you for ever and ever.

어느 나라든지 정치가 안정되려면 좋은 왕이나 지도자가 나와서 장기간 흔들림 없이 나라를 잘 다스려야 합니다. 우리 나라는 대통령 선거가 다가올 때마다 '레임 덕'(lame duck) 현상이 심하다는 말을 합니다. 여기서 '레임 덕'이라는 말은 총에 맞아 힘이 없어서 날아가지 못하는 오리를 말합니다. 즉 임기가 끝날 때가 되면 권력의 누수 현상이 심해서 대통령 밑에 있는 사람들이 상부의 지시를 잘 듣지 않고 부정과 부패가 심해지며 국가 전체의 기강이 해이해지는 것을 말합니다.

아무튼 나라의 정치가 안정되려면 일단 탁월한 능력을 가진 좋은 대통령이 뽑혀야 하고, 그의 가정이 안정되어야 하며, 그 후임에도 좋은 대통령이 선출되어야 합니다. 그래서 구약 이스라엘 백성들은 왕의 결혼식을 아주 중요하게 생각했습니다. 왜냐하면 일단 왕이 좋은 왕비와 결혼을 해야 왕의 가정이 안정되고, 그래야 나라가 흔들리지 않으며, 또 왕비가 왕자를 낳아서 훌륭하게 키울 때 다음 세대에도 나라가 더 발전할 수 있기 때문입니다.

오늘 본문은 왕의 결혼식 때 부른 노래로 생각됩니다. 그렇게 볼 수 있는 근거는 왕의 영광이 찬양되고 그후에는 왕비의 영광과 그의 시녀 그리고 후손들의 이야기가 나오기 때문입니다. 결국 이스라엘의 번영은 왕이 어떤 사람이 되느냐 하는 데에 거의 80~90 퍼센트는 달려 있다고 보아야 합니다. 왜냐하면 이스라엘의 왕은 하나님의 대리자이기 때문에 대리자가 잘 인도하기만 하면 백성들은 저절로 따라가게 되어 있기 때문입니다. 그러나 이스라엘의 왕이 된 사람 자체가 신앙이 없으면 백성들이 아무리 바른 길을 가려고 해도 중간에서 길이 막혀 있기 때문에 쉽게 되지가 않습니다.

그래서 이스라엘 백성들이 가장 많이 기도해야 하는 것이 무엇인가 하면, 신앙적인 인물이 왕이 되도록 해달라는 기도입니다. 이스라엘의 왕만 믿음에 바로 서면 다른 모든 문제들은 저절로 다 되게 되어 있습니다. 그리고 그 다음 후계 왕을 신앙적으로 잘 길러야 합니다. 그래야 복이 중단되지 않는 것입니다.

여기서 중요한 역할을 하는 사람은 왕비입니다. 왜냐하면 왕비는 신앙적으로 왕에게 조언하며 차기 왕을 신앙적으로 양육하는 역할을 맡기 때문입니다. 그래서 이스라엘 왕의 신부가 누가 되느냐 하는 것은 이스라엘의 국운을 결정하는 아주 중요한 문제였고, 이스라엘 백성들은 왕의 결혼식을 신앙적인 눈으로 바라보고 아주 중요하게 생각하게 되었습니다.

이스라엘 왕의 영광

원래 어느 나라든지 왕에게는 하나님이 주신 영광이 있습니다. 그러나 이스라엘 왕의 영광은 세상의 다른 어떤 왕의 영광과는 다른 특별한 점이 있었습니다.

"내 마음에서 좋은 말이 넘쳐 왕에 대하여 지은 것을 말하리니 내 혀는 필객의 혀와 같도다"(45:1).

이 시는 드물게 시를 짓는 작자의 소감을 서두에 소개하고 있습니다. 이스라엘 왕에 대하여 생각해 보니 너무 마음이 좋아서 생각이 넘쳐 흐른다는 것입니다. 그것은 이스라엘의 왕에게는 세상 왕과 다른 특별한 영광이 있고 그것은 아무리 강조를 해도 지나침이 없다는 뜻입니다.

원래 이스라엘의 왕은 하나님이시기 때문에 인간 왕은 하나님의 신하에 불과하고 대리자에 불과합니다. 그래서 그에게 무슨 영광이 있을 수 없습니다. 그런데 이스라엘 왕이 자기가 하나님의 자리를 찬탈하려고 하지 않고 제2인자의 자리를 잘 감당할 때 그 자체가 그렇게 아름다울 수 없습니다.

예를 들어서 좋은 물이 쏟아져 나오는 파이프가 있다고 합시다. 물론 파이프 자체는 물을 만들어내지 못합니다. 그러나 그 파이프가 물을 공급해 주는 파이프로서의 역할을 꿋꿋하게 할 때에 사람들은 그 파이프에 대하여도 고마움을 느끼게 되는 것입니다. 마찬가지로 주의 종들은 축복을 만들어내지는 못합니다. 그러나 주의 종들이 철저하게 하나님의 영광 앞에 무릎을 꿇고 하나님의 시녀와 종으로서의 역할을 다할 때 한없는 축복이 하나님의 백성들에게 부어지게 되는데, 그것이 매우 아름답고도 영광스럽다는 뜻입니다.

> "왕은 인생보다 아름다워 은혜를 입술에 머금으니 그러므로 하나님이 왕에게 영영히 복을 주시리로다"(45:2).

원래 하나님께서는 세상의 지도자들에게 하나님의 영광의 일부를 빌려줍니다. 왜냐하면 그래야 사람들을 다스릴 수 있기 때문입니다. 군대에서 장군을 한번 생각해 보십시오. 번쩍번쩍 빛나는 별을 달고 있는 장군의 모습을 감히 부하들은 밑에서 쳐다볼 수도 없습니다. 장군에게 그런 권위가 있어야 사람의 생명을 다루는 전쟁을 지휘할 수 있는 것입니다.

그러나 그런 사람의 권세는 영원한 것이 아니고 하나님께서 일시적으로 빌려주신 것입니다. 장군도 그 자리에서 물러나면 평범한 사람으로 돌아갈 수밖에 없습니다. 왕이나 대통령의 권위도 마찬가지입니다. 그가 자리에 있을 때에는 그의 말 한 마디로 그날부터 당장 세상이 변하게 됩니다. 그러나 그 영광도 영원한 자신의 영광이 아니고 그가 나라를 다스릴 수 있도록 하나님께서 잠시 빌려주신 것입니다. 그래서 그런 권력을 가진 사람들은 힘이 있다고 자기 마음대로 권력을 휘두르면 반드시 나중에 심판을 받게 됩니다. 하나님께서 칼을 빌려주셨다고 생각하고 조심스럽게 사용하며 깨끗하게 반납을 해야 합니다.

그런데 하나님께서 이스라엘의 왕에게는 그냥 영광을 주신 것이 아니라 하나님의 신적인 영광을 주셨고, 그냥 능력을 주신 것이 아니라 하나님의 지혜와 능력을 물 붓듯이 하셨습니다. 그래서 하나님께서 세운 사람을 보면 금방 알 수가 있습니다. 그것은 능력과 지혜가 흘러 넘치는 것이 보통 사람과는 비교할 수 없을 정도로 다르기 때문입니다. 하나님께서는 하나님이 세우신 종들에게 능력과 은사를 물 붓듯이 부어주시는 것입니다. 그것은 절대로 그 사람이 잘나거나 특별해서가 아닙니다. 하나님께서는 그만큼 자기 백성들에게 복 주시기를 기뻐하시기 때문입니다. 그리고 누구든지 하나님의 말씀에 헌신하기만 하면 하나님께서는 그 사람에게도 다른 사람들이 따라올 수 없는 능력을 부어주십니다.

그런데 하나님이 세운 종에게 칭찬이 흘러 넘칠 수밖에 없는 이유가 몇 가지 있습니다. 그중 하나는, 우선 그가 하는 일이 늘 옳고 정의롭기 때문입니다. 대개 사람들이 높은 자리에 올라가서 손에 큰 권력을 쥐면 거드름을 피우거나 교만하게 되어 있습니다. 그러나 하나님이 세운 사람에게서는 그런 것을 찾아볼 수 없습니다. 그들은 뇌물을 좋아하지 않으며, 부정에 동참하지 않고, 모든 것을 정의롭고 바르게 처리합니다. 그것을 본 사람들의 입에서 저절로 감탄이 나오게 되는데, 이것은 사람이 하는 것이 아니고 하나님께서 저 사람을 통하여 일하시는 것임을 깨닫게 됩니다. 그래서 온전한 영광이 하나님께 돌려지게 됩니다.

과거 우리 나라 문민정부 때 대통령이 전직 대통령의 부정을 찾아내서 사정없이 감옥에 집어넣을 때가 있습니다. 그때 온 세계가 깜짝 놀랐습니다. 그리고 그때 대통령을 신문에서 무엇이라고 불렀는가 하면 '여호수아' 라고 불렀습니다. 그 대통령은 그렇게 끝까지 갔어야 합니다. 시간이 지난다고 해서 정신이 흐려지거나 칼날이 무디어지면 안 되는 것입니다.

그뿐만 아니라 하나님께서 세운 종은 시시한 싸움에 말려들지 않습니다. 그에게는 하나님이 주신 고귀함이 있기 때문에 사소한 감정 싸움에 말려들지 않고 마치 모든 것을 아주 높은 데서 바라보는 것같이 처리합니다. 그러니까 그 앞에서는 싸우고 싶어도 싸울 여지가 없는 것입니다. 항상 하나님의 지혜가 흘러 넘치고 사물의 본질을 꿰뚫어 보기 때문에 아첨하는 자들의 아첨이 먹혀 들어가지 않고 거짓말하는 자들의 거짓이 통하지 않습니다. 그러니까 저절로 사람들이 고개를 숙이게 되어 있습니다. 악한 본성을 가진 자들조차도 고개를 숙이게 되기 때문에 나라가 저절로 평안하게 되는 것입니다.

하나님의 나라는 서로가 다른 사람을 나보다 낫게 여기고 피차 복종할 때 평안할 수가 있습니다. 내가 다른 사람보다 더 잘났고 똑똑하다고 하면서 떠들어대기 시작하면 절대로 나라나 교회가 평안할 수 없는 것입니다. 그런데 은혜가 넘치면 모든 사람들이 하나님의 영광에 고개를 숙이기 때문에 악한 자들이 설칠 수가 없습니다.

그뿐만 아니라 지도자 한 사람을 통하여 하나님의 복이 한없이 공급되어 모든 것이 차고 넘치게 되어 있습니다. 하나님이 세운 지도자는 축복의 통로이기 때문입니다. 통로가 하나님께 잘 연결되어 있으면 백성들이 복을 받지 않을 수가 없습니다. 그래서 저절로 나라가 황금기를 맞이하게 되고 모두 장수하고 풍성한 물질적인 복을 누리게 되는 것입니다. 그런데 하나님께서 세우신 왕에게 주신 복은 일시적인 것이 아니고 영구적인 것입니다. 즉 왕이 교만하거나 죄를 짓지 않는 이상 하나님의 축복은 취소되지 않고 영구적으로 지속이 됩니다.

이스라엘의 왕은 강하다

우리는 보통 하나님이 세운 왕은 믿음은 좋지만 군사적인 면에서는 약할 것이라고 생각하기 쉽습니다. 그러나 실제로 믿음이 좋은 왕은 전쟁에도 능합니다. 왜냐하면 그는 중요한 일에 집중을 할 수 있기 때문입니다.

> "능한 자여 칼을 허리에 차고 왕의 영화와 위엄을 입으소서"(45:3).

보통 하나님의 백성들은 부드럽고 양보를 잘합니다. 그래서 우리는, 하나님의 종은 세상 왕들보다 약하다는 인상을 가지기 쉽습니다. 4절에 보면 '온유'라는 말이 나옵니다.

> "왕은 진리와 온유와 공의를 위하여 위엄 있게 타고 승전하소서 왕의 오른손이 왕에게 두려운 일을 가르치리이다"(45:4).

여기서 '온유'라고 하는 것은 사납지 않고 부드러운 것을 말합니다. 그러나 온유한 것은 유약하거나 비겁한 것을 말하지 않습니다. 이 세상 사람들이 사나운 것은 다른 사람에 대한 미움과 적대감이 있기 때문입니다. 그리고 세상 사람들은 다른 사람을 잘 모르기 때문에 자기를 방어하기 위하여 공격적입니다. 그리고 광기를 부리기 때문에 더 사납습니다. 그러나 상대방을 잘 아는 사람은 자신을 방어할 필요가 없습니다. 더욱이 그리스도인들은 바른 목표를 가지고 있기 때문에 사소한 것을 위하여 목숨을 걸지 않습니다. 사람들이 목숨을 걸고 싸우는 이유는 주로 자존심 대결일 때가 많습니다. 그러나 하나님 앞에서 자존심이라고 하는 것은 정말 배설물보다 더 가치가 없습니다. 그런데 온유한 사람들은 진정으로 가치 있는 것을 위하여 헌신을 합니다.

우리 생각에는 늘 포학하고 광기를 부리는 사람들이 힘이 있을 것 같은데, 실제로는 결코 그들은 바른 목표를 가지고 끝까지 헌신하는 사람들을 이길 수가 없습니다. 미친 사람들은 힘은 세지만 그들에게는 바른 목표가 없습니다. 반면에 하나님의 사람들은 부드럽지만 바른 목표를 향하여 힘을 집중할 수 있습니다. 그러니까 거기서 큰 힘이 나타나는 것입니다.

하나님께서 세우신 왕은 전쟁에 능합니다. 왜냐하면 바른 목표를 가지고 싸우기 때문에 언제나 하나님의 도우심을 끌어올 수 있기 때문입니다. 그래서 믿는 자들은 자기가 가진 힘보다는 '플러스 알파'가 더 강합니다. 플러스 알파가 무진장으로 확대될 수도 있습니다. 여기에 보면 "왕의 오른손이 왕에게 두려운 일을 가르치리이다."라고 했습니다. 이것은 왕의 오른손에서 나타나는 것을 보고 왕도 놀란다는 것입니다. 왜냐하면 왕의 오른손은 자기 손이 아니고 하나님의 손이기 때문입니다.

하나님의 종들에게는 늘 불안한 것이 있습니다. 그것은 어려울 때 하나님의 도우심이 아니면 적을 이길 수가 없다는 점입니다. 그런데 우리가 하나님이 도와주실지 안 도와주실지 어떻게 장담할 수가 있습니까? 그러나 사도 바울은 그것을 경험하고 이렇게 말했습니다.

"내가 약할 그때에 곧 강함이니라"(고후 12:10).

하나님께서 우리에게 연약한 부분을 남겨두시는 것은, 언제나 도우시기 위해서입니다. 하나님께서는 사랑하는 자들에게 무엇인가 부족한 부분을 남겨주셔서 기도하게 하시고 하나님을 더 의지하게 하십니다. 그래서 우리는 연약할 때 더 강합니다. 우리의 연약한 부분이 더이상 부끄러운 것이 되지 않고 자랑이 되고 기쁨이 되어야 할 것입니다. 그리고 인간적인 방법으로 그 연약한 것을 없애려고 하지 말고 할 수 있으면 한평생 가지고 사는 것이 좋습니다.

주님께서는 사도 바울에게 있는 육체의 가시를 그가 교만하지 못하도록 그대로 남겨두었다고 말씀하십니다. 그래야 사도 바울이 자기가 부족한 줄 알고 늘 하나님 앞에 무릎을 꿇게 되기 때문입니다.

"왕의 살이 날카로워 왕의 원수의 염통을 뚫으니 만민이 왕의 앞에 엎드러지도다"(45:5).

화살이라는 것은 적이 다가오기도 전에 쓰러뜨리는 것입니다. 하나님의 종들에게는 눈에 보이지 않는 하나님의 능력의 화살이 있기 때문에 적들은 채 다가오기도 전에 쓰러지게 되는 것입니다. 사실 이스라엘 왕들은 늘 이것 때문에 이겼습니다. 그것을 성경은 '왕벌'이라고 불렀습니다. 아마도 팔레스타인에 왕벌이라는 벌 종류가 있었나봅니다. 아주 큰 공포의 벌이었던 것 같고 한번 쏘이면 죽기도 했기 때문에 사람들은 이런 벌이 나타나기만 하면 벌벌 떨었던 것 같습니다. 우리 나라에서는 옛날에 "호랑이가 나타났다."라는 말만 해도 아이들이 울음을 멈추었다고 하는데, 가나안 땅에서는 "왕벌이 나타났다."라고만 해도 아이들이 울음을 멈추었던 것 같습니다. 하나님께서 이스라엘의 적들을 공격했던 왕벌은 바로 '두려움'이었습니다. 정의감에 사로잡혀서 성령에 충만하여 말을 타고 진격하는 이스라엘의 왕만 보면 그들의 마음은 녹았고, 다리가 후들거렸으며, 두려움이 그들의 염통을 관통을 했습니다.

그래서 우리가 바른 믿음을 가지고 사는 것이 어려울 때 얼마나 큰 도움이 되는지 모릅니다. 내가 전혀 생각지도 못했던 사람들이 나를 돕고, 적들도 의로운 자들은 알아보고 감히 대적을 하지 못하고 저절로 달아나 버렸던 것입니다. 그러나 평소에 불의하게 사는 자들은 어려울 때 모든 사람들이 그를 업신여기며 저주하고 우습게 압니다. 그래서 바른 믿음으로 산다는 자체가 눈에 보이지 않는 엄청난 힘이요, 재산입니다. 다른 모든 성도들이 그 가진 것으로 우리를 도울 것입니다.

이스라엘 왕은 신성을 가졌다

이스라엘 왕을 칭찬하는 이유는 바로 여기에 있습니다. 즉 그는 이스라엘의 영원한 왕이신 그리스도의 대리자라는 것입니다.

> "하나님이여 주의 보좌가 영영하며 주의 나라의 홀은 공평한 홀이니이다 왕이 정의를 사랑하고 악을 미워하시니 그러므로 하나님 곧 왕의 하나님이 즐거움의 기름으로 왕에게 부어 왕의 동류들보다 승하게 하셨나이다"(45:6~7).

여기서 '하나님이여' 라는 것은 성부를 말하지 않고 성자를 말합니다. 히브리서에서는 본문 말씀을 그대로 예수 그리스도에게 인용하고 있습니다. "아들에 관하여는 하나님이여 주의 보좌가 영영하며 주의 나라의 홀은 공평한 홀이니이다 네가 의를 사랑하고 불법을 미워하였으니 그러므로 하나님 곧 너의 하나님이 즐거움의 기름을 네게 부어 네 동류들보다 승하게 하셨도다 하였고”(히 1:8~9).

이스라엘의 왕은 하나님이십니다. 이 하나님은 그리스도이십니다. 하나님이 세우신 지도자는 하나님의 은혜의 통로입니다. 만일 그가 하나님의 뜻에 충성되고 사람을 두려워하지 않으며 교만하지 않고 범죄하지 않으면 하나님은 그를 통하여 무진장한 복을 이스라엘 백성들에게 부어주십니다.

여기에 보면 즐거움의 기름을 부어주시고 동류들보다 훨씬 더 승하게 하셨다고 말씀하셨습니다. ‘동류보다 승하다’는 말은 뛰어나다는 것인데 그냥 뛰어난 정도가 아닙니다. 도저히 비교가 안 될 정도로 탁월한 것입니다. 보통 어느 나라든지 왕 같은 지도자는 다른 사람보다 능력이 두세 배는 있기 마련입니다. 왜냐하면 그 정도는 능력이 있어야 한 나라를 다스려 갈 수 있기 때문입니다. 그러나 하나님의 뜻에 일치한 종에게는 능력을 한두 배가 아니라 수십 배나 수백 배 부어주셔서 모든 이스라엘 백성들이 복을 받게 하십니다. 그래서 지도자의 역할이 그렇게 중요한 것입니다.

하나님께서는 주의 백성들을 축복하시기 위하여 하나님의 뜻에 맞는 지도자를 세우십니다. 그런데 그가 철저하게 하나님의 뜻에 헌신하기만 하면 축복은 무진장입니다. 왜냐하면 하나님과 고무 호스가 연결되어 있기 때문입니다. 그리고 그의 능력은 무진장입니다. 사람의 힘으로 상상할 수 없는 축복과 영감이 부어집니다. 왜냐하면 그 사람이 그리스도와 함께 일하기 때문입니다. 그래서 하나님의 뜻에 일치한 것이 얼마나 복인지 모릅니다. 사람들을 두려워하지 않고 하나님께 철저하게 복종하는 것이 우리들에게는 복입니다.

그래서 하나님의 종은 정의를 사랑해야 합니다. 의로운 일은 기뻐해야 하고 악한 것을 미워해야 합니다. 그러나 만일 왕이 숨어서 죄를 지으면 하나님께서는 그 백성들을 치십니다. 백성들이 무엇을 압니까? 그러나 하나님께서는 지도자들이 몰래 죄를 지으면 백성들을 치셔서 왕과 그 백성들을 고통스럽게 하십니다. 다윗은 나중에 교만한 마음이 들어서 인구 조사를 했습니다. 그때 하나님께서는 백성들을 치셔서 염병으로 칠만 명을 죽게 하셨습니다. 그때 다윗의 입에서 이런 기도가 나오게 됩니다. "주여, 백성들이 무슨 죄가 있습니까? 저를 치시고 우리 집을 치십시오." 백성들이 무슨 죄가 있습니까? 그러나 지도자가 죄를 지으면 백성들이 불행하게 되는 것입니다.

> "왕의 모든 옷은 몰약과 침향과 육계의 향기가 있으며 상아궁에서 나오는 현악은 왕을 즐겁게 하도다"(45:8).

왕의 옷은 유향과 몰약으로 되어 있습니다. 그래서 그의 나라는 결코 부패하지 않습니다. 그 나라 전체에서 아름다운 향기가 나게 되어 있습니다. 숨은 죄가 없고 모두 정직하기 때문입니다. 그리고 하나님께서 썩지 않도록 지켜주십니다. 왜냐하면 조금이라도 썩은 부분이 있으면 잘라내시기 때문입니다.

이스라엘 왕비의 아름다움

이스라엘 왕이 신적이라면 이스라엘 왕비는 철저하게 인간적입니다. 아가 서에서도 솔로몬의 신부는 얼굴이 검고 건강한 여인으로 나옵니다. 그것은 우리 교회가 가진 인간적인 연약성을 나타내는 것입니다. 그러나 왕비가 철저하게 왕을 섬기고 왕을 의지할 때 이스라엘이 더 영광스러워지고 그리스도의 통치가 더 풍성하게 이루어지게 됩니다. 그래서 왕이 하나님의 축복의 통로라면 왕비는 그 통로를 떠받치는 손이라고 말할 수 있습니다. 마치 왕의 팔이 모세처럼 하나님을 향하여 뻗었다면 왕비의 손은 아론과 훌의 손처럼 모세의 손을 부축할 때 더 아름다울 수 있는 것입니다.

> "왕의 귀비 중에는 열왕의 딸이 있으며 왕후는 오빌의 금으로 꾸미고 왕의 우편에 서도다"(45:9).

왕의 귀비 중에 '열왕의 딸'이 있다고 해서 솔로몬의 이방 결혼이 옳다는 것이 아닙니다. 그들이 어디 출신이든지 이스라엘의 왕을 만남으로 새로운 지위를 얻었다는 것입니다. 교회는 그리스도의 신부요 가장 존귀한 자입니다. 하나님께서는 교회를 아름답게 꾸미시기를 기뻐하십니다. 그러나 하나님은 교회를 세상의 것으로 꾸미지 않으시고 하나님의 귀한 은사로 꾸미시기를 좋아하십니다. 옛날에 시골에서는 사랑하는 연인에게 꽃으로 반지를 만들어주고 머리에 꽃을 꽂아주어 단장했습니다. 누구든지 자기 신부를 아름답게 꾸미고 싶어합니다. 교회의 꽃과 단장은 우리의 변화된 인격입니다.

그런데 왕의 신부는 기억해야 할 것이 두 가지 있습니다.

> "딸이여 듣고 생각하고 귀를 기울일지어다 네 백성과 아비 집을 잊어버릴지어다"(45:10).

즉 이스라엘 왕의 신부는 늘 듣고 생각하고 귀를 기울여야 합니다. 다시 말해서 왕의 말을 잘 듣고 생각하는 것이 왕비가 해야 할 일입니다. 왕비는 말을 많이 하면 안 됩니다. 왜냐하면 왕의 말은 하나님의 말씀이고 설교를 나타내기 때문입니다. 이것은 마치 질그릇 속에 보화를 가득 담고 있는 것과 같습니다. 그리고 왕비가 두 번째로 해야 할 일은 옛날 아비 집 일을 잊어버리는 것입니다. 즉 세상에서 성공하던 때는 잊어버리고 새로 하나님 나라에 적응을 해야 합니다.

우리는 질그릇과 같습니다. 그러나 우리 안에 담고 있는 하나님의 말씀은 신적인 영광이요 능력입니다. 말할 수 없는 보화가 우리 안에 담겨 있는 것입니다. 우리는 이것을 듣고 생각해야 합니다. 그리고 세상의 자랑들이나 즐거움들, 잘 나가던 때의 허영들을 잊어버려야 온전한 하나님의 축복을 받을 수가 있습니다.

하나님의 말씀으로 충만한 왕비를 온 세상이 어떻게 합니까?

> "그러하면 왕이 너의 아름다움을 사모하실지라 저는 너의 주시니 너는 저를 경배할지어다 두로의 딸이 예물을 드리고 백성 중 부한 자도 네 은혜를 구하리로다"(45:11~12).

왕이 가장 사모하는 사람이 누구입니까? 하나님의 말씀으로 충만한 그리스도인입니다. 그런 사람이 얼마나 보배로운지 멀리 있는 두로의 딸이 예물을 드립니다. 백성 중의 부한 자도 은혜를 구하게 됩니다. 우리가 말씀을 가지면 왕궁의 모든 영화를 누릴 수 있습니다.

> "왕의 딸이 궁중에서 모든 영화를 다 누리니 그 옷은 금으로 수놓았도다 수놓은 옷을 입은 저가 왕께로 인도함을 받으며 시종하는 동무 처녀들도 왕께로 이끌려 갈 것이라"(45:13~14).

하나님의 말씀을 붙들면 궁중의 모든 영화를 다 차지하며 얼마든지 왕 앞에 수시로 출입할 수가 있습니다. 게다가 혼자만 들어가는 것이 아니라 친구들까지 모두 데리고 들어갈 수가 있습니다. 우리가 세상의 것으로 배불리지 않고 하나님의 말씀만 붙드는 것이 이렇게 큰 축복입니다. 그러나 그것을 믿지 못하는 자는 변두리 은혜로 만족해야 할 것입니다.

하나님께서는 이런 자들에게 계속 은혜를 주시기 위하여 왕의 아들도 그렇게 하나님께 헌신된 자를 주십니다. 그러면 하나님의 복은 굴러 들어오게 되는 것입니다.

> "왕의 아들들이 왕의 열조를 계승할 것이라 왕이 저희로 온 세상의 군왕을 삼으리로다 내가 왕의 이름을 만세에 기억게 하리니 그러므로 만민이 왕을 영영히 찬송하리로다"(45:16~17).

하나님의 나라는 한 세대에 끝나는 나라가 아닙니다. 한때 왕성했던 가문이나 나라도 그 후대를 좋지 않은 지도자들이 맡는 바람에 윗대의 부귀 영화를 한순간에 잃어버리는 일이 비일비재합니다. 그래서 이스라엘을 좋은 왕이 계승하는 것이 중요합니다. 이것을 위하여 이스라엘 백성들은 기도를 많이 해야 하며 한순간도 교만할 수가 없습니다. 우리 세대에서 모든 영화를 다 누리려고 하면 다음 세대가 어려울 수밖에 없습니다. 다윗이 솔로몬을 위하여 많은 것을 쌓아두었듯이 우리들도 다음 세대를 위하여 좋은 신앙의 모범을 남겨두어야 하겠습니다.

1-11 피난처이신 하나님

46.

하나님은 우리의 피난처시요 힘이시니
환난 중에 만날 큰 도움이시라
그러므로 땅이 변하든지
산이 흔들려 바다 가운데 빠지든지
바닷물이 흉용하고 뛰놀든지
그것이 넘침으로 산이 요동할지라도
우리는 두려워 아니하리로다(셀라)
한 시내가 있어 나뉘어 흘러 하나님의 성
곧 지극히 높으신 자의 장막의 성소를 기쁘게 하도다
하나님이 그 성중에 거하시매 성이 요동치 아니할 것이라
새벽에 하나님이 도우시리로다
이방이 훤화하며 왕국이 동하였더니
저가 소리를 발하시매 땅이 녹았도다
만군의 여호와께서 우리와 함께하시니
야곱의 하나님은 우리의 피난처시로다(셀라)
와서 여호와의 행적을 볼지어다 땅을 황무케 하셨도다
저가 땅끝까지 전쟁을 쉬게 하심이여
활을 꺾고 창을 끊으며 수레를 불사르시는도다
이르시기를 너희는 가만히 있어 내가 하나님 됨을 알지어다
내가 열방과 세계 중에서 높임을 받으리라 하시도다
만군의 여호와께서 우리와 함께하시니
야곱의 하나님은 우리의 피난처시로다(셀라)

God is our refuge and strength,
an ever-present help in trouble.
Therefore we will not fear, though the earth give way
and the mountains fall into the heart of the sea,
though its waters roar and foam
and the mountains quake with their surging.Selah
There is a river whose streams make glad the city of God,
the holy place where the Most High dwells.
God is within her, she will not fall;
God will help her at break of day.
Nations are in uproar, kingdoms fall;
he lifts his voice, the earth melts.
The Lord Almighty is with us;
the God of Jacob is our fortress. Selah
Come and see the works of the Lord,
the desolations he has brought on the earth.
He makes wars cease to the ends of the earth;
he breaks the bow and shatters the spear,
he burns the shields with fire.
"Be still, and know that I am God;
I will be exalted among the nations,
I will be exalted in the earth."
The Lord Almighty is with us;
the God of Jacob is our fortress. Selah

우리가 제아무리 강하다 하여도 혼자 힘으로는 많은 어려움들을 감당해낼 수가 없습니다. 사람의 능력은 한계가 있기 때문에 모든 것을 다 알 수는 없고 곧 지치게 되어 있습니다. 그런데 막강한 힘이 뒤에서 밀어주고 도와주고 있을 때, 결국 그 도움으로 우리는 아무리 어려운 일도 감당해 낼 수가 있는 것입니다.

얼마 전에 미군들이 아프가니스탄에서 탈레반 전사들과 싸울 때 생각보다 훨씬 빨리 탈레반 군인들을 굴복시킬 수가 있었습니다. 그 힘이 어디에 있었을까요? 그것은 바로 미국 정부의 힘이었습니다. 미국 정부는 아무 준비 없이 자기 나라 군인들을 전쟁터에 집어넣지 않았습니다. 미국 정부는 군인들을 투입하기 전에 많은 일을 했습니다. 먼저 파키스탄을 미국 편에 끌어들임으로 탈레반을 고립시켰습니다. 그리고 북부 동맹을 지원해서 앞세움으로 자기 나라 군인들의 희생을 줄일 뿐 아니라 먼저 미사일 공격이나 공군 공격으로 군사 시설을 파괴시키고, 제공권을 장악함으로 탈레반 군인들을 옴짝달싹하지 못하게 만들었습니다. 그래서 미군들이 담대하게 나가서 싸울 수 있는 것입니다.

이것은 오늘 이 세상에서 날마다 영적인 전투를 치르고 있는 우리들에게도 마찬가지입니다. 우리는 두 가지 방법으로 싸울 수가 있습니다. 하나는, 하나님 나라의 막강한 힘의 지원을 받으면서 싸우는 방법이 있습니다. 반면에 자기 혼자 떨어져서 혼자의 힘으로 엄청나게 달려드는 많은 적들과 싸워야 하는 경우가 있습니다. 그러나 우리는 혼자 힘으로는 많은 원수들을 절대로 이기지 못합니다.

예수님께서 이 세상에서 일하실 때의 특징이 무엇입니까? 그것은 절대로 하나님으로부터 혼자 떨어져서 일하지 않았다는 것입니다. 예수님은 언제나 하나님의 지시에 따라서 움직이셨고 하나님의 능력으로 일하셨습니다. 그랬더니 사탄의 세력들이 벌떼처럼 덤벼들어도 예수님을 이길 수가 없었습니다. 우리도 그렇게 살아야 합니다. 혼자서는 절대로 이 세상을 이길 수가 없습니다. 하늘의 수많은 천군 천사들의 지원과 하나님의 무선 지시를 받으면서 일을 해야 이길 수가 있는 것입니다.

오늘 본문의 시는 예루살렘이 원수들에게 포위되어 완전히 함락될 뻔한 위기 가운데서 하나님의 도우심으로 건짐을 받았을 때 지은 시로 생각됩니다. 그런데 구체적으로 언제인지는 사람들마다 생각이 다릅니다. 어떤 사람은 앗수르 군대 185,000명이 성을 에워쌌다가 죽임을 당한 히스기야 시대에 지은 시라고도 하고, 어떤 사람은 암몬 족속과 모압 족속이 쳐들어왔던 여호사밧 시대에 지은 시라고 하기도 합니다.

어느 때인지 정확히는 모르겠지만 예루살렘이 철저하게 고립되었을 때 하나님께서 어떤 일을 일으키셔서 예루살렘을 위기에서 건지신 것은 분명합니다. 그때마다 성도들이 깨달았던 것은 결코 우리는 혼자가 아니라는 것입니다. 우리는 우리가 혼자가 아니라는 사실을 자꾸만 잊어버립니다. 그런데 우리가 큰 어려움을 하나님의 도우심으로 이겼을 때 다시 한번 우리는 혼자가 아니라는 사실을 깨닫게 되고 바로 이 시와 같은 찬송을 드리게 되는 것입니다.

힘이며 피난처이신 하나님

위험한 곳에서 어떤 작전을 하려면 두 가지가 필요합니다. 하나는, 일단 안전한 도피처가 있어야 합니다. 예를 들어서 벙커 시설 같은 곳이 있어서 그 안에 피해 있기만 하면 아무리 적들이 폭탄을 퍼부어도 안전할 수 있어야 합니다. 다른 하나는, 필요한 물자가 잘 공급되어야 합니다. 양식이나 탄약 등 필요한 모든 장비나 정보가 제때 적절하게 공급된다면 아무리 어려운 작전이라도 감당할 수 있을 것입니다. 그런데 성경은 바로 하나님이 우리에게 그런 분이 되신다고 말씀하십니다.

"하나님은 우리의 피난처시요 힘이시니 환난 중에 만날 큰 도움이시라"(46:1).

여기서 성경은 하나님에 대하여 두 가지로 말씀하고 있습니다. 첫째는, 소극적인 것으로, 하나님은 우리가 적의 공격을 받았을 때 피할 수 있는 안전한 곳이라는 것입니다. 둘째는, 적극적인 것으로, 하나님께서 우리에게 힘을 주셔서 공격할 수 있게 하신다는 것입니다. 그래서 종합적으로 하나님은 '환난 날의 큰 도움' 이라고 성경은 말씀하고 있습니다.

다시 말해서 우리 성도들은 하나님의 도움 없이는 절대로 이 세상을 이길 수가 없습니다. 하나님의 도우심으로, 하나님과 함께 일해야 이길 수 있지 혼자 영웅심이나 공명심으로 날뛴다고 해서 이 세상을 이길 수는 없습니다. 하나님은 어떤 어려움 가운데서도 반드시 우리를 도우셔서 이기게 하시는 분이십니다.

그래서 성경은 비유적으로 이렇게 표현을 하고 있습니다.

"그러므로 땅이 변하든지 산이 흔들려 바다 가운데 빠지든지 바닷물이 흉용하고 뛰놀든지 그것이 넘침으로 산이 요동할지라도 우리는 두려워 아니하리로다"(46:2~3).

땅이 변하고 산이 흔들린다는 것은 큰 지진을 의미합니다. 큰 지진이 한번 일어나면 땅이 변합니다. 그런 지진 앞에서 흔들리지 않을 성이나 집이 어디 있겠습니까? 지진이 한번 일어나면 건물은 다 무너지고 도로도 끊어집니다. 고가도로 같은 것은 다 밑으로 무너지고 말 것입니다. 그런데 하나님을 의지하는 자는 안전합니다. 산이 흔들려 바다에 빠질 정도라면 얼마나 큰 지진입니까? 난리가 나고 온 나라가 요동을 해도 심지어 바닷물이 흉용해서 온 땅에 넘치더라도 하나님을 의지하는 자는 안전합니다.

엘리사 때 수리아는 이스라엘과 원수 사이였습니다. 그런데 어느 날 그 수리아 군대가 이스라엘을 쳐들어 왔을 때 엘리사의 종 게하시는 두려워 떨며 엘리사에게 고했습니다. 그때 엘리사는 "두려워하지 말라 우리와 함께한 자가 저와 함께한 자보다 많으니라."라고 대답하였습니다. 그리고는 하나님께 게하시의 눈을 좀 열어달라고 기도하자 하나님께서 게하시의 눈을 열어주시니 게하시는 온 하늘을 가득 채우고 있는 하나님의 불말과 불병거를 보게 되었습니다(왕하 6:14~19 참조). 이렇듯 사람의 눈에는 보이지 않는 하나님의 군대가 분명히 있습니다. 그 하나님의 군대가 사람의 군대보다 더 수효가 많습니다. 그런데 어떻게 이 세상의 원수들이 하나님의 백성들을 해칠 수가 있겠습니까?

예수님께서는 제자들에게 스스로를 '양의 문'이라고 말씀하셨습니다. 들판에 있는 양들은 위험합니다. 왜냐하면 거기에 맹수가 있고 도둑들도 있기 때문입니다. 그래서 '우리' 안에 들어가 있는 것이 중요합니다. 그러면 이 '우리'는 과연 무엇입니까? 그것은 하나님의 말씀의 통제입니다. 대개 사람들의 정신이나 생각에는 문이 없습니다. 그래서 누가 무슨 말을 해도 잘 받아들입니다. 그러면 결국 염려의 홍수에 떠밀려 가게 되어 있습니다. 우리는 항상 하나님의 말씀만 듣고 그 외의 말에는 마음의 문을 닫아놓아야 합니다. 우리가 문을 잠그고 문 안에만 들어 있으면 집 밖에서 깡패들이 싸우든지 말든지 우리는 안전할 것입니다. 예수님은 말씀으로 우리 영혼을 지켜주십니다. 그래서 우리의 영혼만 도둑질 당하지 않으면 우리는 문을 통하여 출입하면서 풍성한 꼴을 먹을 수가 있습니다.

아무리 경제적으로 어렵다고 해도 우리는 미리 겁을 집어먹을 필요가 없습니다. 오히려 이렇게 어려울 때는 우리가 기존의 잘못된 가치관을 버릴 수 있는 좋은 기회입니다. 과거 우리의 성공의 기준은 모든 사람들이 가는 넓은 길을 달리는 것입니다. 그러나 이제는 그런 넓은 길은 존재하지 않습니다. 아주 작은 것으로도 얼마든지 성공할 수 있습니다. 그러니까 우리는 이렇게 어려울 때 세상적인 성공의 개념이나 출세의 욕심을 버리고 나에게 맞는 삶의 방식을 창조해 내야 합니다.

다윗은 골리앗과 싸울 때에 사울의 멋있는 옷을 빌려 입지 않고 자기 옷을 입고 자기 방식으로 싸웠습니다. 이것이 중요합니다. 다윗에게는 자신의 방식이 있었고 다른 사람의 방식을 흉내내려고 하지 않았습니다. 우리가 세상적인 사고 방식을 버리고 성경적인 안목을 가진다면 분명히 승산이 있습니다. 대표적인 인물이 다니엘 같은 사람입니다. 그는 세상이 몇 번 변해도 요동치 않고 총리 대신의 사명을 감당했습니다. 바벨론 때도 그랬고 페르시아 제국 때도 그러하였습니다. 그가 그럴 수 있었던 것은, 그가 시대에 편승하지 않고 여호와의 말씀을 붙들었기 때문입니다.

하나님을 피난처로 모시는 방법

그러면 우리는 어떻게 해야 하나님을 나의 피난처로 모실 수 있을까요? 어떻게 하면 하나님으로 하여금 나의 힘이 되시게 할 수 있겠습니까? 가장 안전한 하나님의 피난처는 말씀이 살아 있는 교회입니다. 어떤 적들도 침공할 수 없는 절대적으로 안전한 피난처는 말씀이 역사하는 교회입니다. '교회의 기능'이 살아 있는 교회입니다. 여기서 교회의 기능이라고 하는 것은, 바른 말씀이 선포되고 교인들이 그 말씀을 기쁨으로 받아들이는 것을 말합니다.

거기에는 반드시 회개가 있고 눈물이 있고 사람의 변화가 있습니다. 그러면 그곳 위에는 사람의 눈에는 보이지 않지만 하나님의 능력이 덮고 있기 때문에 누구든지 그 안에 있는 자는 보호를 받게 됩니다. 그리고 그곳을 공격하는 자는 하나님의 눈을 찌르는 것과 같기 때문에 절대로 하나님께서 그냥 두시지 않습니다. 다른 사람이 자기 눈을 찌르는데 가만히 있을 사람이 누가 있겠습니까? 절대로 하나님이 그냥 두시지 않습니다.

예를 들어서 아무리 전쟁 때라 하더라도 병원은 국가에서 지킵니다. 물론 병원이 허술할 수도 있고 병실이 부족할 수도 있지만 분명히 사람을 살리는 병원이라면 어떤 일이 있어도 지켜야 합니다. 그래야 부상당한 병사들을 치료해서 다시 살릴 수 있기 때문입니다. 그래서 의사들은 총을 가지고 병원을 지킬 필요가 없습니다. 그들은 열심히 환자들을 치료하면 됩니다. 병원은 국가에서 군인들로 하여금 지키게 합니다. 중요한 시설이기 때문입니다. 그런데 이런 병원과 같은 것이 바로 교회입니다. 하나님 앞에서 가장 중요한 시설은, 말씀이 살아 선포되고 사람들이 눈물로 회개하며 변하는 교회입니다. 만일 그곳이 폭파된다면 하나님께는 너무나도 큰 손실이 되는 것입니다.

그래서 역사를 보면 예루살렘에 앗수르 군대가 쳐들어 왔을 때와 바벨론 군대가 쳐들어 왔을 때의 상황이 다릅니다. 앗수르 군대가 쳐들어 왔을 때는 아직 교회의 기능이 살아 있었습니다. 바른 말씀의 선포가 있었고 회개의 눈물이 있었습니다. 이사야가 예루살렘이 곧 망한다고 예언을 했으나 히스기야가 회개를 했을 때 망하지 않은 것이 그 증거입니다. 그러니까 감히 예루살렘을 공격했던 앗수르 군대 185,000명이 활 하나 쏘지 못하고 모두 하룻밤 사이에 송장으로 변했던 것입니다. 그러나 바벨론 군대가 쳐들어 왔을 때는 이미 교회의 기능이 죽었을 때입니다. 그래서 바른 말씀의 선포도 없었고 눈물의 회개도 없었습니다. 그러면 하나님의 능력의 손이 없어져 버립니다. 눈에 보이지 않는 하나님의 덮개가 사라지기 때문에 그 안에 있는 사람들은 오히려 더 원수의 표적이 되는 것입니다.

그래서 교회는 가장 안전하기도 하고 가장 불리하기도 합니다. 하나님의 은혜가 살아 넘치면 안전하지만 하나님의 은혜가 없어지면 마귀의 표적이 되고 맙니다. 그래서 우리들이 걱정할 것은 돈이나 다른 세상사가 아니라 얼마나 우리가 하나님의 말씀을 진실하게 붙드느냐 하는 것입니다. 우리가 교만하지 않고 정직하게 신앙을 붙드는 것이 정말 중요합니다. 이것만 하면 온 세상이 덤벼들어도 절대로 교회를 파괴하지 못하고 우리 성도들을 해치지 못합니다. 하나님께서 피난처가 되어주시기 때문입니다.

그리고 하나님께서 우리의 힘이 되시게 하려면 우리는 절대로 하나님을 앞장서지 말아야 합니다. 그 대신 하나님께서 나를 이끌어 가시도록 기다리는 것이 중요합니다. '하나님이 앞서느냐, 내가 앞서느냐' 하는 것이 간단한 것 같지만 결코 간단치 않습니다. 우리가 하나님의 능력을 제대로 안다면 절대로 내 마음대로 아무것도 하지 않을 것입니다.

수백 미터 아래에 있는 갱 속에 들어가는데 혼자 들어가는 사람이 어디 있습니까? 모든 장비의 도움을 받고 무선 지시를 받으면서 들어가야 안전하지 혼자 아무 장비도 없이 들어갔다가는 살아서 나오기 어렵습니다. 그래서 우리는 먼저 절대로 내가 하나님을 앞서지 않는다는 것을 분명히 해야 합니다. 언제나 기도의 무전기를 틀어놓아야 합니다.

그러면 우리는 하나님의 뜻을 어떻게 분별해야 할까요? 아주 큰 것은 일단 상식적으로 한번 생각을 해보아야 합니다. 아주 큰 것은 너무 말씀으로 확인하려고 하면 자기 유리한 쪽으로 해석하기 쉽습니다. 그래서 큰 일에 있어서는 상식으로 한번 윤곽을 잡아보는 것이 좋습니다.

그 다음에 중요한 것이 영적인 감각입니다. 내가 지금 영적으로 올라가고 있느냐, 아니면 침체되고 가라앉고 있느냐 하는 것을 따져보아야 합니다. 영적으로 상승 무드를 타고 있으면 하나님과 가까워지고 있는 것입니다. 그 대신 침체되고 있으며 죄의 유혹에 빠지고 있다면 하나님으로부터 멀어지고 있는 것입니다. 그래서 가라앉고 있다면 상승 무드로 바꾸어야 합니다. 다시 말해서 잃어버렸던 은혜를 되찾고 감격을 되찾는 것이 중요합니다.

그 다음에 하나님은 말씀으로 분명하게 우리의 길을 제시해 주십니다. 나가라고 하시든지 돌아서라고 하시든지 하나님은 우리에게 말씀을 하십니다. 이렇게 하는 것이, 하나님이 나의 힘이 되시는 것이며 하나님의 불말과 불병거가 나와 함께 하는 전쟁이 되는 것입니다.

특히 기도가 중요한 이유는, 기도는 머리로 믿는 것을 가슴으로 느끼게 합니다. 머리로 믿는 것만으로는 이기지 못합니다. 우리가 가슴으로 믿을 때 전인격적으로 반응을 하기 때문에 우리는 이길 수 있습니다. 그러니까 가슴으로 느낄 수 있을 때까지 우리는 기도로 씨름을 해야 하는 것입니다.

위기 때의 도움이 되심

기억해야 할 것은, 하나님이 함께 하신다고 해서 늘 평안한 것은 아니라는 점입니다. 오늘 본문을 보면 하나님은 '환난 중에 만날 큰 도움'이라고 했습니다. 이 말씀이 의미하는 것은 우리도 환난에 빠질 수 있고 위기에 처할 수도 있다는 것입니다.

하나님의 백성들이 위기에 빠지는 첫 번째 이유가 무엇일까요? 이 세상이 성도들에 비하여 월등한 힘을 가지고 있기 때문입니다. 성도가 세상의 것도 제대로 갖추지 못한 데다가 하나님의 도움을 받을 줄도 모를 때 큰 위기에 빠지게 됩니다. 그러니까 우리에게는 세상을 등지고 하나님께로 왔는데 아직 이것도 아니고 저것도 아닌 어중간한 시기가 있습니다. 이럴 때 우리는 세상에서 어려움을 당할 수밖에 없습니다.

그러나 이 시기는 하나님께서 훈련을 시키시는 때입니다. 마치 독수리가 비행을 가르치기 위하여 새끼를 등에 태워 높이 올라가서 떨어뜨리는 훈련을 시키는 것과 같습니다. 어미가 하늘로 올라가서 새끼 독수리를 떨어뜨리면 새끼는 죽을 힘을 다해 날갯짓을 합니다. 하지만 아직은 힘이 없으니까 땅에 떨어집니다. 그러나 새끼가 땅에 떨어지기 전에 어미 독수리가 다시 내려와서 새끼를 등에 태우고 올라갑니다. 그래서 우리는, 내가 죄를 짓지 않았고 믿음으로 살려고 하는데도 어려움이 올 때에는 어려움을 피하면 안 됩니다. 우리는 새끼 독수리처럼 그 어려움을 감당해야만 강해집니다.

그런데 최후의 결전이 있습니다. 그때가 언제인가 하면 악한 세력이 너무나도 교만해져서 하나님의 백성들을 멸망시키기 위하여 총력을 다 기울여 공격을 할 때입니다. 바로 이런 것이 아마겟돈 전쟁입니다. 아마겟돈 전쟁이라는 것은 '므깃도의 산'의 전쟁이라는 뜻입니다. 므깃도의 전쟁은 드보라가 시스라의 철병거 구백 승을 맞아서 싸운 전투를 말합니다(삿 5:19~21 참조). 이스라엘 백성들은 도저히 이 전쟁에서 이길 수 없었습니다. 그렇다고 이 전쟁을 피할 수도 없었습니다. 그때 드보라는 사력을 다하여 시스라의 군대와 부딪쳤습니다. 그런데 생각지도 못한 능력이 나타났습니다. 그것은 비였습니다. 생각지도 않은 비가 쏟아지면서 기손 강이 범람하고 결국 시스라의 병거들은 물에 잠기고 말았습니다.

그래서 악한 사탄의 세력이 최후의 공격을 할 때는 성도들이 망하는 것이 아니라 악한 자들이 자멸할 때가 된 것을 의미합니다. 로마 교황청은 보름스 회의를 소집해서 루터를 파문하려고 했지만 결국 그 회의는 자기들이 패배하는 회의였고, 그 순간에서부터 본격적인 종교 개혁이 이루어지게 된 것을 우리는 알고 있습니다.

하나님을 '환난 중에 만날 큰 도움' 이라고 하는 것은 어떤 어려움이든지 간에 하나님께서는 우리 믿는 자들을 결코 그 어려움 속에 혼자 두시지 않으신다는 것입니다. 그리고 믿음으로 담대하게 나아가면 위기를 얼마든지 복으로 바꿀 수 있습니다.

하나님이 함께 하시는 복

오늘 본문은, 우리가 하나님을 모실 때 얻게 되는 여러 가지 복을 말씀하고 있습니다.

그 첫 번째가 '풍성한 은혜의 강' 입니다.

"한 시내가 있어 나뉘어 흘러 하나님의 성 곧 지극히 높으신 자의 장막의 성소를 기쁘게 하도다"(46:4).

여기서 '한 시내가 있다는 것' 은 바로 하나님의 성 안에 생수의 근원이 있다는 것입니다. 그래서 다른 곳으로 살길을 찾아서 돌아다닐 이유가 없습니다. 하나님의 위대한 축복은 어디에서부터 시작됩니까? 위대한 말씀에서 시작됩니다. 위대한 말씀이 있으면 위대한 신앙이 만들어집니다. 그리고 위대한 기도가 있습니다. 위대한 헌신이 있습니다. 그리고 우리 성도들은 자신이 생각하는 것보다 훨씬 많은 잠재적 능력을 가지고 있습니다. 다만 침체되어 있었기 때문에 힘을 내지 못하는 것입니다. 한 사람이 힘을 낼 때 그가 감당할 수 있는 부분은 아주 많습니다. 그래서 시내는 한 곳에서 흐르는데 하나님의 장막 전체가 풍성하게 가득 차게 되는 것입니다.

사람을 윽박지르는 것은 좋은 것이 아닙니다. 윽박지르면 시키는 것은 잘할 수 있을지 몰라도 공식에서 조금만 벗어나면 아무것도 할 수가 없습니다. 그러나 사람이 자신감을 되찾고 위대한 믿음을 가지게 하면 스스로 무엇이든지 할 수가 있습니다.

두 번째로 우리가 하나님을 모실 때 얻게 되는 복은 요동치 않는 것입니다.

> "하나님이 그 성중에 거하시매 성이 요동치 아니할 것이라 새벽에 하나님이 도우시리로다"(46:5).

아무리 성밖에 적들이 많이 몰려와도 우리 편에 힘이 있는 경우에는 두려워하거나 요동할 이유가 없습니다. 그러나 자기들보다 더 힘이 강한 군대가 쳐들어 왔을 때는 두려워하고 요동하게 되어 있습니다. 사실 사람들은 어려운 일이 닥치면 마음이 불안하고 걱정하게 됩니다. 그런데 믿음이 있는 사람은 기도하는 가운데 이 어려운 일들이 어떻게 잘될 것만 같습니다. 믿음은 바로 이럴 때 쓰는 것입니다. 불안이 나를 덮치지 못하도록 불안과 싸워서 이기는 것이 믿음입니다. 그러면 어려운 일의 해결은 하나님께서 해주십니다. 그래서 기도하고 염려하지 않는 훈련이 필요합니다. 우리는 어려운 일이 닥쳤을 때 너무 불안해하지 말아야 합니다.

제자들은 예수님을 배에 태우고 호수를 건너가다가 풍랑을 만났을 때 너무 두려워 했습니다. 이것이 믿음이 작은 것입니다. 인간인 이상 두렵지요. 그러나 제자들은 조금만 두려워하고 두려움을 이겼어야 합니다.

하나님께서는 '새벽에 도우실 것'이라고 했습니다. 그러면 밤은 무엇을 하는 시간입니까? 악한 자들로 하여금 마음껏 떠들게 하는 시간입니다. 그러다가 새벽이 오면 악한 자들의 시간은 끝이 나는 것입니다.

"이방이 훤화하며 왕국이 동하였더니 저가 소리를 발하시매 땅이 녹았도다"(46:6).

하나님께서는 적들이 떠드는 소리를 조용히 듣고 계십니다. 그때 악한 자들도 적당하게 떠들다가 그만하는 것이 좋습니다. 그렇지 않고 갈 데까지 가다가는 하나님께서 한번 말씀하심으로 악한 자는 한순간에 망하고 마는 것입니다. 왜냐하면 멸망의 천사가 옆에서 지키고 서 있기 때문입니다. 하나님이 한번 소리를 지르시면 악한 자의 목이 그 자리에서 날아갑니다.

세 번째로, 우리가 하나님을 모실 때 하나님께서는 지속적인 평화라는 복을 주십니다. 한번 큰 시련이 있고 난 후에 성도들이 바른 믿음을 지키면 하나님께서는 큰 시험 없는 부흥의 시기를 허락하여 주시는데, 바로 이때가 황금기에 돌입하는 것입니다.

"와서 여호와의 행적을 볼지어다 땅을 황무케 하셨도다 저가 땅끝까지 전쟁을 쉬게 하심이여 활을 꺾고 창을 끊으며 수레를 불사르시는도다"(46:8~9).

우리 하나님은 이유 없이 성도들을 괴롭게 하시는 하나님이 아니셨습니다. 우리로 하여금 신앙의 본궤도에 오르게 하기 위하여 연단하시며 여러 가지 어려움을 주시는 것이지, 바르게 믿는데 이유 없이 어려움을 주시지는 않으십니다. 그래서 교만하지만 않고 지속적으로 하나님 앞에 겸손하며 은혜를 사모하기만 한다면 그때에는 교회에 지속적인 부흥의 역사가 일어나게 됩니다. 그래서 정말 교회에 큰 시험 없이 너무너무 좋은 일들, 축복의 일들만 나타나는데 처음에는 이것이 꿈인 것만 같습니다. 그러나 사실입니다. 하나님께서는 원수의 활을 꺾으시고 창을 꺾으셔서 전쟁을 없게 하십니다. 수레도 다 태워버리시기 때문에 대항할 무기가 없습니다.

교회가 큰 시험 없이 지속적으로 부흥한다는 것이 굉장히 중요합니다. 이것은 오로지 하나님의 말씀을 붙들 때 나타나는 현상입니다. 다른 것으로는 부흥이 이렇게 오래 지속될 수 없습니다. 왜냐하면 인간의 인내는 한계가 있기 때문입니다. 그러나 바른 목표를 가지고 나아가면 지속적으로 복을 받을 수 있습니다.

네 번째는, 하나님께서 앞서서 도와 주십니다.

"이르시기를 너희는 가만히 있어 내가 하나님 됨을 알지어다 내가 열방과 세계 중에 높임을 받으라 하시도다"(46:10).

하나님께서 "너희는 가만히 있으라."라고 하셨을 때가 언제입니까? 이스라엘 백성들이 홍해를 앞에 두고 원망할 때입니다. 이스라엘 백성들 앞에는 바다가 있고 뒤에는 애굽의 군대가 추격해 옵니다. 그런데 죽을 수밖에 없는 이 순간에 하나님은 가만히 있으라고 하십니다. 왜냐하면 이미 하나님의 구원이 준비되어 있기 때문입니다. 바다 속에 하나님의 고속도로가 준비되어 있었던 것입니다. 그래서 하나님께서 가끔 우리들에게 말도 되지 않는 말씀을 하실 때가 있습니다. 그것은 이미 하나님이 스탠바이 하셨다는 뜻입니다. 그래서 우리에게는 하나님의 말씀이 모순되는 것처럼 보일 때가 더 좋습니다. 왜냐하면 우리는 가만히 있고 오직 하나님께서 행하시는 놀라운 구원을 보기만 하면 되기 때문입니다.

우리가 하나님의 말씀을 믿을 때 하나님께서는 '가만히 있으라' 고 하십니다. 이것은 하나님께서 우리를 위하여 일하시기 때문입니다. 우리가 하나님을 섬겨드려야 하는데 오히려 거꾸로 하나님께서 우리를 섬기십니다. 얼마나 황송한 일인지 모릅니다. 말씀에 순종하는 자들을 그만큼 사랑하신다는 뜻입니다. 우리는 가만히 서서 하나님이 하시는 것을 구경만 하면 되는 것입니다. 돈을 들일 필요도 없고 사람들을 찾아다니면서 사정할 필요도 없습니다.

> "만군의 여호와께서 우리와 함께하시니 야곱의 하나님은 우리의 피난처시로다"(46:11).

하나님이 우리와 함께 하시면 온 세상이 덤벼들어도 능히 이길 수 있습니다. 왜냐하면 하나님은 세상보다 더 크시기 때문입니다.

47.

1-9

온 땅의 왕 되신 하나님

너희 만민들아
손바닥을 치고 즐거운 소리로
하나님께 외칠지어다
지존하신 여호와는 엄위하시고
온 땅에 큰 임군이 되심이로다
여호와께서 만민을 우리에게
열방을 우리 발 아래 복종케 하시며
우리를 위하여 기업을 택하시나니
곧 사랑하신 야곱의 영화로다(셀라)
하나님이 즐거이 부르는 중에 올라가심이여
여호와께서 나팔 소리 중에 올라가시도다
찬양하라 하나님을 찬양하라
찬양하라 우리 왕을 찬양하라
하나님은 온 땅에 왕이심이라
지혜의 시로 찬양할지어다
하나님이 열방을 치리하시며
하나님이 그 거룩한 보좌에 앉으셨도다
열방의 방백들이 모임이여
아브라함의 하나님의 백성이 되도다
세상의 모든 방패는 여호와의 것임이여
저는 지존하시도다

Clap your hands, all you nations;
shout to God with cries of joy.
How awesome is the Lord Most High,
the great King over all the earth!
He subdued nations under us,
peoples under our feet.
He chose our inheritance for us,
the pride of Jacob, whom he loved. Selah
God has ascended amid shouts of joy,
the Lord amid the sounding of trumpets.
Sing praises to God, sing praises;
sing praises to our King, sing praises.
For God is the King of all the earth;
sing to him a psalm of praise.
God reigns over the nations;
God is seated on his holy throne.
The nobles of the nations assemble
as the people of the God of Abraham,
for the kings of the earth belong to God;
he is greatly exalted.

역사에 보면 서양 세계를 한 왕이 다스린 시대가 있었습니다. 바로 로마 시대입니다. 그때 도로망이 얼마나 잘되어 있었는지 "모든 길은 로마로!"라는 말이 생길 정도였습니다. 어느 길이든지 따라가면 결국 로마로 가게 된다는 뜻입니다. 온 세상을 한 왕이 다스린다고 하는 것은 온 땅에 평화가 있다는 뜻입니다. 모든 지방이 그 왕의 통치에 복종하고 있다는 뜻입니다. 만약 어느 지방에서든지 반역이나 폭동이 일어나면 왕은 군대를 파견하여 진압을 할 것입니다.

그러나 로마 황제가 세계의 황제인 것은 하나의 모형에 불과합니다. 실제로 온 세상을 다스리는 왕은 하나님이십니다. 그런데 하나님께서는 매우 겸손하셔서 겉으로 자신을 드러내시는 법이 없으십니다. 하나님은 역사를 통하여 온 세상을 다스리십니다. 그래서 이 세상의 악한 왕이나 악한 나라는 처음에는 잘되는 것 같아도 나중에는 결국 그 세력이 몰락하고 심판을 당하게 됩니다. 이것이 하나님께서 온 세상을 다스리시는 증거입니다.

그러나 이제 하나님의 적극적인 심판이 나타나게 됩니다. 그것은 역사의 심판을 기다리지 않고 하나님의 종으로 하여금 악한 자들을 심판하게 하신 것으로, 바로 다윗과 이스라엘 백성들이 치렀던 전쟁입니다. 다윗과 이스라엘 백성들은 악한 세력과 싸워서 이겼을 때, 자기들이 잘해서 이긴 것으로 생각하지 않고 하나님께서 자기들을 통하여 악한 자들을 심판하신 것으로 생각했습니다. 그들이 갈망했던 것은 이 세상에서 하나님의 통치를 거부하고 악으로 반역하고 있는 자들을 쳐부수어서 온 세상을 하나님의 나라로 회복시키는 것이었습니다.

하나님께서는 가나안 땅을 정복하려고 준비하고 있는 여호수아에게 "네 발에서 신을 벗으라 네가 선 곳은 거룩하니라"(수 5:15). 라고 말씀하셨습니다. 그러나 당시 가나안 땅은 거룩한 땅이 아니었습니다. 우상 숭배와 음란으로 가득 찬 곳이었습니다. 그럼에도 하나님께서 그렇게 말씀하신 것은, 그 땅은 이스라엘 백성들이 거룩하게 해야 할 곳이기 때문이었습니다. 예수님께서 죽음에서 부활하신 후 그는 온 땅의 왕으로 등극하셨습니다. 그래서 우리는 죄 많은 이 세상 전체를 거룩한 땅으로 회복시킬 책임이 있습니다.

이 시는 다윗이 악의 세력을 쳐부수고 예루살렘에 개선하면서 온 세상을 진리로 다스리시는 하나님을 찬양하는 시입니다. 다윗이 악한 나라를 쳐부술 수 있었던 것은, 하나님께서 그만큼 강하시며 하나님이 그런 힘을 주시기 때문입니다.

온 땅의 왕이신 하나님

> "너희 만민들아 손바닥을 치고 즐거운 소리로 하나님을 외칠지어다 지존하신 여호와는 엄위하시고 온 땅에 큰 임군이 되심이로다"(47:1~2).

다윗과 그의 용사들이 전쟁에서 이기고 개선할 때에 모든 이스라엘 백성들은 손뼉을 치면서 환영했습니다. 여기서 손뼉을 치면서 환영했다는 것은 멀뚱멀뚱하게 보고 있기만 한 것이 아니라 열렬하게 환영했다는 뜻입니다. 그런데 그들은 누구를 환영했습니까? 다윗과 그의 용사들이 아니라 하나님이었습니다.

"지존하신 여호와는 엄위하시다."라고 했습니다. 이것은 절대로 하나님의 통치가 허술하지 않으며 그 통치는 한순간도 마비되는 일이 없다는 것입니다. 그래서 악한 자들이나 악의 세력은 반드시 심판하시는 하나님이십니다.

'온 땅에 큰 임군'이라는 말은 지방의 봉신이 아니고 모든 나라에 영향을 주는 큰 왕이라는 뜻입니다. 옛날에 작은 나라의 왕은 큰 나라 왕의 승인이 있어야 모든 것을 결정할 수가 있었습니다. 우리 나라도 새로운 왕이 세워지면 중국의 청나라나 명나라의 승인을 받아야만 했습니다. 그러나 큰 임금은 다른 나라 왕의 지시나 승인이 필요치 않습니다. 모든 것을 독자적으로 결정하며 한번 내린 그의 결정은 절대적인 효력을 나타내게 되는 것입니다.

여기서 이스라엘 백성들은 다른 나라와 싸워서 승리한 것을 통해서 하나님께 고백을 드리고 있습니다.

그것은 우선 첫째, 이스라엘 나라는 하나님의 에이전트(agent)라는 사실입니다. 만약 어느 대기업이 다른 나라에 자기 회사의 지사를 두고 있다면 그 나라에 관계되는 모든 일을 그 지사를 통해서 할 것입니다. 그 지사의 직원들은 모두 자기 회사의 직원들이기에 믿고 모든 것을 맡길 수 있기 때문입니다. 마찬가지로 이스라엘은 하나님의 직속기관입니다. 그래서 하나님께서는 이 세상에서 하실 모든 일들을 이스라엘의 왕과 그 백성들을 통하여 하시는 것입니다. 그래서 이스라엘 왕은 독자적인 왕이 아니고 하나님의 직속 부하였습니다. 그들은 전쟁을 할 때에도 하나님의 명에 따라서 했고, 전쟁을 이기고 돌아왔을 때에도 그 승리의 영광을 하나님께 돌리고 하나님께 승리의 보고를 드렸던 것입니다.

그뿐만 아니라 둘째로, 그들은 이런 승리를 통하여 하나님께서 온 세상의 왕이시란 사실을 확인할 수 있었습니다. 만약 하나님께서 이스라엘 백성들만의 왕이시라면 다른 나라에서 일어나는 일에 관심을 가질 필요가 없을 것입니다. 그런데 하나님께서는 다른 나라에서 일어나는 악에 대해서도 관심을 가지셨습니다. 과거에는 악한 왕들이 망하려면 병들어 죽든지 아니면 그 나라 안에서 반역이 일어나든지 했어야만 했는데, 이제 다윗의 공격으로 곧바로 하나님의 심판이 나타났던 것입니다.

그러니까 당시 다른 큰 나라들의 전쟁과 이스라엘의 전쟁은 완전히 그 성격이 달랐습니다. 다른 나라들이 공격하는 이유는 한 마디로 도둑질하기 위해서였습니다. 그 나라의 보물을 약탈하고 사람을 빼앗기 위해서 쳐들어 갔습니다. 그런데 다윗은 억눌린 자들을 해방시키고 악한 왕들을 몰아내기 위하여 전쟁을 했습니다. 그러니까 다윗의 군대가 진격하는 곳마다 억눌린 사람들은 손뼉을 치면서 다윗의 군대를 열렬하게 환영했습니다. 그리고 그들을 파송한 하나님을 찬송했던 것입니다.

요즘에 와서는 유엔군이 그런 역할을 합니다. 악한 세력이 무력으로 도발을 해서 전쟁으로 일으키고 사람들을 죽일 때 유엔군이 국제평화유지군의 이름으로 투입되어 질서를 지킵니다. 고대에는 바로 다윗이 군대가 그런 역할을 했던 것입니다.

두 가지 경건

이스라엘 나라는 지금까지 어떤 의미에서 철저하게 숨어 있는 나라였습니다. 왜냐하면 자기 자신을 지키기도 어려울 정도로 약했기 때문에 다른 나라의 문제에 개입할 힘이 없었던 것입니다. 그런데 하나님의 뜻에 맞는 다윗이란 사람이 이스라엘의 왕이 되었을 때, 이스라엘의 영향은 온 땅에 미치게 되었고 그 소문은 땅끝까지 퍼지게 되었습니다.

"여호와께서 만민을 우리에게 열방을 우리 발 아래에 복종케 하시며"(47:3).

우리는 신앙을 소극적인 것으로만 생각하기 쉽습니다. 즉 죄악 된 세상에서 빠져 나와서 하나님의 백성으로 살기 위하여 자기 자신을 지키는 것이 신앙이라고 생각합니다. 그렇게 생각한다면 우리는 세상과 담을 쌓아야 하고 할 수 있는 대로 자신을 세상에서 격리해야 나의 신앙을 지킬 수 있을 것입니다. 그러나 이것은 사실 하나님의 백성으로 훈련되는 과정이지 신앙의 전부는 아닙니다. 우리가 어느 정도 하나님의 백성으로 훈련이 되어서 세상에 휩쓸리지 않을 정도가 되면, 하나님께서는 다시 우리를 이 세상에 보내셔서 이 세상의 죄악과 싸우게 하시며 거기서 멸망할 사람들을 건지게 하십니다.

그래서 이스라엘 백성들의 역사를 보아도 소극적인 시대와 적극적인 시대가 나누어져 있는 것을 볼 수 있습니다. 즉 아브라함이나 이삭, 야곱과 같은 족장 시대는 소극적인 경건의 시대였습니다. 그들은 가나안 땅에 살았지만 가나안 땅에서는 완전히 나그네와 이방인으로 살았고 물과 기름의 관계처럼 섞이지 않았습니다. 그래야만 그들의 신앙을 지킬 수 있었기 때문입니다. 이스라엘 백성들이 출애굽 한 후 광야 생활을 할 때에는 더 철저하게 구별되었습니다. 그들은 아예 이방인들을 만날 기회조차 없는 광야에서 무려 사십 년을 지내면서 모세의 설교를 들었습니다. 그래야 그들이 하나님의 백성으로 준비되기 때문입니다. 하나님께서는 그들로 하여금 살인이나 간음이나 도적질이나 거짓 증거를 하지 않는 아름다운 삶을 통하여 하나님의 계명을 나타내게 하셨습니다.

그런데 가나안 정복부터는 완전히 이야기가 달라집니다. 하나님께서는 여호수아에게 이스라엘 백성들이 정복한 가나안 땅의 범위를 정해 주시면서 그 안에 있는 모든 악한 세력들을 소탕하게 하셨습니다. 마치 서울의 미아리 텍사스 촌이나 점치는 집들을 다 소탕하라는 것과 같습니다. 하나님께서 이스라엘 백성들에게 내리신 명령은 모든 악한 세력들을 뿌리뽑고 하나님의 율법이 지배하는 건전한 새로운 사회를 건설하라는 것입니다. 이것은 가나안 땅이라는 한정된 범위에 국한된 것이었습니다.

그런데 하나님은 다윗으로 하여금 그 범위를 더 벗어나서 악한 나라와 왕을 정복하고 억눌린 자들을 해방하게 하셨던 것입니다. 물론 다윗이 로마나 게르만 족의 땅까지 멀리 원정하지만 못했지만 그 당시에는 상당히 큰 범위에서 정의를 회복시키는 역할을 하였던 것입니다. 그러니까 사실 사사기의 진통은 하나님의 백성으로서의 자신들의 역할을 잘 찾지 못했던 혼란의 시기로 볼 수 있습니다. 그러나 다윗처럼 하나님의 뜻에 딱 맞는 종이 나타났을 때 하나님께서는 다윗 한 사람에게 능력을 물 붓듯이 부으셔서 지난 백 년 동안 하지 못했던 일들을 다윗 한 사람을 통하여 다 하셨던 것입니다.

그래서 하나님과 주파수를 완전히 일치시키는 것이 참 중요합니다. 대부분 우리의 신앙 훈련은 바로 여기에 초점이 맞추어져 있습니다. 하나님의 축복은 대형 금고와 같습니다. 아무리 다이얼 번호가 비슷하게 맞는다 할지라도 정확하게 일치하지 않으면 금고의 문이 열리지 않습니다. 하나님의 뜻에 우리의 신앙과 자세가 완전히 일치할 때 하나님의 보물 창고 안에 들어가서 무진장한 능력과 복을 받아가지고 나올 수가 있는 것입니다.

그래서 우리의 경건에는 두 가지가 있다는 것을 기억해야 합니다. 하나는 소극적인 것으로서, 죄로부터 구별되기 위하여 이 세상에서 격리되는 과정입니다. 이때는 가족도 잃고 친구들도 잃으며 많은 사회적인 활동도 포기하게 될 것입니다. 그리고 다른 세상 친구들은 우리 믿는 사람들을 보고 도무지 이해할 수 없는 사람들이라고 비난할 것입니다. 이때 분리되지 않고 격리되지 않으면 사람의 인정에 따라서 끌려 다니게 되지 결코 하나님의 말씀에 순종해서 살게 되지 않습니다. 그러나 또 다른 하나는 적극적인 것입니다. 이 세상의 죄악을 이기고 하나님의 뜻을 이루어드리기 위하여 적극적으로 사회에 다시 기여하는 것입니다. 이때 세상적인 지위도 하나님이 주십니다. 오늘 본문에서 하나님은 '온 땅의 큰 임군'이라고 했기 때문에 우리에게 사회에서 일할 수 있도록 새로운 지위를 주십니다. 우리는 그 지위 안에서 정직하게 열심히 주님의 일을 하면 됩니다.

주님은 우리에게 이 세상의 모든 죄악을 다 없애라고 말씀하시지는 않으셨습니다. 왜냐하면 그것은 우리가 할 일이 아니기 때문입니다. 이 세상의 모든 죄가 다 없어질 때는, 예수님이 오셔서 이 세상의 죄를 심판하실 때입니다. 그때까지 우리가 나에게 주어진 작은 일에서 부정과 부패를 몰아내고 모든 일을 정의롭고 공평하게 하기만 해도 하나님은 우리를 유명하게 하실 것입니다. 그래서 우리는 이 세상에서 고립될 때에도 감사하고 또 이 세상에서 유명하게 되어 영향력을 나타내도 감사한 것입니다. 왜냐하면 우리의 경건 안에 이 두 가지가 다 들어 있기 때문입니다.

예수님은 우리에게 세상의 소금이요 빛이라고 말씀하셨습니다. 이 두 가지가 하나님의 백성들의 사회적인 역할을 보여줍니다. 소금이라는 것은 소극적인 것입니다. 다른 역할은 하지 못하고 오직 맛 하나로 부패를 막는 것이 소금입니다. 즉 소금의 역할이란 더러운 죄와 섞이지 않는 것입니다. 우리 그리스도인들이 그렇게 하기만 해도 자신의 사명을 잘 감당하고 있는 것입니다. 그런데 더 나아가서 하나님께서는 우리에게 빛이 되게 하십니다. 이것은 적극적으로 이 세상에 기여할 수 있도록 역할을 주시고 직분을 주시는 것입니다. 우리는 그 직분에 최선을 다하면 됩니다. 다른 사람이 하는 일까지 간섭할 필요가 없습니다. 오직 나에게 주어진 임무만 최선을 다해서 하더라도 마치 산 위에 있는 동네가 감추어질 수 없는 것처럼 아름답게 빛나게 될 것입니다.

이스라엘을 아름답게 하심

하나님께서는 다윗이라는 사람이 나타나기 전에도 온 세상을 다스리는 왕이셨습니다. 그래서 나름대로 이 세상의 질서를 유지해 오시고 정의를 실현하셨습니다. 그런데 굳이 다윗과 이스라엘을 사용하셔서 불의의 세력을 쳐부수시는 이유가 어디에 있을까요?

"우리를 위하여 기업을 택하시나니 곧 사랑하신 야곱의 영화로다"(47:4).

다윗 이전에 하나님께서 이 세상의 불의를 심판하신 방법은 모두 간접적인 것이었습니다. 악한 자들이 병들어서 죽든지 늙어서 죽든지 아니면 외적의 침략으로 죽는 것이었습니다. 이렇게 하나님이 전면에 나타나지 않으시고 모두 간접적인 방식으로 심판을 하시니까 심판이 심판 같지도 않고 사람들은 하나님을 잘 알 수도 없었습니다. 그리고 시간도 오래 걸렸습니다. 그런데 하나님께서 택하신 종을 사용하시니까 거의 혁명적인 변화가 일어나게 되는 것입니다. 직접 하나님의 종이 나타나서 악한 자를 멸망시켜 버리고 속박 받던 자들을 모두 구원하고 의로운 왕을 세우니까, 사람들은 하나님의 심판과 구원을 직접 눈으로 볼 수 있었습니다. 이것은 그야말로 혜성과 같은 축복이었고, 이 소문은 사람들의 입을 통하여 아주 멀리까지 알려지게 되어서 결국 땅끝에서도 다윗에게 조공을 가지고 오게 된 것입니다.

하나님께서 이렇게 이스라엘을 높이신 이유가 어디에 있습니까?

첫째로, 온 세상을 다스리는 분은 하나님이며 절대적인 주권은 오직 하나님께 있다는 것을 나타냄으로써 사람들로 하여금 하나님을 두려워하게 하기 위함입니다. 그 동안 사람들이 하나님을 무시했던 이유는, 하나님이 이스라엘이라는 너무 작은 나라의 하나님이셨기 때문입니다. 그런데 사람들이 이스라엘 나라의 높은 도덕 수준과 정의를 향한 열정을 보았을 때 모두 하나님을 두려워하게 되었습니다. 하나님을 두려워하는 것이 죄짓지 않는 가장 좋은 방법입니다.

그리고 두 번째는, 하나님의 백성들의 아름다움을 통하여 사람들을 하나님께로 초청하기 위함입니다. 사람들이 어떤 사람을 가장 존경하느냐 하면, 바로 정의로운 사람입니다. 그래서 의로운 자는 아무도 무시하지 못합니다. 그런데 다윗과 이스라엘 백성들은 단순히 의로운 자들이 아니고 의에 대하여 대단한 열정을 가진 자들이었습니다. 이 사람들을 볼 때 다른 사람들은 무한한 매력을 느끼게 되고, 그들과 가까이하기를 원하며, 그들의 보호받기를 원하는 것입니다. 이것이 바로 전도의 시작입니다. 하나님께서는 온 열방이 다윗과 그 백성들의 아름다움을 보고 하나님께로 나아오기를 원하셨습니다.

그래서 하나님의 종들이 사람들에게 인정을 받으려고 하는 것은 스스로 망하는 길입니다. 오로지 하나님의 연단을 받으며 자기 자신을 하나님의 주파수에 맞추어야 합니다. 그러면 결국 온 세상이 그에게 나아오게 되어 있습니다. 하나님의 백성들이 사람들의 마음을 얻기 위하여 이 사람 저 사람 찾아다니는 것보다 더 어리석은 게 없습니다. 그러면 사람들에게 이용당하고 결국은 버림을 당할 것입니다. 설혹 사람들에게 융통성이 없고 미련하다는 욕을 얻어먹더라도 철저하게 하나님께 자기 자신을 맞추면 하나님께서 그 사람에게 아름다운 기업을 주시고 모든 사람들로 하여금 그의 도움을 받도록 하실 것입니다.

하나님의 올라가심

이스라엘 백성들은 하나님께서 그들에게 승리를 주신 후에 찬송 가운데 올라가신다고 말씀하고 있습니다.

> "하나님이 즐거이 부르는 중에 올라가심이여 여호와께서 나팔 소리 중에 올라가시도다"(47:5).

여기에 '올라가신다'는 것이 무슨 뜻일까요? 우선 언어적인 표현만 가지고 말을 한다면, 하나님께서는 다윗이 악한 자와 싸울 때 다윗만 보내지 않으시고 친히 전쟁을 함께 하셨다는 것입니다. 즉 왕이 전쟁에 출정하면 잠시 그의 보좌를 비울 수밖에 없는데, 하나님께서 보좌를 잠시 비우셨다고 하는 것은 다윗이 싸우는 전쟁과 함께해서 이기게 하는 것이 가장 중요한 일이라는 뜻입니다. 이스라엘 백성들은 다윗이 승리하고 돌아왔을 때 하나님께서도 임무를 마치시고 원래 자신의 보좌에 복귀하시는 것으로 생각하는 것입니다. 그래서 이스라엘 백성들의 찬송은 하나님께서 중요한 임무를 마치시고 원대 복귀하신다는 것입니다. 그러나 그 전과 그 후가 똑같은 것은 아닙니다. 왜냐하면 죄를 이기셨고 악한 자에게 사로잡혔던 자들을 구원하셨기 때문에 많은 백성들을 건지신 상태에서 복귀하시는 것입니다.

이것은 나중에 신약의 그리스도에게서 아주 중요한 진리로 나타나게 됩니다. 그리스도께서 이 세상에 오신 것은 그의 보좌를 비우고 이 세상에 오신 것을 의미합니다. 그런데 그가 십자가 위에서 죽으셨다가 삼 일 만에 부활하셨을 때 하나님께서는 그를 영광스럽게 하셨고 지극히 높은 지위를 주셨습니다. 그래서 온 세상의 왕이 되게 하셨습니다. 그래서 여기에 '오르셨다'는 것은 장차 그리스도께서 인간의 죄를 다 해결하시고 높은 보좌에 오르시는 것을 의미합니다. 그런데 그는 과거와 똑같은 지위에 오르시는 것이 아닙니다. 이미 마귀의 세력을 파하셨고 많은 죄인을 건지셨기 때문에 우리를 구원하신 왕의 자격으로 오르시는 것입니다. 예수 그리스도는 부활하신 후에 온 세상의 왕으로 등극하셨습니다. 그래서 온 세상은 그리스도의 통치를 받아야 합니다.

그런데 세상을 어떻게 다스리십니까? 우리 믿는 자들을 통하여 이 세상의 죄의 세력과 싸우게 하십니다. 그래서 우리는 그리스도의 주권이 오직 교회 안에만 해당된다고 생각해서는 안 됩니다. 그리스도의 통치는 온 세상에 미치고 있으며 사탄의 세력은 이 세상의 단 한 평이나 한 사람이라도 지배할 법적인 자격이 없습니다. 사탄은 오직 불법의 세력으로 활동하고 있는 것입니다.

요즘 특히 사탄의 세력은 전문적인 지식을 사용하여 하나님을 부정하고 있습니다. 유전공학이라든지 아니면 인본주의적인 의학 지식을 사용하여 인간의 생명은 인간이 마음대로 결정할 수 있는 것처럼 주장하고 있습니다. 그리고 매스컴이나 영화나 소설 등을 통하여 모든 죄악을 미화시키고 귀신 문화나 인간의 공상 세계를 당연한 것처럼 믿게 하려고 합니다. 이 모든 것도 불법의 세력입니다. 우리는 이 세상에서 그리스도의 주권을 회복해야 할 책임이 있습니다. 또 그렇게 하는 자만이 그리스도와 함께 영원히 왕 노릇할 수 있을 것입니다.

하나님의 통치 방법

그러면 하나님께서는 어떤 방법으로 하나님의 백성을 이기게 하십니까?

첫 번째는, 지혜입니다.

"하나님은 온 땅의 왕이심이라 지혜의 시로 찬양할지어다"(47:7).

여기서 '지혜의 시'라고 하는 것은, 하나님께서 그의 백성들에게 지혜의 신을 부어주셔서 하나님의 지혜가 그들의 입에 노래처럼 되는 것입니다. 결국 사람들이 사탄에게 속는 것은 깨닫지 못하기 때문입니다. 이미 깨달은 자는 속일 수가 없습니다. 사람들이 무지하고 어리석기 때문에 악한 자에게 속는 것이지 악한 자의 정체만 파악하고 있으면 절대로 속을 수가 없습니다. 그래서 신약 시대에 하나님께서 우리에게 주시는 최고의 복은, 이 지혜의 신을 부어주셔서 하나님의 지혜가 우리 입에서 노래처럼 흘러나오게 하는 것입니다.

과거에는 하나님의 뜻을 하나 깨달으려면 일일이 하나님의 선지자에게 찾아가서 물었습니다. 그런데 사람들은 물어도 그 뜻을 잘 이해하지 못했습니다. 그만큼 구약의 성도들은 깨닫는 데 무지했던 것입니다. 그런데 오늘 우리들은 성도 한 사람 한 사람이 선지자입니다. 자기 스스로 얼마든지 하나님의 뜻을 분별할 지혜를 얻을 수가 있습니다. 만약 우리 교인들이 구약 시대에 살았다면 선지자들이 우리를 모두 선지자라고 하면서 존경했을 것입니다. 왜냐하면 우리가 하나님의 진리를 이해하는 정도가 과거의 이스라엘 백성들에 비하여 비교할 수 없을 정도로 탁월하기 때문입니다.

두 번째는, 열방을 계속 다스리시는 것입니다.

"하나님이 열방을 치리하시며 하나님이 그 거룩한 보좌에 앉으셨도다"(47:8).

분명히 이 세상에는 하나님의 통치를 거부하는 사탄의 세력이 있습니다. 그런데 하나님께서는 사탄의 세력을 억제하셔서 모든 것이 사탄의 뜻대로 되지는 않게 하십니다. 하나님께서 '열방을 다스리신다' 는 것이 바로 이것입니다. 그래서 마귀를 누르시고 세상의 죄를 억제하셔서 하나님의 구원 계획이 이루어지도록 하시는 것입니다. 마귀가 원하는 것은, 할 수 있는 대로 그리스도가 오시기 전에라도 세상을 망하게 하는 것입니다. 죄가 많아지면 결국 하나님은 심판하시게 되어 있습니다. 그러나 하나님께서는 모든 악을 누르셔서 심판을 지연시키시고 구원받을 자는 다 구원받게 하십니다.

세 번째는, 열방이 아브라함의 족속이 되게 하셨습니다.

> "열방의 방백들이 모임이여 아브라함의 하나님의 백성이 되도다 세상의 모든 방패는 여호와의 것임이여 그는 지존하시도다"(47:9).

하나님의 가장 놀라운 말씀이 바로 이것입니다. 하나님께서는 많은 사람들이 하나님의 백성이 되어서 하나님의 의로운 통치를 받기를 원하십니다. 그러기 위해서는 많은 세상 사람들이 '아브라함의 하나님의 백성' 이 되어야만 합니다. 그래서 하나님께서는 유대인의 담을 허무시고 모든 이방인들로 하여금 하나님을 믿게 하셨으며, 특히 이 세상의 모든 방패를 다 사용하셔서 자기 백성들을 지키시는 것입니다. 하나님만 지존하시며 다른 것은 지존이 아닙니다. 단지 그들은 모두 하나님을 거역하는 반역의 무리들일 뿐입니다.

하나님께서는 자신의 통치 아래 있는 모든 자들을 방패로 지켜주십니다. 그래서 우리는 이 세상의 모든 악의 세력이 공격을 해도 안전한 것입니다.

1–14

48. 거룩하고 아름다운 성

여호와는 광대하시니
우리 하나님의 성 거룩한 산에서
극진히 찬송하리로다
터가 높고 아름다워 온 세계가 즐거워함이여
큰 왕의 성 곧 북방에 있는 시온 산이 그러하도다
하나님이 그 여러 궁중에서 자기를 피난처로 알리셨도다
열왕이 모여 함께 지났음이여
저희가 보고 놀라고 두려워 빨리 갔도다
거기서 떨림이 저희를 잡으니
고통이 해산하는 여인 같도다
주께서 동풍으로 다시스의 배를 깨뜨리시도다
우리가 들은 대로 만군의 여호와의 성
우리 하나님의 성에서 보았나니
하나님이 이를 영영히 견고케 하시리로다(셀라)
하나님이여 우리가 주의 전 가운데서
주의 인자하심을 생각하였나이다
하나님이여 주의 이름과 같이
찬송도 땅 끝까지 미쳤으며
주의 오른손에는 정의가 충만하였나이다
주의 판단을 인하여 시온 산은 기뻐하고
유다의 딸들은 즐거워할지어다
너희는 시온을 편답하고
그것을 순행하며
그 망대들을 계수하라
그 성벽을 자세히 보고
그 궁전을 살펴서 후대에 전하라
이 하나님은 영영히 우리 하나님이시니
우리를 죽을 때까지 인도하시리로다

Great is the Lord, and most worthy of praise,
in the city of our God, his holy mountain.
It is beautiful in its loftiness,
the joy of the whole earth.
Like the utmost heights of Zaphon is Mount Zion,
the city of the Great King.
God is in her citadels;
he has shown himself to be her fortress.
When the kings joined forces,
when they advanced together,
they saw her and were astounded;
they fled in terror.
Trembling seized them there,
pain like that of a woman in labor.
You destroyed them like ships of Tarshish
shattered by an east wind.
As we have heard,
so have we seen
in the city of the Lord Almighty,
in the city of our God:
God makes her secure forever. Selah
Within your temple, O God,
we meditate on your unfailing love.
Like your name, O God,
your praise reaches to the ends of the earth;
your right hand is filled with righteousness.
Mount Zion rejoices,
the villages of Judah are glad
because of your judgments.
Walk about Zion, go around her,
count her towers,
consider well her ramparts,
view her citadels,
that you may tell of them to the next generation.
For this God is our God for ever and ever;
he will be our guide even to the end.

우리가 여행을 하다가 푸른 초원 위에 세워진 아름다운 성을 본다면 아마도 그 안을 구경하고 싶을 것입니다. 이렇게 아름다운 성은 어떻게 되어 있는지, 그 안에 사는 사람들은 어떤 사람들인지 알고 싶을 것입니다.

요즘 우리 나라는 나라의 여러 부정을 조사하기 위하여 한 특검팀이 만들어졌는데, 그들이 직위나 인척 관계 같은 것을 차별하지 않고 공정하게 조사를 하고 발표를 해서 굉장히 많은 사람들의 지지와 신뢰를 받고 있는 것 같습니다. 보통 정치인들에게는 거짓말하고 속이고 감추는 것이 예사로 되어 있었는데 그래도 사실을 있는 그대로 파헤치니까 사람들이 신뢰하고 희망을 얻는 것입니다. 그만큼 정직이라는 것은 중요한 것입니다. 비록 누군가가 죄를 지었더라도 인정할 것은 인정하고 처벌할 것은 처벌할 때, 사람들은 인간에 대한 신뢰를 되찾게 되고 우리의 미래가 그렇게 어둡지만은 않다는 희망을 가지게 되는 것입니다.

고대에 전 세계에서 유일하게 의로운 도성이 있었습니다. 바로 그 성은 예루살렘이었습니다. 예루살렘은 겉으로 보는 모습과 안에 들어가 보았을 때의 모습이 완전히 달랐습니다. 겉으로 보기에는 그냥 그저 그런 성이었습니다. 이 세상에는 예루살렘만큼 아름다운 성은 얼마든지 많이 있었습니다. 그러나 그 안에 들어가 보면 완전히 모습이 달랐습니다. 그 안에 있는 사람들은 모두 정직했습니다. 그리고 그들은 모두 인격적으로 사람들을 대했으며 다른 사람에 대하여 사랑이 넘쳤습니다. 아무리 외국인이라 하더라도 예루살렘 안에서는 강탈을 당하거나 기습을 당하는 일이 없었습니다. 예루살렘 성 안에서는 모든 것이 공평했고 정의로웠습니다.

그런데 어느 나라든지 기계적으로 정직하고 공평할 수는 있습니다. 예를 들면 법을 어기면 무섭게 처벌하기 때문에 두려워서 법을 지키는 곳도 있을 것입니다. 그러나 예루살렘 안에 있는 친절과 정직은 강요된 것이 아니고 모두 자발적인 것이었습니다. 그 안에는 말할 수 없는 하나님의 은혜가 있었기 때문입니다. 예루살렘의 친절과 정직은 바로 하나님의 은혜에서 흘러나오는 것이었습니다. 그래서 누구든지 이 성 안에 한번 있어보았던 사람들은 이 성을 사랑하지 않을 수가 없었습니다. 그리고 사람들은 이 세상에서 가장 아름다운 성은 예루살렘이라고 불렀습니다.

광대하시고 친밀하신 하나님

"여호와는 광대하시니 우리 하나님의 성 거룩한 산에서 극진히 찬송하리로다" (48:1).

사람들은 하나님에 대하여 이해할 수 없는 것이 하나 있었습니다. 그것은 온 세상을 창조하셨다는 하나님께서 왜 아주 작은 나라 이스라엘의 하나님이시며 예루살렘밖에 차지하지 못하고 있느냐, 하는 것입니다. '여호와는 광대하신 하나님' 이십니다. 그는 온 세상을 만드셨고 다스리고 계십니다. 그런데 그가 다스리시는 나라는 아주 작은 나라였고 아주 작은 도시였습니다. 그래서 사람들은 하나님을 믿지 않고 업신여겼습니다.

그런데 하나님께서 작은 나라를 다스리신 것은 능력이 부족해서 그런 것이 아니었습니다. 하나님은 아주 작은 이 나라를 택하셔서 그 나라 백성들 한 명 한 명을 인격적으로 사랑하시기를 원하셨습니다. 즉 하나님께서는 아주 큰 나라에서 위엄의 보좌에 앉아서 어느 누구도 접근할 수 없는 권세로 백성들을 힘으로 다스리시는 것이 아니라,

이들의 친절한 아버지가 되시고 형이 되셔서 한 사람 한 사람을 돌보시고 사랑하시기 위하여 아주 작은 나라를 택하신 것입니다.

그렇게 크시고 광대하신 하나님께서 자기 백성들을 자비로우신 아버지나 형님처럼 돌보시니까 얼마나 하나님을 가까이 사귈 수가 있겠습니까? 마치 세계적인 기업의 회장이 집에 돌아와서는 작은 집에서 식구들 한 사람 한 사람과 전혀 거리감 없이 친밀하게 지내는 것과 같습니다.

그런데 세상 사람들은 이런 내막을 이해할 리가 없습니다. 그래서 사람들은 이런 생각을 하는 것입니다. '이스라엘이라는 나라가 작으니까 하나님이라는 신도 능력이 적을 것이다. 그러니 그가 온 세상을 만들었다는 것도 허풍일 것이다.' 그런데 그들의 생각이 틀렸다는 것은 예루살렘을 직접 찾아가 보면 알 수 있었습니다.

이방 나라들은 예루살렘 성에서 두 가지 방면에서 하나님을 체험할 수 있었습니다. 우선 하나는, 그들은 그 나라를 방문했을 때 온 성안에 하나님이 충만한 것을 느낄 수 있었습니다. 왜냐하면 예루살렘 사람들에게는 하나님이 실제적인 분이셨던 것입니다. 하나님은 예루살렘 안에 충만했습니다. 하나님은 눈에 보이지 않았지만 그는 죽은 신이 아니었고 예루살렘 사람들의 삶 속에 실제로 살아 계신 분이셨습니다.

우리는 죽은 신을 믿는 사람들을 금방 알 수가 있습니다. 죽은 조상에게 제사를 드릴 때 어떻습니까? 그냥 의식적으로 제사를 드리는 것이지 거기에 무슨 감동이나 은혜같은 것은 없습니다. 한순간 엄숙하게 의식을 치른 후에는 모든 것이 끝입니다. 그러나 이스라엘 백성들의 예배는 그 안에 감동이 있고 기쁨이 있습니다. 그리고 백성들은 거기서 받은 은혜를 삶 전체를 통하여 실천하였습니다. 예루살렘 사람들에게는 기쁨이 있었고 하나님에 대한 확신이 있었습니다.

그리고 교만하여 그 성을 공격했던 자들은 또 다른 방식으로 하나님의 살아 계심을 느꼈습니다. 그것은 그들이 예루살렘을 공격했을 때 하나님께서 그 성을 직접 지키시더라는 것입니다. 하나님께서는 예루살렘을 공격하는 자들을 우박과 천둥과 번개로 치셨습니다. 그래서 그 성이 어느 누구도 범접할 수 없는 하나님의 성임을 보여주셨습니다.

터고 높고 견고한 성

"터가 높고 아름다워 온 세계가 즐거워함이여 큰 왕의 성 곧 북방에 있는 시온 산이 그러하도다"(48:2).

예루살렘은 겉으로 보기에는 그렇게 아름답고 견고한 성이 아니었습니다. 그러나 일단 이 성 안에 한번 들어와 보면 밖에서 보는 것과는 달리 성이 아주 크고 견고했습니다. 예루살렘은 겉에서 보는 것과 안에서 보는 것이 완전히 달랐습니다. 우리는 어떤 집을 볼 때 밖에서 보는 모습과 안에서 보는 모습이 많이 다르기 때문에 놀라게 되는 경우가 있습니다. 밖에서는 보잘 것 없고 협소해 보였는데 안에 들어가 보니까 집이 아주 넓고 웅장한 것입니다.

사람들이 예루살렘 안에 들어갔을 때 그 성이 그렇게 웅장하고 크게 느껴졌던 이유가 무엇일까요? 우선 그 안에는 공평함이 있었습니다. 성 안에서는 모든 사람들이 똑같았고 전혀 차별이 없었습니다. 부자라고 해서 더 봐주는 것도 없고 가난하다고 해서 무시당하는 것도 없었습니다. 그리고 외국인이라고 해서 차별을 당한다든가 불이익을 당하는 일이 없었습니다. 그들에게는 모든 사람들이 가족이었습니다. 여성들은 다 나의 누이인데 왜 해치겠습니까? 또 노인들을 다 나의 부모님처럼 대했습니다. 그리고 모든 사람들이 정직했습니다. 세상에 이런 곳이 어디에 또 있겠습니까?

그리고 이 성 안에는 변화가 있었습니다. 아무리 사랑이 없고 마음이 돌같이 굳은 사람들도 이 성에서 생활하면 아름다운 마음을 가질 수가 있었습니다. 왜냐하면 하나님의 은혜가 모든 사람들에게 한없이 공급되고 있었기 때문입니다. 이 성은 하나님의 새로운 기운이 뿜어나오는 곳입니다. 마치 꽃이나 풀들이 시들하다가도 수분이 공급되면 금방 싱싱하게 살아나는 것처럼, 이 성에는 하나님의 생명이 항상 공급되고 있기 때문에 악한 사람들이 변했습니다. 그래서 이 성에는 결코 부패하지 않는 싱싱함이 있었습니다. 이 세상은 어느 곳이든지 오래 있으면 지루하고 신선함이 떨어지게 되어 있습니다. 그리고 여러 가지 내부적인 문제점들이 드러나면서 사람을 실망시키게 됩니다. 그러나 이 성은 그런 것이 없었습니다. 아무리 오래 있어도 항상 처음 있는 것 같았습니다. 왜냐하면 언제나 마음이 새로워지기 때문입니다.

그래서 사람들에게는 예루살렘이 북방에 있는 성으로 머리 속에 남았습니다. 여기서 '북방의 성'이라는 것은 북쪽 하늘에 있는 별을 말합니다. 지금도 북쪽에 있는 북극성 같은 별은 변하지 않습니다. 늘 조용하게 자기 자리를 지키면서 빛을 발하고 있습니다. 그래서 항해하거나 여행하는 사람들에게는 언제나 방향을 잡는 기준이 되며 길동무 역할을 합니다. 그러니까 예루살렘은 그곳을 찾았던 사람들에게는 언제나 북쪽의 별로 남아 있어서 마음의 고향이 되어주기도 하고, 길을 잃었을 때에는 방향을 잡는 친구의 역할을 하기도 했던 것입니다.

과연 그것이 가능했겠습니까? 물론 나중에 예루살렘이 타락했을 때에는 빛을 잃어버린 타락한 별이 되고 말았습니다. 그러나 한창 때의 예루살렘은 이 세상에 존재하는 유일한 아름다운 도시였습니다. 인간의 모든 욕망과 탐욕은 최대한으로 억제되고 하나님의 은혜가 넘치는 도시였습니다. 이스라엘 백성들이 자기 이기심으로 예루살렘을 변질시켰을 때 그들은 약간의 돈은 얻었는지 모르겠지만 한 별을 떨어뜨린 것이며 모든 사람들의 마음속에 있는 희망을 죽였던 것입니다.

비유를 들면 황금 알을 낳는 거위를 죽인 것과 같습니다. 예루살렘 자체는 아무것도 아닌 평범한 거위입니다. 그러나 그 안에 들어 있는 하나님의 말씀은 그들로 하여금 황금 알을 낳게 했습니다. 욕심을 버리고 하나님의 말씀에 순종하기만 하면 그들은 얼마든지 많은 복을 받을 수 있었고 그것으로 부자가 될 수 있었습니다. 그러나 욕심을 버리지 못해서 한꺼번에 알을 꺼내려고 거위를 죽였을 때 안에 들어 있는 것은 황금 알이 아니었던 것입니다.

그런데 하나님께서는 이 예루살렘의 축복을 오늘날 우리들에게 다시 돌려주셨습니다. 우리의 교회는 오늘 본문에 나오는 '북방에 있는 시온 성' 인 것입니다. 우리들은 지극히 평범한 사람들로서 교회로 모였습니다. 그러나 우리 안에 있는 말씀과 하나님의 은혜는 평범한 것이 아닙니다. 이것은 세상에서는 찾아볼 수 없는 하나님의 영광이요 능력입니다. 우리들이 모여서 하나님께 예배드리고 영광을 돌려드릴 때마다 하나님께서는 하늘의 신기한 은혜와 능력으로 우리에게 복 주십니다. 우리 안에는 하나님의 은혜와 기쁨이 있습니다. 그래서 예배드리고 돌아갈 때 우리 성도들은 변한 모습으로 돌아갑니다. 얼굴은 기쁨으로 상기되어 있습니다. 마치 겨울에 목욕탕에서 막 나왔을 때 얼굴이 상기되어 있고 아름답게 빛나는 것과 같습니다. 교회는 하나님의 성령이 임하시는 곳입니다. 그래서 어떤 사람도 믿음으로 하나님께 나아가기만 하면 은혜받고 변하게 되어 있습니다. 우리 안에 성령의 은혜가 충만하면 사람의 사악한 욕망은 최대한으로 억제되며 진정으로 이웃을 내 몸처럼 사랑하게 됩니다.

말씀이 충만한 교회를 체험하면 왜 사람들이 예루살렘을 그렇게 아름다운 성이라고 칭찬하고 사모했는지 이해하게 될 것입니다. 겉으로 보기에는 별것 아니지만 그 안에 있는 충만한 은혜와 영광은 이 세상 어느 곳에서도 찾아볼 수 없는 하나님의 신적인 능력이기 때문입니다. 은혜가 넘치는 교회는 하버드 대학이나 옥스퍼드 대학과 비교가 되지 않을 것입니다. 그곳은 하나님의 생명이 항상 공급되는 곳입니다. 사람들이 변하여 새 사람이 되는 곳이며, 새로운 진리가 끊임없이 공급되는 곳이며, 영원히 부패하지 않는 곳입니다. 은혜가 충만한 교회에서는 모든 사람이 부모요, 형제요, 누이입니다. 아름다운 여성이 있어도 나의 누이이기 때문에 여성에 대하여 악한 생각을 할 수가 없습니다. 노인이 계셔도 나의 부모이기 때문에 무시할 수가 없습니다.

그런데 사람들이 자기 교만이나 욕심 때문에 교회를 주장하기 위하여 말씀을 막아버리면 그때는 한 별을 떨어뜨리는 것이며 황금 알을 낳는 거위를 죽이는 것입니다. 모든 사람들의 마음속에 있는 희망을 다 빼앗아 가는 죄를 짓는 것입니다. 우리가 하나님의 말씀 앞에 겸손하게 나아오면 하나님께서는 하늘의 신령한 은혜와 복을 우리에게 영원히 주십니다. 그러나 사람이 욕심 때문에 하나님의 말씀을 막으면 그때는 그저 부패하고 썩은 인간들의 모임에 지나지 않습니다.

그래서 저는 누구든지 생명의 샘에 나아와서 물을 마실 수는 있지만 이 샘물을 유원지로 개발하는 것은 허락할 수가 없습니다. 유원지는 많은 사람들을 즐겁게 할 수는 있을지 몰라도 심한 가뭄이 오면 물이 마르게 되고 그때는 모두 목말라 죽게 되는 것입니다. 이 세상의 희망은 교회입니다. 교회가 원래 그 아름다운 기능을 회복하는 것입니다. 그러면 거기서부터 흘러나온 생수가 세상에 희망을 안겨주며 부패한 세상을 살리게 되어 있습니다.

하나님의 성을 공격하는 세력들

사람들은 이 아름다운 하나님의 성을 보면 그냥 그대로 두지 않고 여러 가지로 공격을 해서 변질시키거나 파괴시키려고 합니다. 그 이유가 어디에 있습니까? 두 가지로 볼 수 있는데 하나는 시기심 때문이고, 다른 하나는 최고가 되고자 하는 교만 때문입니다.

"하나님이 그 여러 궁중에서 자기를 피난처로 알리셨도다"(48:3).

이 세상에는 많은 궁중이 있습니다. 그러나 그 어느 궁중도 예루살렘 같은 곳이 없었습니다. 왜냐하면 세상의 궁전에는 인간의 자랑과 인간의 영광만 있었지 하나님의 영광이 없었기 때문입니다. 그래서 사람들은 감히 이 예루살렘 성의 아름다움을 비난해서 흠집을 내려고 합니다. 예루살렘의 아름다움이 너무나도 완벽하여 자기들의 영광과는 비교가 되지 않았기에 악한 자들은 사실이 아닌 거짓 풍설을 많이 퍼뜨립니다. 그렇게 해야 사람들이 예루살렘으로 가지 않기 때문입니다. 그러나 세상 사람들이 아무리 거짓말을 해도 입에서 입으로 퍼지는 아름다운 소문은 막을 수가 없습니다. 예루살렘에 간 사람들이 변화되어서 오는 것을 어떻게 부인할 수가 있겠습니까? 아무리 거짓말을 해도 하나님의 능력이 나타나는 것은 부인할 수가 없는 것입니다.

악한 자들은 예루살렘을 멸망시키기 위하여 많은 공격을 했습니다.

"열왕이 함께 모여 지났음이여"(48:4).

여기서 '열왕이 함께 모여 지났다'는 것은 예루살렘을 공격했던 왕이 하나가 아니었다는 것입니다. 왜 그들이 그토록 예루살렘에 대하여 심기 불편해하고 없어지기를 원했던 것일까요? 그것은 이 성이 빛의 성이었고 진리의 성이었기 때문입니다. 이 성이 없어져야 자기들이 빛이 날 텐데 워낙 예루살렘이 정의로웠기 때문에 악한 자들의 악이 그대로 다 드러났기 때문입니다.

그러나 결국 어떻게 되었습니까?

"저희가 보고 놀라고 두려워 빨리 갔도다 거기서 떨림이 저희를 잡으니 고통이 해산하는 여인 같도다"(48:5~6).

악한 자들이 예루살렘을 아무리 공격해도 멸망시킬 수가 없었습니다. 왜냐하면 그들이 예루살렘을 공격하면 공격할수록 예루살렘 사람들은 더 하나님 앞에서 회개하고 정직해졌기 때문입니다. 그리고 하나님께서 공격하는 자들을 번개와 뇌성으로 치시고 우박으로 치시니 그들은 하나님을 감당할 수가 없었습니다. 더 무서운 하나님의 무기는 '두려움'이었습니다. 악한 자들은 이스라엘 백성들을 치면서 마음속에서 양심의 고통이 일어나기 시작했습니다. 즉 '우리가 이런 나라를 공격하면 정의를 대적하는 것이 되는데 과연 이렇게 해도 되는가?' 하는 양심의 고통이었습니다. 그러다가 실제로 전쟁이 시작되려고 했을 때에는 그 고통의 소리가 너무 커져서 악한 자들은 마치 해산하는 여자같이 얼굴이 심하게 일그러졌으며 결국 제대로 싸워보지도 못하고 도망을 치고 말았던 것입니다. 이것이 전성기 때의 예루살렘이었습니다.

우리가 하나님의 말씀에만 사생 결단을 하면 하나님은 우리에게 이런 영광을 주십니다. 그리고 아무리 침체된 자라 하더라도 단 한 번 예배를 드리면서 다 살아나게 되어 있습니다. 우리가 말씀 앞에 바로 서면 하나님께서 당신의 화염검으로 교회를 지키시기 때문에 악한 세력이 절대로 건드릴 수가 없습니다.

그런데 교회가 말씀 앞에 바로 서지 못하면 정말 위험해집니다. 그래서 자꾸 세상의 재미나 자랑거리를 교회 안에 끌어들이려고 하면 위험합니다. 우리가 말씀만 붙들고 나아갈 때 어려움이 오는 것을 원망하거나 불평해서는 안 됩니다. 그리고 또 그것을 피하려고 해서도 안 됩니다. 왜냐하면 그런 것들은 우리를 망하게 하려는 것이 아니고 우리를 더 순결하게 하려는 것이기 때문입니다. 그래서 우리는 살려고 하면 죽고 죽으려고 하면 살게 되어 있는 진리를 기억해야 합니다. 말씀으로 죽으려고 하면 살게 되어 있고, 자꾸 살려고 세상과 짝하며 세상을 끌어들이면 하나님의 은혜를 잃고 결국 죽게 되어 있습니다.

"주께서 동풍으로 다시스의 배를 깨뜨리시도다"(48:7).

배 중에서는 다시스 배가 가장 큰 배였고 많은 물건을 실어서 무역하는 배였습니다. 그런데 하나님은 손 하나 대지 않고 다시스의 배를 깨뜨려서 바다에 집어넣으시는 분이십니다. 우리가 하나님의 말씀에 순종하면 돈 들이지 않고 원수를 물리치게 되어 있는데, 하나님의 말씀을 지키지 않으면 돈은 돈대로 들면서 모든 것을 다 잃게 되어 있습니다.

그래서 성경의 진리를 믿는 교회를 대적하는 것은 성령 훼방죄에 걸리기 때문에 절대로 하나님 앞에서 용서받지 못합니다. 성령의 역사가 일어나고 부흥이 일어나는 교회를 대적하는 것보다 어리석은 일은 없습니다. 우리는 교회가 외부적인 핍박으로 망하기보다는 내부적으로 생명의 샘이 막혀서 망한 경우가 더 많다는 것을 기억해야 합니다. 그러므로 우리는 내부의 적을 지켜야 합니다. 그것은 교만과 거짓입니다.

하나님을 신뢰하는 자들의 복

하나님의 말씀대로 믿는 자들은 어떤 복을 받게 됩니까?

"우리가 들은 대로 만군의 여호와의 성 하나님의 성에서 보았나니 하나님이 이를 영영히 견고케 하시리로다"(48:8).

'우리가 들은 대로 보았다'는 말이 무엇입니까? 그들은 조상들이나 성경책에서 들은 것이 있습니다. 그들은, 하나님의 백성들이 하나님의 말씀을 지키면 하나님께서 축복하시고 모든 적의 공격에서 지켜주신다는 말씀을 들었습니다. 그런데 자기들도 성경대로 믿으니까 그 모든 복이 자기들의 눈앞에서 이루어지더라는 것입니다. 성경 말씀은 지키지 않는 자들에게는 그림의 떡일지도 모릅니다. 그러나 말씀대로 순종하는 자에게는 성경은 살아 있는 능력의 말씀입니다. 그래서 옛날에 위대한 성도들이 체험했던 그 능력이 오늘 우리들에게도 그대로 나타나게 되는 것입니다. 아브라함의 하나님이 나의 하나님이 되시고 이삭과 야곱과 요셉에게 함께 하셨던 하나님께서 오늘 우리들에게도 나타나시고 능력을 행하십니다. 그래서 성경은 죽은 책이 아닙니다. 누구든지 그대로 행하기만 하면 능력이 나타나게 되어 있습니다. 하나님의 말씀은 영원합니다.

그래서 우리의 걱정은 성경을 모르는 것이고 성경대로 믿지 못하는 것이지 다른 게 아닙니다. 우리가 말씀에 순종하기만 하면 하나님께서 우리의 일들을 걱정하실 것이기 때문입니다. 하나님은 말씀을 붙잡는 자를 영원히 견고하게 세우십니다.

"하나님이여 우리가 주의 전 가운데서 주의 인자하심을 생각하였나이다"(48:9).

여기서 '주의 전 가운데서' 라는 것은 '예배를 드리면서' 라는 뜻입니다. 예배를 드리면서 하나님께서 우리에게 베푸신 인자하심을 말씀을 통하여 깨닫게 되는 것입니다. 그전에는 막연하게 느꼈는데 예배 가운데 하나님의 능력이 선포되니까 더 분명히 깨닫고 하나님을 의지하게 되는 것입니다.

그래서 생활에서 느낀 것은 예배에서 확인이 되어야 하고, 예배에서 깨달은 것은 생활 가운데 실천되어야 신앙이 상승하게 되어 있습니다. 이 두 가지는 믿음의 두 바퀴와 같습니다. 어느 한 가지만 있으면 신앙은 자라지 않습니다.

"하나님이여 주의 이름과 같이 찬송도 땅끝까지 미쳤으며 주의 오른손에는 정의가 충만하였나이다 주의 판단을 인하여 시온 산을 기뻐하고 유다의 딸들은 즐거워할지어다"(48:10~11).

정치나 재판에 있어서 정직하고 공의롭다는 것은 아주 중요한 것입니다. 이것은 나라의 곪고 썩은 부분을 잘라내는 역할을 하기 때문입니다. 만약 잘라내지 않으면 나라 전체가 그 환부로 인하여 고통을 받게 됩니다. 그래서 차라리 고통스러워도 곪은 부분을 정직하게 짜버려야 환부가 치료되고 미래에 대한 소망이 생기게 되는 것입니다.

지금 우리 나라가 답답한 것은, 위정자들이 자꾸 국민들을 속이려고 하기 때문입니다. 곪고 썩은 부분을 도려내지 않고 자꾸 괜찮다고 하면서 넘어가려고 하니까 모든 국민들이 앞으로 우리 나라가 어떻게 되겠는가, 하는 불안을 가지게 되는 것입니다. 그런데 정의가 충만하면 사람들은 희망을 가지게 됩니다. 그리고 하나님의 판단이 사람들의 계급이나 빈부를 차별하지 않을 때 사람들은 더 믿음을 가지게 됩니다.

"너희는 시온을 편답하고 그것을 순행하며 그 망대들을 계수하라 그 성벽을 자세히 보고 그 궁전을 살펴서 후대에 전하라"(48:12~13).

여기서 예루살렘의 성벽을 자세히 살펴보고 망대를 헤아려보라는 것이 무슨 뜻입니까? 지금까지 예루살렘을 지켜온 것은 망대의 수나 성벽의 높이가 아니었다는 것입니다. 바로 정의와 사랑의 힘이 예루살렘을 수백 년 동안 지켜온 것입니다. 우리를 지키는 것은 우리의 능력과 계획이 아닙니다. 하나님의 말씀을 신뢰하고 하나님의 말씀을 지키면 인간의 힘으로는 상상할 수 없는 방법으로 우리를 지켜주시고 복을 주시는 것입니다. 그래서 예루살렘의 힘이 과연 어디에 있는가 자세히 살펴보라는 것입니다. 그것은 군사력이나 망대의 수가 아니었습니다. 하나님의 능력이었고 말씀의 힘이었습니다.

"이 하나님은 영영히 우리 하나님이시니 우리를 죽을 때까지 인도하시리로다"

(48:14).

우리가 교만하거나 죄를 짓지 않은 이상 절대로 하나님은 우리를 버리지 않으시며, 영원토록 능력으로 함께 하시는 복을 주실 것입니다.

깨닫지 못하는 인생

49.

만민들아 이를 들으라
세상의 거민들아 귀를 기울이라
귀천 빈부를 물론하고 다 들을지어다
내 입은 지혜를 말하겠고 내 마음은 명철을 묵상하리로다
내가 비유에 내 귀를 기울이고 수금으로 나의 오묘한 말을 풀리로다
죄악이 나를 따라 에우는 환난의 날에 내가 어찌 두려워하랴
자기의 재물을 의지하고 풍부함으로 자긍하는 자는
아무도 결코 그 형제를 구속하지 못하며
저를 위하여 하나님께 속전을 바치지도 못할 것은
저희 생명의 구속이 너무 귀하며 영영히 못할 것임이라
저로 영존하여 썩음을 보지 않게 못하리니 저가 보리로다
지혜 있는 자도 죽고 우준하고 무지한 자도
같이 망하고 저희의 재물을 타인에게 끼치는도다
저희의 속 생각에 그 집이 영영히 있고
그 거처가 대대에 미치리라 하여
그 전지를 자기 이름으로 칭하도다
사람은 존귀하나 장구치 못함이여 멸망하는 짐승 같도다
저희의 이 행위는 저희의 우매함이나
후세 사람은 오히려 저희 말을 칭찬하리로다(셀라)
양같이 저희를 음부에 두기로 작정되었으니
사망이 저희 목자일 것이라
정직한 자가 아침에 저희를 다스리리니
저희 아름다움이 음부에서 소멸하여
그 거처조차 없어지려니와 하나님은 나를 영접하시리니
이러므로 내 영혼을 음부의 권세에서 구속하시리로다(셀라)
사람이 치부하여 그 집 영광이 더할 때에 너는 두려워 말지어다
저가 죽으매 가져가는 것이 없고
그 영광이 저를 따라 내려가지 못함이로다
저가 비록 생시에 자기를 축하하며 스스로 좋게 함으로
사람들에게 칭찬을 받을지라도
그 역대의 열조에게로 돌아가리니 영영히 빛을 보지 못하리로다
존귀에 처하나 깨닫지 못하는 사람은 멸망하는 짐승 같도다

Hear this, all you peoples;
listen, all who live in this world,
both low and high, rich and poor alike:
My mouth will speak words of wisdom;
the utterance from my heart will give understanding.
I will turn my ear to a proverb;
with the harp I will expound my riddle:
Why should I fear when evil days come,
when wicked deceivers surround me-
those who trust in their wealth
and boast of their great riches?
No man can redeem the life of another
or give to God a ransom for him-
the ransom for a life is costly,
no payment is ever enough-
that he should live on forever and not see decay.
For all can see that wise men die;
the foolish and the senseless alike perish
and leave their wealth to others.
Their tombs will remain their houses forever,
their dwellings for endless generations,
though they had named lands after themselves.
But man, despite his riches, does not endure;
he is like the beasts that perish.
This is the fate of those who trust in themselves,
and of their followers, who approve their sayings. Selah
Like sheep they are destined for the grave,
and death will feed on them.
The upright will rule over them in the morning;
their forms will decay in the grave,
far from their princely mansions.
But God will redeem my life from the grave;
he will surely take me to himself. Selah
Do not be overawed when a man grows rich,
when the splendor of his house increases;
for he will take nothing with him when he dies,
his splendor will not descend with him.
Though while he lived he counted himself blessed-
and men praise you when you prosper-
he will join the generation of his fathers,
who will never see the light of life.
A man who has riches without understanding
is like the beasts that perish.

우리는 하나님의 형상에 따라 존귀하게 만들어졌으며 누구든지 하나님을 인격적으로 만나기만 하면 존귀한 삶을 살 수 있습니다. 그러나 어리석은 사람들은 하나님을 찾지 않고 눈에 보이는 재물이나 권력을 의지합니다.

우리 인간은 참으로 불완전한 존재입니다. 어떻게 보면 인간은 참으로 선한 것 같은데 분노에 차 있거나 광기를 부릴 때에는 마치 미친 짐승처럼 보이기도 합니다. 그래서 실존주의 철학자들은 인간을 불완전한 존재로 묘사했습니다. 니체(Nietzsche) 같은 사람은 인간을 줄을 타고 있는 광대에 비유했습니다. 광대가 아무리 줄을 잘 탄다 하더라도 줄 위에 있는 이상 그는 떨어질 수 있는 불완전한 존재인 것입니다. 키에르케고르(Kierkegaard) 같은 철학자는 사람을 거미줄에 매달려 있는 거미로 생각했습니다. 사람은 위로 올라가든지 아니면 바닥으로 내려와야 보다 안전하다는 것입니다.

그러면 위로 올라가는 것은 무엇이며 바닥으로 내려가는 것은 무엇을 의미합니까? 아래로 내려오는 것은 짐승처럼 욕망대로 사는 것인데 그러면 인간이 위로 올라가면 완전해질 수 있습니까? 위로 올라간다고 하는 것은 신처럼 되는 것인데 인간이 노력한다고 해서 과연 신이 될 수 있는 것입니까?

이 고민을 가장 잘 표현하고 있는 말씀이 오늘 본문의 시입니다. 특히 맨 끝에 있는 20절 말씀입니다. "존귀한 데 처하나 깨닫지 못하는 사람은 멸망하는 짐승 같도다"(49:20). 여기서 인간의 심한 딜레마가 나타나고 있습니다. 우선 성경은 인간을 존귀하다고 말씀하고 있습니다. 그런데 인간이 그것을 깨닫지 못할 때에는 멸망할 짐승같이 살 수 있다고 말씀합니다.

그래서 우리 인간에게는 두 가지 종류의 삶이 가능합니다. 하나는, 우리 인간이 참으로 천사보다 더 존귀한 삶을 사는 것입니다. 반면에 우리 인간들은 더러운 짐승처럼 욕망을 좇아 살 수도 있습니다. 그 갈림길이 어디에 있습니까? '깨닫느냐, 깨닫지 못하느냐' 에 있습니다. 즉 진리를 깨닫는 데 있는 것입니다.

여기서 시편 기자는 세 가지 주제를 제시하고 있습니다. 즉 부와 진리와 죽음입니다. 물론 여기서 죽음은 하나님의 심판을 나타냅니다. 사람들은 얼마든지 부를 위하여 살 수도 있습니다. 그러나 부를 위한 삶은 멸망할 짐승과 같은 삶이고 하나님의 심판을 견딜 수 없습니다. 그래서 사람이 영원히 살기 위해서는 지혜를 구하고 진리를 찾아야 하는 것입니다.

지혜의 초청

하나님의 지혜는 인생을 맹목적으로 살아가고 있는 사람들을 초청하여 하나님의 말씀을 듣게 합니다.

> "만민들아 이를 들으라 세상의 거민들아 귀를 기울이라 귀천 빈부를 물론하고 다 들을지어다"(49:1~2).

하나님께서는 이 세상 모든 사람들을 향하여 인생의 본질에 대하여 깊이 생각하게 하십니다. 주로 어떤 일들을 통하여 그렇게 하십니까? 인생의 중요한 사건들을 통하여 자기 인생의 본질에 대하여 생각하게 하십니다.

우리가 언뜻 생각해 보면 이 세상에 태어나는 것은 대단한 행복인 것 같습니다. 왜냐하면 거의 대부분의 사람들은 건강하게 태어납니다. 그리고 특별한 일이 없는 이상 어느 정도의 삶은 보장이 됩니다.

거기에다가 이 세상에는 많은 부가 널려 있습니다. 농사를 지을 수도 있고, 장사를 할 수도 있고, 관직을 가질 수도 있습니다. 그래서 이 세상에서 사람들은 운만 좋으면 얼마든지 많은 것을 누리고 행복하게 잘살 수 있습니다.

그런데 가끔씩 일어나는 일들이 우리로 하여금 무엇인가 근본적인 것들을 자꾸 생각하게 합니다. 즉 자식의 죽음이라든지, 도저히 살 수 없는 질병에 걸렸다든지 아니면 전쟁이나 기근과 같은 큰 불행을 겪게 되었을 때 '과연 인생이라는 것은 건강하게 돈이나 많이 벌고 큰 고통 없이 풍족하게 사는 것이 전부인가?' 하는 생각이 드는 것입니다.

사실 하나님께서는 우리 인간들에게 "이것이 인생의 바른 길이다." 하는 모범 답안을 주시지 않은 채 살아가게 하십니다. 그 이유가 무엇입니까? 적어도 인간이라면 그런 모범 답안이 없어도 자기 스스로 질문을 제기하고 답을 찾아 나서야 한다는 것입니다. 왜냐하면 인간은 누구나 그 정도의 지각과 문제의식은 가지고 있기 때문입니다. 그래서 한평생 아무 고통 없이 건강하게 돈 잘 벌고 잘살았다고 해서 그 사람이 성공적인 삶을 살았다고 말할 수는 없습니다. 오히려 사람이라면 누구든지 고민을 해야 하고 몸부림을 쳐야 합니다. 그렇게 해서라도 반드시 자기 인생의 의미를 찾아야 하고 인생의 수수께끼를 풀어야 하는 것입니다. 다시 말해서 우리의 인생 자체가 하나님이 주신 수수께끼입니다. 그래서 시인은 빈부귀천을 막론하고 사람들을 초청하고 있는 것입니다.

"내 입은 지혜를 말하겠고 내 마음은 명철을 묵상하리로다 내가 비유에 내 귀를 기울이고 수금으로 나의 오묘한 말을 풀리로다"(49:3~4).

여기서 중요한 것은 '지혜'와 '명철'입니다. 아무 생각 없이 인생길을 가고 있는 우리들을 불러 세우는 것은 하나님의 진리입니다. 내가 영원히 살 수 있는 진리라면 땅끝까지 가서라도 배워 와야 할 것입니다. 만약 사람을 영원히 죽지 않게 만들 수 있는 약초나 샘물이 있다면 사람들은 땅끝까지 가서라도 그것을 구할 것입니다. 그런데 그 귀한 진리가 마치 길거리에서 싸구려 물건을 파는 행상이 하는 것처럼 길에서 외쳐진다면 누가 그 진리를 믿겠습니까?

이것이 하나님의 진리가 갖는 모순입니다. 사실 하나님의 진리는 너무 귀하기 때문에 땅끝까지 찾아가도 찾지 못합니다. 그런데 하나님께서는 이 놀라운 진리를 어느 순간부터는 길에서 바겐 세일하듯이 아무에게나 나누어주시는 것입니다. 그래서 어떤 사람들은 한평생 몸부림을 치는데도 불구하고 이 진리를 얻지 못하는 사람이 있는가 하면, 반대로 어떤 사람은 전혀 기대하지도 않았는데 말씀을 듣고 믿음으로 영생을 얻는 사람도 있는 것입니다. 하나님의 진리는 인간의 노력으로 구한다고 해서 얻을 수 있는 것이 아닙니다. 이것은 하나님께서 일방적으로 선물로 나누어주시는 것입니다. 하나님께서 주시는 진리를 받는 사람은 사는 것이고, 그것을 받지 못하거나 주어도 거부하는 자는 살지 못하는 것입니다.

그런데 하나님께서는 우리에게 진리를 주실 때 반드시 사람을 보내주십니다. 그래서 하나님이 보낸 사람이 선물입니다. 그리고 하나님은 그 사람이 전하는 진리가 진짜라는 증거를 주십니다. 그 증거는 바로 그 진리를 받을 때 사람이 변하게 되는 것입니다. 믿는 사람들은 보석처럼 아름답게 변하게 되어 있는데, 이것이야말로 그가 전하는 진리가 하나님의 진리라는 증거입니다.

오늘 본문에서 시인은 "수금으로 나의 오묘한 말을 풀리로다."라고 합니다. 이것은 운을 띄워서 진리를 재미있게 설명하겠다는 것입니다. 하나님의 진리는 결코 재미로 듣는 것이 아닙니다. 사실은 이것보다 더 심각하고 진지한 것은 없습니다. 그러나 처음부터 심각하게 시작하면 사람들은 들으려고 하지 않을 것입니다. 모두 "어휴, 또 골치 아픈 소리를 하네."라고들 할 것입니다. 그래서 비유로 아주 재미있게 시작을 합니다. 이것은 사람들을 진리 안으로 끌어들이기 위한 것이지 결코 진리가 가벼운 것이기 때문은 아닙니다.

이것은 설교도 마찬가지입니다. 설교하는 분이 설교를 처음 시작부터 무겁고 침통하게 하면 사람들이 마음을 다 닫을 것입니다. 그래서 처음에는 아주 재미있고 흥미진진하게 시작하지만 결국은 인생의 가장 중요한 문제를 다루게 됩니다. 그것은 영원한 생명에 대한 것입니다.

재물이 할 수 없는 것

사람이 이 세상에 살면서 가장 든든한 일이 있다면 재물을 많이 쌓는 일일 것입니다. 일단 재물이 많으면 여러 가지 많은 것들을 할 수 있는 여유가 생기기 때문입니다. 그러나 이 세상에는 재물의 힘으로 할 수 없는 것이 있습니다.

> "죄악이 나를 따라 에우는 환난 날에 내가 어찌 두려워하랴 자기 재물을 의지하고 풍부함으로 자긍하는 자는 아무도 결코 그 형제를 구속하지 못하며 저를 위하여 하나님께 속전을 바치지 못할 것은"(49:5~7).

여기에 어려운 표현이 나옵니다. "죄악이 나를 따라 에우는 환난 날"이라는 말씀입니다. 이것은 이렇게 생각할 수 있습니다. 하나님께서는 의인들에게 미리 환난을 주셔서 죄를 버리게 하십니다. 그래서 '죄악이 나를 따라 에우는' 이라는 말은 '죄악이 나를 짜내는' 이라고 볼 수도 있습니다. 하나님께서는 구원받을 자들로 하여금 이 세상에서 환난을 통과하게 하심으로 그 사람 속에 있는 모든 교만과 죄악의 찌꺼기를 다 짜내게 하십니다. 그래서 의인들은 결코 이 세상에서 재물을 의지하지 않고 하나님만 의지하게 됩니다.

이 세상 사람들의 눈에는 하나님을 믿는 사람들이 불쌍하게 보입니다. 왜냐하면 자기들이 보기에 성도들은 세상을 다 누리지도 못하고 부요하지도 못한데 하나님께서 철저하게 연단하셔서 죄라는 죄는 다 짜내시기 때문입니다.

그러나 성도는 적어도 하나님의 심판을 두려워하지는 않습니다. 반면에 한평생 재물을 의지하고 살아온 사람은 그 재물이 통하지 않을 때를 만나게 됩니다. 그때가 언제인가 하면 죽음의 순간입니다. 우리는 이 세상에 살면서 돈만 있으면 웬만한 것은 다할 수가 있습니다. 외제차를 타고 다니는 사람들을 보면 얼마나 대단해 보입니까? 외제 승용차가 얼마나 비싸며 세금도 또 얼마나 많이 붙습니까? 그런데 돈만 있으면 그런 것은 문제도 되지 않습니다. 그리고 그런 사람들은 자녀들도 외국의 비싼 대학에 유학을 보내어 공부를 시킵니다.

그런데 중요한 것은 그 많은 재물도 죽음을 막을 수는 없다는 것입니다. 그리고 더 무서운 것은 죽은 후에 있을 하나님의 심판입니다. 그때의 심판이야말로 죄악으로 그를 '에우는 환난 날' 이 될 것입니다. 왜냐하면 이 세상에서 받아야 할 환난을 하나도 받지 않고 미루어놓았기 때문입니다. "아무도 결코 그 형제를 구속하지 못하며" 라고 했는데 '그 형제' 는 바로 재물을 믿고 살아온 사람을 말합니다. 그 많은 재물이 그 형제를 하나님의 무서운 심판에서 건져주지 못하는 것입니다.

"저희 생명의 구속이 너무 귀하며 영영히 못 할 것임이라 저로 영존하여 썩음을 보지 않게 못 하리니"(49:8~9).

돈으로 다른 것은 다 살 수 있지만 영생만은 살 수 없습니다. 즉 하나님 앞에서 한 생명의 가치는 너무 귀해서 돈으로는 건져낼 수가 없는 것입니다. 결국 사람들은 하나님 앞에서 자기가 가지고 있는 재산을 다 바쳐도 자기 목숨을 건질 수 없습니다. 이 세상에 있는 모든 보물과 부귀 영화를 다 바쳐도 영생을 살 수 없습니다. 왜냐하면 한 영혼이 온 천하보다 더 귀하기 때문입니다.

성경에서 '영생한다'는 것은 하나님의 영광 안에 들어가는 것이며 하나님처럼 되는 것인데, 어떻게 이 세상의 돈으로 하나님의 영광을 살 수 있겠습니까? 그래서 돈으로 인생을 살겠다고 생각한 사람은 아예 처음부터 단추를 잘못 끼운 것입니다. 그 사람은 우리 인생의 가치가 얼마나 귀한지 알지 못하는 것입니다. 우리 인생은 돈을 주고 살 수 없습니다.

우리 인생은 이 세상에 무한한 가능성을 가지고 태어납니다. 그러나 그 가능성은 죽어 있는 능력이기 때문에 돈으로 살릴 수가 없습니다. 오직 하나님을 믿고 하나님이 주시는 성령의 능력을 받아야 우리 안에 있는 능력이 살아나게 됩니다. 즉 이것은 오직 하나님의 독생자의 보배로운 보혈을 믿는 것으로만 얻을 수 있습니다.

재물이라는 것은 인간들 간의 약속입니다. 즉 사람들과 사람들 사이에서는 그만한 돈의 가치를 쳐주는 것입니다. 그러나 하나님은 그런 약속을 하신 적도 없고 그런 가치를 인정해 주시지도 않습니다. 그래서 사람의 영혼은 돈으로 살 수 없는 것입니다.

그러니까 지혜로운 사람은 재물부터 모으면 안 됩니다. 가장 먼저 자기 영혼부터 건져놓고 그 다음에 다른 것을 생각해야 하는 것입니다. 그런데 우리가 우리의 영혼을 건져놓으면 어떻게 됩니까? 그 다음에는 하나님의 고난의 프로그램이 진행됩니다. 하나님은 우리로 하여금 철저하게 교만을 버리고 하나님만을 의지하는 사람이 되게 하십니다. 그런 사람이 재물을 가지면 재물이 그를 교만하게 하지 않고, 재물을 오직 하나님께서 맡겨주신 것으로 알고 그것으로 좋은 일을 할 수 있습니다. 그러나 일단 재물을 가지고 자기 인생을 지키려고 한 사람은 처음부터 길을 잘못 들었기 때문에 결국 하나님의 심판을 견디지 못하고 자기 영혼을 영원히 죄악의 환난 가운데 던지게 되는 것입니다.

"저가 보리로다 지혜 있는 자도 죽고 우준하고 무지한 자도 같이 망하고 저희의 재물을 타인에게 끼치는도다 저희의 속생각에는 그 집이 영영히 있고 그 거처가 대대에 미치리라 하여 그 전지를 자기 이름으로 칭하도다"(49:10~11).

사람들은 누구나 다 죽게 되어 있습니다. 그럼에도 불구하고 어리석은 사람은 일단 죽음을 생각하지 않으려고 합니다. 어리석은 사람은 다른 사람들이 죽는 것을 보면서도 마치 영원토록 가질 수 있는 것처럼 부를 움켜쥐고 있습니다. 그들도 죽은 후에 이 돈을 가져가지 못한다는 것을 알고 있습니다. 하지만 일단 살아 있는 동안에는 부를 놓지 않겠다는 것입니다. 그 이유가 무엇입니까? 진정으로 가치 있는 것에 대하여 알지 못하기 때문입니다. 그래서 어리석은 사람들은 자신의 죽음에 대하여 대비하지 않습니다. 어떤 사람은 죽음이 임박했는데도 자신이 죽을 수도 있다는 것을 인정하려고 하지 않습니다.

일단 사람이 죽으면 그는 돈 한 푼에도 손대지 못합니다. 그가 모은 모든 재산은 다른 사람의 것이 되는 것입니다. 그런데 왜 죽기 전에 대비하지 못하느냐 하면 죽음을 생각하기 싫기 때문입니다. 지금 당장은 살아 있기 때문에 살아 있는 것이 좋아서 죽음은 최후의 순간까지 생각하지 않습니다. 그러나 하나님의 백성들은 죽음을 미리 당겨놓고 생각합니다.

사람이 죽고 나면 무엇이 남습니까? 아무것도 남지 않습니다. 오직 그가 이 세상을 살면서 다른 사람을 사랑한 것만 남습니다. 다른 사람을 사랑하지 않은 인생은 모두 헛것입니다.

"사람은 존귀하나 장구치 못함이여 멸망하는 짐승 같도다"(49:12).

여기서 성경은, 사람은 '존귀하다'고 말씀하고 있습니다. 여기서 존귀하다는 것은 존귀할 가능성을 가졌다는 말입니다. 우리 인간 스스로는 존귀하지 못합니다. 우리 인간을 존귀하지 못하게 하는 것은 통제되지 않는 욕망과 분노입니다. 우리는 화가 날 때에는 짐승처럼 소리를 지르며 광기를 부립니다. 이것이 모든 사람들에게 다 있습니다. 사실 이것보다 더 무서운 병이 없습니다. 가끔 간질로 고통당하시는 분들이 있습니다. 이것을 예로 들어서 죄송합니다만, 간질은 그를 너무나도 힘들고 비참하게 만듭니다. 그 사람은 인물도 좋고 성격도 좋습니다. 그런데 발작이 일어나면 그 무엇으로도 그를 통제할 수가 없습니다. 인간의 마음속에 자리잡고 있는 욕망과 분노가 이와 같은 것입니다. 이것이 한번 발작을 하면 어떤 것도 통제할 수가 없습니다. 완전히 '너 죽고 나 죽자'는 식입니다.

예수님께서 오신 것은 바로 이 발작하는 병을 고치기 위해서입니다. 그래서 예수를 믿으면 가장 먼저 이 미친 발작이 죽습니다. 그리고 내가 하나님 앞에서 얼마나 존귀한 자인지 깨닫게 됩니다. 그때 우리는 우선 자기 자신을 사랑하게 됩니다. 자기를 사랑할 수 있는 사람이 다른 사람을 사랑할 수 있습니다.

그러나 이 광기를 치료받지 못한 사람들은 모두 멸망할 짐승같이 살게 됩니다. 물론 늘 발작을 하는 것이 아니니까 평소에는 괜찮은 것 같습니다. 그러나 사탄이 한번 충동질을 하면 그때는 모든 존귀함은 다 날아가는 것입니다.

죽은 후에 되는 것

사람들은 무대 뒤에서 일어나는 것은 보지 못하기 때문에 눈앞의 일만을 보고 칭찬할 때가 많습니다. 마찬가지로 사람들은 부자로 죽는 사람들이 적어도 장례식까지는 화려하게 치르기 때문에 부러워들 합니다. 그러나 실제로 중요한 것은 사람들이 볼 수 없는 세계입니다.

"저희의 이 행위는 저희의 우매함이나 후세 사람은 오히려 저희 말을 칭찬하리로다"(49:13).

'저희의 이 행위'란 죽을 때까지 재물을 붙드는 것을 말합니다. 재물을 의지하는 사람 중에 이 세상에서 이미 패가 망신하는 사람들도 많이 있습니다. 왜냐하면 그들이 지나치게 과욕을 부리기 때문입니다. 그런데도 어떤 사람들은 한번 망해도 좋으니까 돈 벌어서 실컷 써봤으면 한이 없겠다고들 말합니다. 그러나 그들은 죽은 후에 이들에게 얼마나 무서운 일이 일어나는지 모르기 때문에 그런 소리를 하는 것입니다.

"양같이 저희를 음부에 두기로 작정되었으니 사망이 저희 목자일 것이라 정직한 자가 아침에 저희를 다스리리니 저희 아름다움이 음부에서 소멸하여 그 거처조차 없어지려니와"(49:14).

이것은 부자와 사망과의 관계입니다. 모든 부자들은 양과 같은데 그 목자가 사망입니다. 그러니까 사망이라는 목자는 양을 한 마리도 잃어버리지 않고 철저하게 멸망으로 끌고 가기 때문에 영원히 사망의 권세에서 벗어나지 못합니다. 여기서 사망이라고 하는 것은 육체적인 죽음만이 아니라 영원히 하나님의 은혜를 받지 못하고 비참한 상태에 있게 되는 것을 말합니다.

이 세상에 살 때에는 악한 자들도 그나마 하나님의 은혜를 받았습니다. 하나님께서 그들에게 햇빛도 주시고 건강도 주시고 부귀와 영화도 주십니다. 그러나 자기 욕심을 위하여 산 자는 결국 모든 하나님의 은혜를 박탈당하고 영원히 어두운 곳에서 고통 가운데서 이를 갈면서 있게 될 것입니다.

그런데 여기에 보면 '정직한 자가 저희를 다스린다'고 말씀하고 있습니다. 이것은 사망이 워낙 정직하기 때문에 부자를 한 사람도 빠뜨리지 않고 철저하게 관리를 한다는 뜻인지 아니면 죽고 난 후에는 정직한 자들이 영광의 지위에 앉아서 왕 노릇한다는 뜻인지 분명치 않습니다. 그러나 그 어느 것이든지 부자에게는 좋은 뜻은 아닙니다.

예수님께서는, 부자가 천국에 들어가기가 얼마나 어려운지 약대가 바늘귀에 들어가는 것보다 더 어렵다고 말씀하셨습니다. 이것은 재물을 목표로 해서 산 사람은 영생을 얻을 수 없다는 뜻입니다. 만일 부자가 천국에 들어갈 수 있다면 그는 그 재물을 자기 것으로 생각하지 않고 철저하게 하나님의 청지기로 맡아서 사용한 사람일 것입니다. 그때 제자들은 모두 놀라면서 "누가 천국에 들어갈 수 있습니까?"라고 물었습니다. 왜냐하면 모두 그런 부자가 되기를 소원하고 있었기 때문입니다. 그때 예수님께서는, 사람은 할 수 없지만 하나님은 하실 수 있다고 말씀하셨습니다. 즉 부자이기는 하지만 믿음의 부자가 있을 수 있다는 뜻입니다. 그러나 이 믿음의 부자들은 절대로 재물을 목적으로 살아온 사람은 아닙니다.

그러면 의로운 자는 어떻게 됩니까?

"하나님은 나를 영접하시리니 이러므로 내 영혼을 음부의 권세에서 건져내시리로다"(49:15).

하나님께서는 가난한 의인을 영접하셔서 음부의 권세에 빠지지 않게 하시고 하나님의 영생을 누리게 하십니다. 그래서 신약 성경에서 예수님께서는 이것과 아주 비슷한 비유를 말씀하셨는데 그것이 부자와 거지 나사로의 비유입니다(눅 16:19~31 참조). 부자는 이 세상에서 모든 것을 다 누린 사람이었습니다. 그는 이 세상에서 나름대로 부에 대한 철학을 가지고 있었습니다. 즉 이 세상에서 물질적인 복을 많이 받고 잘사는 것이 하나님의 복이고, 고난받고 연단받는 사람들은 게으르고 능력이 없으며 믿음이 없어서 그렇다는 것입니다. 그래서 이 부자들은 이 세상에서 모든 것을 다 누렸습니다. 어떻게 보면 세상적인 관점에서 보면 가장 복된 사람들입니다. 그러나 하나님께서는 그들이 이 세상에서 모든 것을 다 가졌기 때문에 지옥의 형벌을 받아야 한다고 하십니다.

요즘 사람들이 '리얼 크리스천'(real christian)이라는 말을 자주 사용합니다. 그 말은 진실한 신자를 말하지 않습니다. 아주 젊은 나이에 명문 대학을 졸업해서 고시에 합격하거나 외국의 명문대학의 박사 학위를 가지고 있고 혹은 사업에 성공한 사람이 교회에서도 인정을 받아서 중직을 가진 그런 사람을 뜻합니다. 소위 '뜨는 사람'을 말합니다. 즉 요즘 사람들이 이상적인 그리스도인이라고 생각하는 사람이란 세상과 천국을 동시에 거머쥔 사람입니다.

그러나 예수님은 우리가 이 세상에서 두 가지를 동시에 다 가질 수는 없다고 말씀하십니다. 둘 중 하나는 포기해야 공평한 것입니다. 영생을 얻기 위하여 이 세상에서 고난의 길을 가든지 아니면 이 세상에서 모든 것을 누리고 영생을 포기하든지 해야 할 것입니다.

나사로는 부자의 집 대문에서 부스러기를 먹으려고 했습니다. 즉 그는 모든 것을 가진 자들에게서 부스러기 은혜라도 얻어 먹으려고 했던 이방인이나 죄인들이었습니다. 그러나 그들은 하나님의 은혜를 사모했기 때문에 멸망하지 않고 영생을 얻을 수 있었습니다.

> "사람이 치부하여 그 집 영광이 더할 때에 너는 두려워 말지어다 저가 죽으매 가져가는 것이 없고 그 영광이 저를 따라 내려가지 못함이로다"(49:16~17).

가난한 의인들은, 부자들은 더 잘살게 되고 자기들은 더 가난하게 될 때 마음이 무척 상할 것입니다. 그러나 하나님께서 중요하게 보시는 것은 이 땅에 많은 것을 쌓아놓는 것이 아니라 하늘에 쌓아두는 것입니다. 물론 이 세상에 재물이 많으면 쓸 수 있는 기회는 생깁니다. 그러나 재물이 많다고 해서 다른 사람들을 위하여 많은 것을 쓸 수 있는 것은 아닙니다. 중요한 것은 믿음입니다. 믿음이 없으면 아무리 돈이 많아도 쓸 줄을 모릅니다. 그래서 재물이 많은 것보다 믿음을 가지는 것이 더 중요합니다. 만일 내가 돈이 없으면 다른 것으로도 얼마든지 사랑을 표현할 수 있습니다. 찾아가서 말로 위로할 수도 있고 아니면 몸으로도 봉사할 수 있는데, 이것이 모두 다 천국에 상급을 쌓아두는 것입니다.

그러면 부자가 한 것은 무엇입니까? 그냥 재물을 많이 쌓아두기만

하고 다른 사람들이 훔쳐가지 못하게 지키기만 했을 뿐입니다. 즉 하나님이 주신 기회를 전혀 사용하지 못한 것입니다. 결국 기회는 많이 있었는데 그 기회들을 전혀 사용하지 못하고 하나님의 심판대에 빈손으로 서게 됩니다.

> "저가 비록 생시에 자기를 축하하며 스스로 좋게 함으로 사람들에게 칭찬을 받을지라도 그 역대의 열조에게로 돌아가리니 영영히 빛을 보지 못하리로다" (49:18).

돈으로 사람이 할 수 있는 것은 자기를 위하여 축하를 하며 사람들의 칭찬을 듣는 것입니다. 왜냐하면 돈을 주면 사람들이 시키는 대로 하기 때문입니다. 그러나 그들은 결국 조상들처럼 죽을 수밖에 없습니다. 그래서 이 세상에서 하나님께서 나를 가난하게 하시고 오직 하루하루 하나님을 의지하며 살게 하시는 것은, 나를 사랑하지 않는 것이 아닙니다. 바로 그렇게 사는 것이 복된 것입니다. 이 세상에서 너무 많은 것을 가지고 있으면 아까워서 어떻게 죽겠습니까?

우리가 이 세상에 살면서 귀한 믿음을 지키는 것도 소중한 일입니다. 그런데 우리가 또 해야 할 것이 있습니다. 그것은 다른 사람들을 많이 사랑하는 것입니다. 이것이 우리의 믿음인 것입니다. 그래서 이 세상에서 한평생 살면서 남을 사랑할 줄 모르고 자기 욕심만 위하여 산 사람들은 짐승들의 영혼처럼 멸망할 수밖에 없습니다. 그러나 존귀한 자아상을 회복하고 다른 많은 사람들로 하여금 자신의 영혼의 가치를 되찾게 해주는 사람은 영원한 복을 하나님 앞에서 누리게 될 것이며, 그것은 이 세상에서 누리지 못한 것과 비교할 수 없는 크나큰 복이 될 것입니다.

1-23

감사로 제사드리는 자

50.

전능하신 자 하나님 여호와께서 말씀하사
해 돋는 데서부터 해 지는 데까지 세상을 부르셨도다
온전히 아름다운 시온에서 하나님이 빛을 발하셨도다
우리 하나님이 임하사 잠잠치 아니하시니
그 앞에는 불이 삼키고 그 사방에는 광풍이 불리로다
하나님이 그 백성을 판단하시려고
윗 하늘과 아래 땅에 반포하여 이르시되
나의 성도를 내 앞에 모으라 곧 제사로 나와 언약한 자니라 하시도다
하늘이 그 공의를 선포하리니 하나님 그는 심판장이심이로다(셀라)
내 백성아 들을지어다 내가 말하리라 이스라엘아
내가 네게 증거하리라 나는 하나님 곧 네 하나님이로다
내가 너의 제물을 인하여는 너를 책망치 아니하리니
네 번제가 항상 내 앞에 있음이로다
내가 네 집에서 수소나 네 우리에서 숫염소를 취치 아니하리니
이는 삼림의 짐승들과 천산의 생축이 다 내 것이며
산의 새들도 나의 아는 것이며 들의 짐승도 내 것임이로다
내가 가령 주려도 네게 이르지 않을 것은
세계와 거기 충만한 것이 내 것임이로다
내가 수소의 고기를 먹으며 염소의 피를 마시겠느냐
감사로 하나님께 제사를 드리며
지극히 높으신 자에게 네 서원을 갚으며
환난 날에 나를 부르라 내가 너를 건지리니 네가 나를 영화롭게 하리로다
악인에게는 하나님이 이르시되 네가 어찌 내 율례를 전하며
내 언약을 네 입에 두느냐 네가 교훈을 미워하고 내 말을 네 뒤로 던지며
도적을 본즉 연합하고 간음하는 자와 동류가 되며
네 입을 악에게 주고 네 혀로 궤사를 지으며
앉아서 네 형제를 공박하며 네 어미의 아들을 비방하는도다
네가 이 일을 행하여도 내가 잠잠하였더니
네가 나를 너와 같은 줄로 생각하였도다 그러나 내가 너를 책망하여
네 죄를 네 목전에 차례로 베풀리라 하시는도다
하나님을 잊어버린 너희여 이제 이를 생각하라
그렇지 않으면 내가 너희를 찢으리니 건질 자 없으리라
감사로 제사를 드리는 자가 나를 영화롭게 하나니
그 행위를 옳게 하는 자에게 내가 하나님의 구원을 보이리라

The Mighty One, God, the Lord,
speaks and summons the earth
from the rising of the sun to the place where it sets.
From Zion, perfect in beauty, God shines forth.
Our God comes and will not be silent;
a fire devours before him, and around him a tempest rages.
He summons the heavens above,
and the earth, that he may judge his people:
"Gather to me my consecrated ones,
who made a covenant with me by sacrifice."
And the heavens proclaim his righteousness,
for God himself is judge. Selah
"Hear, O my people, and I will speak,
O Israel, and I will testify against you:
I am God, your God.
I do not rebuke you for your sacrifices
or your burnt offerings, which are ever before me.
I have no need of a bull from your stall
or of goats from your pens, for every animal of the forest is mine,
and the cattle on a thousand hills.
I know every bird in the mountains,
and the creatures of the field are mine.
If I were hungry I would not tell you,
for the world is mine, and all that is in it.
Do I eat the flesh of bulls or drink the blood of goats?
Sacrifice thank offerings to God, fulfill your vows to the Most High,
and call upon me in the day of trouble;
I will deliver you, and you will honor me."
But to the wicked, God says:
"What right have you to recite my laws
or take my covenant on your lips?
You hate my instruction and cast my words behind you.
When you see a thief, you join with him;
you throw in your lot with adulterers.
You use your mouth for evil and harness your tongue to deceit.
You speak continually against your brother
and slander your own mother' s son.
These things you have done and I kept silent;
you thought I was altogether like you.
But I will rebuke you and accuse you to your face.
"Consider this, you who forget God,
or I will tear you to pieces, with none to rescue:
He who sacrifices thank offerings honors me,
and he prepares the way so that I may show him the salvation of God."

이방인들은 신은 '달래야 하는 존재' 라는 잘못된 생각을 가지고 있었습니다. 사람들의 무관심에 대하여 신은 자주 노여워하기 때문에 제때 제때 성의를 다한 제사를 드려야 해코지를 하지 않는다는 것입니다.

이것은 마치 요즘 여러 가정에서 경험하고 있는 노인 문제와 비슷합니다. 노인들은 가정에서 소외감을 느끼기 쉽습니다. 그런데 젊은 자녀들이 노인들을 무시하고 자기 중심적으로 모든 것을 끌고 나가면 노인들은 언짢아 합니다. 그래서 젊은 사람들은, 노인들이 언짢아 하지 않게 하려면 잘 달래야 한다고 생각합니다. 그러나 진정으로 부모님을 공경한다면 부모님을 달랜다는 생각을 가져서는 안 됩니다. 그것은 도리어 부모님을 무시하고 업신여기는 것입니다. 자녀는 마땅히 부모님의 말씀에 귀를 기울이고 부모님의 말씀을 공경하는 것이 옳습니다.

그런데 문제는 이스라엘 백성이 하나님에 대하여 이와 같은 잘못된 생각들을 가지고 있었던 것입니다. 이스라엘 백성들은, 그들이 소홀하게 대하면 서운해서 복을 주시지 않고 재앙을 내리는 분 정도로 하나님을 생각했습니다. 그래서 그들은 양적으로 많은 제사를 드리면 하나님께서 만족하실 것이라고 생각했고 그래서 그런 형식적인 제사를 많이 드렸습니다.

이제 하나님께서는 온 세상을 소집한 가운데 자기 백성들을 재판하십니다. 하나님께서 이스라엘 백성들을 재판하시는 내용은, 그들이 실제 생활 가운데서 하나님의 말씀을 무시하고 불법의 생활을 하면서도 제사만 많이 드리면 하나님께서 눈 감아주시리라고 생각한 것에 대한 것입니다. 하나님께서는 이스라엘 백성들에게 제사와 생활은 분리될 수 없는 하나이며, 바른 순종이 없는 제사는 결코 하나님을 기쁘시게 하지 못하고 그들의 죄를 사하지 못할 것이라고 말씀하고 있습니다. 하나님께서는 하나님을 달래는 제사를 원하시는 것이 아니라 진정으로 하나님께 감사를 드리고 하나님의 말씀에 귀기울이는 제사를 원하신다고 말씀하십니다.

하나님의 소환

하나님께서는 온 세상을 하나님 앞에 소환하십니다. 그것은 재판을 열기 위해서입니다.

> "전능하신 자 하나님 여호와께서 말씀하사 해 돋는 데서부터 해 지는 데까지 세상을 부르셨도다"(50:1).

오늘 본문에는 하나님의 정식 명칭이 소개되고 있습니다. '전능하신 자 하나님 여호와'라고 말씀하고 있습니다. 이는 이번의 소환이 개인적인 권면이나 충고를 하기 위한 만남이 아니라 공식적인 소집이라는 것을 나타내기 위한 것입니다.

군사 재판을 보면 재판장들은 모두 번쩍번쩍하는 계급장을 달고 정복을 입고 재판에 임합니다. 특히 장성급 군인들이 죄를 지었을 때에는 재판장들이 모두 계급이 높은 장성들이기 때문에 재판장에는 별 계급장이 가득하게 됩니다. 이렇게 정복을 착용하는 것은 일체 개인적인 사정은 허용하지 않으며 모든 것을 법대로 처리하겠다는 뜻입니다.

하나님께서 보통 이스라엘 백성들을 만나실 때에는 개인적인 친분관계로 만나실 때가 많았습니다. 바로 이것이 이스라엘의 영광이요, 축복입니다. 이스라엘 백성들이 언제 어디서나 하나님 앞에 나아갈 수 있고 하나님의 은혜를 받을 수 있는 것은, 그들이 하나님과 가족 관계에 있기 때문입니다. 아들이 아버지를 만날 때는 아버지가 정복을 입고 있을 때가 아닙니다. 자녀들은 부모님이 파자마 차림으로 있을 때나 일상복 차림으로 있을 때도 얼마든지 만나서 사적인 대화를 많이 나눌 자격이 있습니다. 오히려 그렇게 하지 않으면 자녀들은 불평을 하거나 떼를 쓸 것입니다.

그러나 오늘 본문에서 하나님께서는 공식적으로 이스라엘 백성들을 부르십니다. 그렇게 하시는 이유는, 하나님께서 더이상 이스라엘 백성들을 자녀나 가족으로 대하는 것이 아니라 이제 공식적인 관계에서 따질 것은 따지고 책망할 것은 책망하시겠다는 것입니다.

하나님께서 '해 뜨는 데서부터 해 지는 데까지' 세상을 부르셨다는 것은 온 세상을 소집하셨고 이스라엘에 관심을 가지게 하셨다는 뜻입니다. 하나님께서 굳이 좋은 일도 아닌데 온 세상을 부르시는 이유가 무엇일까요? 그 이유는 이스라엘 백성들이 잘못한 것은 온 세상이 알아야 할 일이기 때문입니다. 만일 하나님께서 자녀들이 잘못한 것을 쉬쉬하면서 덮고 지나간다면 온 세상 사람들이 하나님을 편파적인 분으로 오해할 것입니다. 그래서 지금까지 이스라엘 백성들이 하나님에 대하여 오해하게 만든 것들을 온 세상 사람들이 보는 앞에서 낱낱이 따져서 밝히시겠다는 것입니다.

우리가 알아야 할 것은, 세상 부모들은 자기 자녀들이 죄를 지으면 쉬쉬하면서 감추려고 하지만 하나님께서는 그렇게 하시지 않으신다는 점입니다. 하나님께서는 자신의 거룩하신 이름이 먹칠을 당하고 자신의 거룩하심이 손상당하시는 일이 있더라도 자기 백성들의 죄를 드러내실 것은 드러내시고 심판하실 것은 심판하시는 하나님이십니다. 그래야 하나님께서 세상도 공정하게 심판하실 수 있기 때문입니다.

그래서 하나님의 종들이나 하나님의 백성들이 숨어서 죄를 지었을 때 이미 하나님의 이름은 먹칠을 당했다는 것을 알아야 합니다. 그래서 하나님께서 세상을 소환하시기 전에 눈물 콧물 흘리면서 회개를 해야 합니다. 그러면 자기도 살고 하나님의 이름도 손상당하지 않습니다. 그러나 하나님을 속이려고 가만히 있으면 결국 온 세상이 뒤집어지는 수치를 한번 당하게 되는 것입니다.

"온전히 아름다운 시온에서 하나님이 빛을 발하셨도다 우리 하나님이 임하사 잠잠치 아니하시니 그 앞에는 불이 삼키고 그 사방에는 광풍이 불리로다" (50:2~3).

지금까지 하나님께서 너무나도 잠잠하게 계셨기 때문에 이스라엘 백성들은 하나님을 병든 노인 정도로 생각했습니다. 그래서 하나님을 성전에 가두어놓고 실제 생활은 자기 마음대로 주물럭거리면서 온갖 부정을 다 저질렀던 것입니다. 그러면서도 이스라엘 백성들은 제사를 드릴 때는 가장 좋은 옷을 입고 신앙이 좋은 것처럼 눈물을 흘리면서 제사를 드렸습니다. 그들이 이렇게 한 이유는 그렇게라도 해야 하나님께서 잠잠하게 계신다고 생각했기 때문입니다.

그러나 하나님은 이스라엘 백성들이 생각하는 것보다 엄청나게 큰 분이셨습니다. 하나님께서 시온에서 빛을 한 번 발하시니까 온 세상이 다 환해졌습니다. 다시 말해서 그 앞에서 어떤 죄도 감출 수 없는 빛으로 나타나셨고 하나님께서 말씀을 하시니까 불이 일어나고 광풍이 불었습니다. 물론 이것은 비유적인 표현입니다. 하나님께서 이스라엘 자손들에게 엄청난 재앙을 내리신 것입니다. 그 재앙이 외적의 침략인지 아니면 엄청난 자연 재해인지 알 수는 없지만 온 세상이 예루살렘을 주목할 수밖에 없는 그런 엄청난 사건이었습니다.

얼마 전에 아프리카 콩고에서 화산이 폭발하여 온 동네가 용암에 뒤덮이고 나무들이 다 불에 탔습니다. 이런 엄청난 사건이 한번 터지면 온 세계가 관심을 가지지 않을 수가 없습니다. 하나님께서는 이스라엘 백성들에게도 이런 엄청난 사건이 일어나게 하셨습니다. 큰 홍수나 재해가 일어나서 수백 명씩 흙더미에 깔려 죽는 일이 일어났든지 아니면 생각지도 못한 적의 공격으로 수많은 사람들이 죽임을 당하든지 하는 일이 일어났던 것입니다. 그런데 그 피해가 얼마나 큰지 해 뜨는 데서 해 지는 데까지 온 세상이 관심을 가지지 않을 수 없었고 그 결과 그 동안 이스라엘 안에 숨어 있었던 모든 비리들이 다 드러나게 된 것입니다.

> "하나님이 그 백성을 판단하시려고 윗 하늘과 아래 땅에 반포하여 이르시되 나의 성도를 내 앞에 모으라 곧 제사로 나와 언약한 자니라 하시도다 하나님이 그 공의를 선포하시리니 하나님 그는 심판장이심이로다"(50:4~6).

여기서 '윗 하늘 아래 땅' 이라는 것은 모든 것을 철저하게 파헤쳐서 조금도 의혹의 여지가 없게 하겠다는 것입니다. 아무리 비리를 땅속에 감추거나 하늘 위에 숨겨놓아도 하나님께서는 모두 찾아내셔서 온 세상이 다 알게 하시겠다는 뜻입니다.

그러면 이스라엘 백성들은 하나님 앞에서 어떤 자들입니까? '제사로 하나님과 언약한 자들' 입니다. 여기서 중요한 것이 '제사로 언약한 것' 이 무엇이냐 하는 점입니다. 하나님께서 이스라엘 백성들과 언약한 것은 다른 것이 아니고 '평화의 언약' 입니다. 그들이 하나님 앞에서 어떤 죄를 지었다 하더라도 하나님 앞에 회개하고 나아오며 모세의 정한 제사를 드리면 하나님께서 이스라엘 백성들에게 진노하시지 않고 그들의 모든 허물을 용서하시겠다는 언약입니다.

죄는 우리를 하나님과 원수 되게 합니다. 그러나 바로 이 제사가 있기 때문에 원수가 되지 않고 언제나 화평할 수 있는 것입니다. 그뿐만 아니라 거기서 한 걸음 더 나아가서 이스라엘 백성들이 다른 이방 백성들을 위하여 제사를 드리고 기도하면 하나님께서 그 이방인들의 죄악까지 용서해 주시겠다고 하셨습니다. 이것이 평화의 언약이고, 레위의 언약이며, 제사장의 언약입니다.

그런데 이스라엘 백성들의 잘못은 바로 이 평화의 언약을 깨뜨린 것이며 제사장직을 더럽힌 것입니다. 이것은 엄청난 대형 사고입니다. 하나님은 마치 원자로와 같은 분이십니다. 하나님은 '소멸하는 불' 이십니다. 재앙은 진노하시는 하나님에게서 옵니다. 이 레위의 언약은 하나님의 진노를 축복으로 바꾸는 언약입니다. 마치 많은 사람을 살상하는 원자력을 전기와 같은 에너지로 바꾸는 것과 같습니다. 그런데 이스라엘 백성들이 원자로를 거짓 되게 다루는 바람에 실제로 체르노빌 사고처럼 방사능이 새고 있는 것입니다.

사람들의 죄가 사하여지지 않고 하나님의 진노가 계속 증가되고 있는데, 그 이유는 바로 이스라엘 백성들의 거짓된 예배에 있다는 것입니다. 이 세상에서 이스라엘의 가장 중요한 사명이 하나님의 진노를 막는 제사장의 사명입니다. 그런데 그들이 거짓된 예배를 드림으로 모든 사람들이 다 망하게 되었던 것입니다.

이스라엘 백성들의 잘못된 제사

이스라엘 백성들이 잘못 생각한 것은 양적으로 많은 제사를 드리면 하나님께서 좋아하실 줄로 오해한 것입니다.

"내 백성아 들을지어다 내가 말하리라 이스라엘아 내가 네게 증거하리라 나는 하나님 곧 네 하나님이로다"(50:7).

여기서 하나님께서는 이스라엘 백성들에게 아주 강조해서 말씀을 하십니다. "내 백성아 들을지어다."라고 하시면서 "내가 말하리라. 내가 네게 증거하리라."라고 하십니다. 이것은 지금 할 말씀이 하나님께서 너무나도 하고 싶으셨던 말씀이고 이스라엘 백성들의 생사를 결정하는 중요한 문제라는 뜻입니다.

"내가 너희 제물을 인하여는 너를 책망치 아니하리니 네 번제가 항상 내 앞에 있음이로다"(50:8).

하나님께서는 제사의 제물로는 이스라엘 백성들을 책망할 필요를 느끼지 못하셨습니다. 왜냐하면 그들은 항상 좋은 제물을 넘치게 하나님께 바쳤고 성전에는 제물이 떨어질 때가 없었기 때문입니다. 어떻게 보면 하나님이 정신을 차리시지 못할 정도로 많은 제사를 드렸는지도 모릅니다.

그러면 무엇이 문제입니까? 문제는, 이스라엘 백성들이 하나님을 잘못 생각한 것입니다. 그들은 제사를 잘못 생각했습니다. 그저 제물을 많이 바치면 하나님이 기뻐하신다고 생각했습니다. 그러나 하나님께서 원하신 것은 통회하는 상한 심령이었습니다. 제사는 양이 중요한 것이 아니고 믿음이 중요한 것이라는 것입니다.

하나님께서는 이스라엘 백성들의 수소나 숫염소를 원하신 것이 아닙니다. 이 세상에 있는 모든 수소나 숫염소는 하나님이 만드신 것이기 때문에 굳이 하나님이 이스라엘 백성들의 수소나 숫염소를 요구할 이유가 없습니다.

"내가 네 집에서 수소나 네 우리에서 숫염소를 취치 아니하리니 이는 삼림의 짐승들과 천산의 생축이 다 내 것이며 산의 새들도 나의 아는 것이며 들의 짐승도 내 것임이로다"(50:9~11).

만일 하나님께서 소나 염소가 필요하셨다면 무엇 때문에 이스라엘 백성들이 가지고 있는 소나 염소를 잡으라고 하시겠습니까? 산이나 들에 널려 있는 소나 염소가 다 하나님의 것인데 그것을 바로 잡으시면 되지 굳이 이스라엘 백성들이 재산으로 가지고 있는 것 중에서 내놓으라고 할 이유가 없을 것입니다. 하나님은 수소나 숫염소가 전혀 필요치 않으신 분이십니다.

"내가 수소의 고기를 먹으며 염소의 피를 마시겠느냐"(50:13).

이스라엘 백성들은 하나님께서 정말 피를 좋아하신다고 생각했습니다. 염소의 피를 흘리면 그 피를 꿀꺽꿀꺽 마신다고 생각했고, 그들이 고기를 태우면 하나님께서 고기를 먹는다고 생각했습니다. 다시 말해서 하나님께서 육식을 아주 좋아하시며 피를 아주 끔찍이도 좋아하신다고 생각한 것입니다.

그러나 하나님께서는 이스라엘 백성들의 죄 때문에 죽는 짐승들 하나 하나가 그렇게 아까울 수가 없으셨습니다. "산의 새도 내가 아는 것이며 들의 짐승도 내 것이로다." 하나님은 짐승들이 죽는 것을 좋아하시는 하나님이 아니시고 안타까워하시고 아까워하셨습니다.

아이들은 자기가 좋아하는 개가 병들어 죽으면 큰 충격을 받습니다. 또 어른들도 자기가 키우는 새가 물려 죽거나 하면 매우 가슴 아파할 것입니다. 그런데 이스라엘 백성들이 바치는 그 모든 짐승들은 하나님께서 다 아끼시는 것이고 다 아는 짐승들이었습니다. 하나님은 "누구네 집 점박이가 죽는구나. 이번에는 검둥이가 죽고 이번에는 누렁이가 죽는구나." 하십니다. 하나님은 절대로 그 짐승들이 죽는 것을 기분 좋아하시는 분이 아니십니다.

그러면 왜 짐승들을 죽이게 하십니까? 이스라엘 백성들도 그만큼 마음 아파하라는 것입니다. '내 죄 때문에 이 아까운 소가 고통스럽게 죽어야 하는구나. 소야, 정말 미안하다. 다음부터는 정말 내가 죄를 짓지 않을게. 그래서 억울하게 죽는 소가 없도록 할게.' 라는 마음을 가지도록 하기 위한 것입니다.

그런데 이스라엘 백성들은 제사드리는 소를 하나님께 바치는 뇌물 정도로 생각했습니다. '이번에 소 한 마리를 바쳤으니까 하나님께서 열 마리의 복을 주시겠지.' 라는 생각으로 자꾸 하나님께 소를 바치고 염소를 바쳤습니다.

하나님께서 원하신 제사가 무엇입니까?

"감사로 하나님께 제사를 드리며 지극히 높으신 자에게 네 서원을 갚으며" (50:14).

하나님께서는 죄 용서에 대하여 진심으로 감사드리는 제사를 원하셨습니다. 이 세상에서 죄를 용서받는 것보다 더 큰 복이 어디에 있습니까? 죄 용서가 없으면 언젠가는 하나님의 무서운 진노의 심판을 받아야 합니다.

요즘 우리가 신문을 보면 몇 년 전에 지은 죄 때문에 검찰에 불려가는 고위직 사람들을 보게 됩니다. 몇 년 전에 뇌물을 먹었어도 용서받지 못하면 검찰에 불려가서 심문을 받고 재판을 받아야 하는 것입니다. 하지만 일단 용서를 받으면 다시는 심문도 받지 않고 조사도 받지 않습니다. 그리고 재판도 받지 않습니다. 우리가 믿음의 제사를 드리면 그 뒤에는 심문도 없고 심판도 없습니다.

이것은 마치 암 같은 병이 치료되는 것과 같습니다. 사람이 암에 걸리면 살기 어렵습니다. 그런데 그 불치의 병이 치료되어 다시 살 수 있게 되면 얼마나 감사합니까? 아마 그 은혜는 죽을 때까지 잊지 못할 것입니다. 그래서 하나님께서는 그 감사한 마음을 하나님께 바치고 또 서원으로 하나님께 드리는 것을 좋아하십니다. 하나님께서는 우리가 의미를 알고 드리는 예배를 기뻐 받으십니다.

여기 '서원' 이 무엇입니까? 하나님의 은혜가 너무 고마워서 자기 스스로 어떤 의무를 지는 것을 말합니다. 남을 위하여 봉사를 하든지 아니면 헌금을 바치는 것이 서원입니다. 그런 사람에 대하여 어떤 약속을 하십니까?

"환난 날에 나를 부르라 내가 너를 건지리니 네가 나를 영화롭게 하리로다" (50:15).

죄 용서받은 것을 늘 감사하며 사는 사람들의 부르짖는 소리를 하나님께서 들어주십니다. 그래서 한 번의 죄 용서로 끝나는 것이 아니라 위기가 와서 하나님께 부르짖으면 하나님께서 위험에서 건져주십니다. 그래서 그들은 더 큰 영광을 하나님께 돌려드리는 것입니다. 그래서 하나님께서는 회개가 있고 감사가 있는 예배를 원하십니다.

의롭지 않은 생활들

진정으로 하나님의 은혜를 받은 사람은 생활을 통하여 그 열매가 나타나야 합니다. 그들은 하나님의 무서운 진노에서 벗어났기 때문에 다시는 같은 죄에 빠질 수가 없을 것입니다. 그런데 이스라엘 백성들은 예배를 드린 후에 달라진 것이 없었습니다.

"악인에게는 하나님이 이르시되 네가 어찌 내 율례를 전하며 내 언약을 네 입에 두느냐"(50:16).

여기서 하나님께서는 이스라엘 백성들을 '악인'이라고 부르십니다. 그들이 어떻게 하나님의 말씀을 입에 담고 남을 가르칠 수 있느냐고 책망하십니다. 왜냐하면 그들이 남들에게 가르치는 그 모든 말씀들이 결국은 다 자기를 저주하는 말씀들이 되기 때문입니다. 즉 말씀대로 살지 않는 사람은 엉터리 말씀을 가르칠 수밖에 없습니다. 그러니까 자꾸 하나님의 말씀을 약화시키고 변질시키는 것입니다. 하나님의 말씀은 회개하는 자에게는 한없이 자비롭지만 죄를 숨기고 감추는 자에게는 그렇게 무시무시할 수가 없습니다. 그러니까 악한 제사장들은 하나님의 말씀을 자꾸 뒤로 감춥니다.

이스라엘 백성들이 무엇 때문에 제사를 드립니까? 죄를 씻음받고 말씀을 듣기 위해서 제사를 드리는 것입니다. 그러나 제사장들이 하나님의 말씀을 있는 그대로 전하지 못합니다. 그 이유는 자기들이 말씀대로 살지 않기 때문입니다. 부메랑 효과가 두려운 것입니다. 자기가 외치는 말씀이 자기 얼굴을 후려치고 자기를 저주할까 두려운 것입니다.

모든 이스라엘 백성들은 말씀을 받는 자들입니다. 그러나 그들은 제사로 죄에서 씻음받지 못했기 때문에 말씀을 바로 들을 수가 없었습니다.

"네가 교훈을 미워하고 내 말을 네 뒤로 던지며 도적을 본즉 연합하고 간음하는 자와 동류가 되며 네 입을 악에게 주고 네 혀로 궤사를 지으며 앉아서 네 형제를 공박하며 네 어미의 아들을 비방하는도다"(50:17~20).

하나님께 제사를 드리는 것은 말씀을 듣기 위해서입니다. 그러나 이스라엘 백성들은 제사를 드린 후에 말씀을 들으려고 하지 않습니다. 그들이 드린 제사는 하나님과의 관계를 회복하기 위한 제사가 아니기 때문입니다. 그저 그들은 제사를 드린 그것으로 끝났던 것입니다. 제사를 드린 후에 그들은 어떻게 합니까? 과거 자기들의 생활로 돌아갔습니다. 다른 사람들처럼 도둑질도 하고, 음란한 짓도 하고, 혀로 거짓말이나 저주의 말도 하였습니다. 그 이유가 무엇입니까? 자기 생활을 바꾸기를 원치 않았기 때문입니다. 그들은 자신들을 바꾸기 위하여 제사를 드린 것이 아니었습니다. 하나님께 좀 잘 봐달라고 제사를 드린 것입니다.

만일 어떤 마약 중독자가 의사에게 자기를 치료해 달라고 치료비를 내는 것이 아니라 마약 맞는 것을 잘 봐달라고 돈을 주었다면 그것은 의사를 자기 같은 범죄자로 만드는 것입니다. 하나님께서는 우리가 드리는 예물이 자신을 변화시켜 달라고 드리는 치료비이기를 바랍니다. 우리의 기도가 "제발 내 안에 있는 죄의 뿌리를 뽑아주셔서 새 사람으로 만들어주십시오."라는 간청이 되기를 바라는 것입니다. 그런데 그것이 잘 봐달라는 무마비가 된다면 하나님을 같은 범죄자로 끌어들이는 것이 됩니다.

"네가 이 일을 행하여도 내가 잠잠하였더니 네가 나를 너와 같은 줄로 생각하였도다 그러나 내가 너를 책망하여 네 죄를 네 목전에 차례로 베풀리라 하시는도다"(50:21).

우리가 죄를 지어도 하나님께서 잠잠히 계시는 것은, 우리 스스로 회개하고 나아오도록 하기 위해서이지 하나님께서 우리 죄에 동조하신다는 뜻이 아닙니다. 그런데 이스라엘 백성들은 아예 하나님께서 죄짓는 것을 승인하셨다고 선전까지 하고 다니면서 죄를 짓는 것입니다. 만약 하나님께서 계속 침묵을 지키시면 세상 사람들은 하나님이 시키셔서 이스라엘 백성들이 그렇게 못된 짓을 하는 줄 알 것입니다. 그래서 하나님께서 온 세상을 불러놓고 그들의 죄를 먼저 다 드러내셔서 수치를 주시는 것입니다.

하나님은 절대로 속지 않는 분이십니다. 그래서 누구든지 죄를 짓고 형통한 것은 절대로 형통한 것이 아닙니다. 어떤 사람들은 자기는 술이 세다고 큰 소리를 치는데 술이 센 것이 절대로 좋은 것이 아닙니다. 그대로 나가다가는 그 사람은 얼마 있지 않아서 간 질환에 걸릴 것입니다. 마찬가지로 죄를 짓고 성공하는 것은 이미 하나님께서 그를 버리신 것입니다.

> "하나님을 잊어버린 너희여 이제 이를 생각하라 그렇지 않으면 내가 너희를 찢으리니 건질 자가 없으리라"(50:22).

놀라운 것은 그렇게 많은 제사를 드리면서도 하나님을 잊을 수 있다는 것입니다. 그 이유는 말씀 없이 제사를 드렸기 때문입니다. 말씀이 없는 제사는 위선입니다. "이제 이를 생각하라."라고 하셨습니다. 그것은 그런 믿음 없는 제사가 자기를 건지지 못하고 다른 사람들에게도 도움이 되지 않는다는 것을 생각하라는 뜻입니다. 가장 어리석은 사람은 안전하지 않은 것을 안전하다고 믿는 사람입니다. 무너질 다리를 건너는 사람이 어리석습니다. 하나님은 그들을 도울 생각이 없는데 그들은 도와주시리라고 생각합니다.

하나님의 결론이 무엇입니까?

"감사로 제사를 드리는 자가 나를 영화롭게 하나니 그 행위를 옳게 하는 자에게 내가 하나님의 구원을 보이리라"(50:23).

우리의 예배에는 사죄의 은총에 대한 감사가 있어야 합니다. 다시 살게 하신 하나님께 대한 헌신이 있어야 합니다. 그런 사람을 하나님께서 위기에서 건지시며 하나님께 영광을 돌리게 하실 것입니다.

1-9

나의 죄를 씻기소서

51-1.

하나님이여
주의 인자를 좇아 나를 긍휼히 여기시며
주의 많은 자비를 좇아 내 죄과를 도말하소서
나의 죄악을 말갛게 씻기시며
나의 죄를 깨끗이 제하소서
대저 나는 내 죄과를 아오니
내 죄가 항상 내 앞에 있나이다
내가 주께만 범죄하여
주의 목전에 악을 행하였사오니
주께서 말씀하실 때에 의로우시다 하고
판단하실 때에 순전하시다 하리이다
내가 죄악 중에 출생하였음이여
모친이 죄 중에 나를 잉태하였나이다
중심에 진실함을 주께서 원하시오니
내 속에 지혜를 알게 하시리이다
우슬초로 나를 정결케 하소서 내가 정하리이다
나를 씻기소서 내가 눈보다 희리이다
나로 즐겁고 기쁜 소리를 듣게 하사
주께서 꺾으신 뼈로 즐거워하게 하소서
주의 얼굴을 내 죄에서 돌이키시고
내 모든 죄악을 도말하소서

Have mercy on me, O God,
according to your unfailing love;
according to your great compassion
blot out my transgressions.
Wash away all my iniquity
and cleanse me from my sin.
For I know my transgressions,
and my sin is always before me.
Against you, you only, have I sinned
and done what is evil in your sight,
so that you are proved right when you speak
and justified when you judge.
Surely I was sinful at birth,
sinful from the time my mother conceived me.
Surely you desire truth in the inner parts;
you teach me wisdom in the inmost place.
Cleanse me with hyssop, and I will be clean;
wash me, and I will be whiter than snow.
Let me hear joy and gladness;
let the bones you have crushed rejoice.
Hide your face from my sins
and blot out all my iniquity.

사소한 벌금형을 받은 사람들의 전과 기록을 깨끗하게 지우겠다는 정부의 발표가 얼마 전 있었습니다. 자신이 지은 죄의 기록이 깨끗이 지워진다는 것은 대단히 중요한 일입니다. 그런데 하나님은 죄인들의 기록을 말소할 수 있는 분이십니다.

우리 사회에서 사소한 죄를 지은 사람은 경찰서 유치장으로 바로 끌려 들어가지만 유명한 사람이 죄를 지으면 신문에 대문짝만하게 사진이 나오고 큰 글자로 그의 죄목이 발표됩니다. 죄가 발표되면 그 사람은 한순간에 모든 존경과 명성을 잃고 사람들의 손가락질을 받으며 수군거림의 대상이 됩니다. 그때부터는 치욕의 나날이 계속되며 아무것도 변명할 말이 없습니다. 그래서 죄인은 다른 사람들에게 할 말도 없고 또 말을 해서도 안 됩니다. 유명한 사람들이 죄를 지었을 때 할 수 있는 유일한 말은 "사회에 물의를 일으켜서 죄송합니다."라는 말뿐일 것입니다.

그런데 하나님의 백성들은 아무리 무서운 죄에 빠져 있어도 말할 수 있습니다. 그것은 성도들만 가진 특권으로서 하나님의 인자하심에 호소하는 것입니다. 성도들에게는 하나님의 인자하심이 있습니다. 하나님의 인자하심은 우리를 죄에서 건져낼 뿐 아니라 지은 죄도 없는 것으로 지울 수 있는 능력을 가지고 있습니다. 그리고 하나님의 인자하심은 너무나도 강해서 그들이 지옥 한가운데 있다 해도 끌어올릴 수 있으며, 용서받을 수 없는 죄악에 빠졌다 하더라도 구해낼 수가 있습니다.

어느 잠수부가 몸에 밧줄을 감고 깊은 물 속에 들어갔다고 합시다. 그가 아무리 깊은 바다에 들어갔다 하더라도 밧줄만 몸에 감고 있으면 살 수 있습니다. 그 줄을 당기기만 하면 그를 끌어낼 수가 있는 것입니다. 마찬가지로 성도들은 몸에 다 밧줄을 하나씩 감고 있는데 그 밧줄 이름이 '하나님의 인자하심' 입니다.

오늘 본문의 표제는 '다윗이 밧세바와 동침한 후에 나단 선지자가 찾아와서 책망했을 때 지은 시'로 되어 있습니다. 다윗이 지은 죄는 하나님의 백성으로서는 도저히 용납될 수 없는 죄이며 그는 지옥의 심판을 면할 수가 없습니다. 그런데 다윗은 하나님의 인자하심을 붙들고 철저히 회개했으며 그 결과 죄 용서를 받았고 하나님 앞에 새로운 직분을 받게 되었습니다.

하나님의 인자

아마 이 세상에서 가장 무서운 죄를 짓고 난 후에 그 죄를 무효로 해달라고 큰 소리를 칠 수 있는 사람은 아무도 없을 것입니다. 그러나 다윗은 그렇게 하고 있습니다. "나의 죄과를 도말하소서. 나의 죄악을 말갛게 씻기소서."라고 당당하게 요구하고 있습니다. 다윗은 어떻게 그런 무서운 죄를 짓고도 죄가 없는 것으로 해달라고 기도할 수 있습니까?

> "하나님이여 주의 인자를 좇아 나를 긍휼히 여기시며 주의 많은 자비를 좇아 내 죄과를 도말하소서 나의 죄악을 말갛게 씻기시며 나의 죄를 깨끗이 제하소서"(51:1~2).

다윗이 밧세바를 범한 것은 하나님 나라의 스캔들 중에는 최고의 스캔들입니다. 그리고 그가 그 죄에 빠졌을 때 그는 이미 성도의 자격을 박탈당해 버렸기 때문에 더이상 왕의 자격이 없었습니다. 어떻게 생각해 보면 다윗이 지은 죄는 사울이 지은 죄보다 더 무서운 죄입니다. 사울은 아말렉의 소나 양을 죽이지 않고 끌고 온 죄로 하나님께 버림을 받았지만, 다윗은 남의 아내를 범했고 자기 신하를 죽게 했습니다. 이 죄는 도저히 용서받을 수 없는 죄입니다.

그런데 다윗은 하나님의 인자에 호소하면서 자기 죄를 다 지워달라고 간청하고 있습니다. 여기서 '인자'라고 하는 것은 죄인에 대하여 하나님께서 한없이 불쌍히 여기시는 마음을 말합니다. 그래서 하나님께서 죄인을 그냥 멸망하도록 내버려두시지 않고 하나님의 책임하에 멸망에서 건져내시는 것을 말합니다. 그 대신 반드시 그 책임을 하나님이 지셔야 합니다. 왜냐하면 죄에 대하여는 공짜라는 것이 없기 때문입니다. 인자는 마치 대통령의 사면권과 같습니다. 그러나 사면권과 좀 다른 면이 있는데, 사면권은 대통령이 그 죄에 대하여 개인적으로 책임을 지지는 않습니다. 그러나 하나님은 자신의 책임하에 죄인을 용서하십니다.

여기서 우리는 몇 가지 사실에 놀라게 됩니다. 첫째는, 다윗이 얼마나 신앙이 좋은 사람입니까? 그런데 그가 불신자들도 저지르지 않는 유부녀와의 간통죄를 저질렀을 뿐 아니라 죄를 은폐하기 위하여 그 여자의 남편인 신하를 적의 손에 죽게 하는 죄를 지은 것입니다. 그런데 둘째로 더 놀라게 되는 것은, 이런 무서운 죄를 지은 죄인이 죄가 다 들통나게 되었는데도 어떻게 하나님 앞에 인자를 구하면서 죄를 없는 것으로 해달라고 요구할 수 있느냐, 하는 것입니다.

우선 하나님의 종이 이 정도로 무서운 죄에 빠질 수 있었다는 것은 당장 한순간에 이루어진 일은 아닌 것입니다. 이것은 이미 다윗이 상당한 기간 하나님의 말씀에서 이탈하여 비정상적인 궤도를 달리고 있었음을 의미합니다. 이 엄청난 죄는 이미 그의 신앙이 비정상적인 상태에 있었음을 의미합니다.

유부녀와 간음하는 것은 하나님을 모르는 사람에게도 무서운 죄이며 더욱이 그 남편까지 죽인다는 것은 이미 그의 이름이 지옥에 등록

된 것과 같습니다. 이것은 이미 하나님 앞에서 용서받을 수 없는 죄가 저질러졌으며 큰 사건이 터진 것입니다.

그런데 하나님께는 피할 수 없는 책임이 하나 있습니다. 그것은 성도의 자격을 가진 자가 하나님께 용서를 부르짖을 때 하나님께서 그를 다시 용서해 주셔야 하는 책임입니다. 이것은 오직 하나님의 백성들에게만 해당되는 것입니다. 하나님의 백성들이 아무리 끔찍한 죄에 빠졌다 하더라도 하나님께 용서를 호소하면 용서해 주시고 다시 받아주셔야 합니다. 그것이 바로 하나님의 '인자' 입니다. 왜냐하면 처음에 하나님께서 성도들을 받아주실 때 바로 그들이 장차 지을 죄까지도 다 책임지시고 받아주셨기 때문입니다. 그래서 하나님의 백성들이 스스로 하나님을 버리지 않은 이상 하나님은 그들을 버리지 못하게 되어 있습니다.

그래서 하나님의 백성들은 비록 타락해서 인생 시궁창에 빠진다고 해도 다시 빠져나올 수 있습니다. 마치 몸에 굵은 동아줄이 매여 있는 것과 같습니다. 아무리 인생 밑바닥에 떨어져 있고 지옥 한복판에 떨어져 있어도 그 동아줄을 흔들면서 하나님의 이름을 부르면 하나님께서는 그를 반드시 끌어올리셔야 하는 것입니다.

'하나님의 인자' 는 어떤 강철보다 강해서 아무리 무서운 죄라 하더라도 끊을 수가 없습니다. 우리가 지옥 한가운데 떨어져 있어도 하나님의 인자는 능히 우리를 끌어낼 수가 있습니다. 예수를 믿는 것은 내 자신을 하나님의 인자라는 밧줄에 잡아매는 것입니다. 우리 믿는 사람들은 자기가 알든지 모르든지 간에 몸에 밧줄을 다 하나씩 감고 다니고 있습니다. 그래서 우리가 아무리 깊은 죄악의 웅덩이에 빠질지라도 하나님의 이름을 부르면 하나님께서 당겨주십니다. 그러나 얼마나 많은 사람들이 하나님 앞에 오기만 하면 구원받을 수 있는 길이 있다는 것을 알지 못하고 멸망으로 가고 있는지 모릅니다. 하나님께는 어떤 죄인도 죄에서 구원받을 수 있는 길이 있습니다.

내 죄를 도말하소서

여기서 우리에게 생기는 의문은 "이런 무서운 죄가 과연 '도말' 될 수 있을까?" 하는 것입니다. 다윗의 죄는 이미 저질러진 죄이고 이미 엎질러진 물인데 다시 없었던 것으로 할 수가 있습니까? 정말 이럴 수만 있으면 얼마나 좋겠습니까? 신문에 자신의 죄가 대문짝만하게 난 사람들이 원하는 것이 있다면 바로 이것일 것입니다. 그는 이렇게 생각할 것입니다. '제발 내가 지었던 이 죄악들이 현실이 아니고 꿈이었다면 얼마나 좋을까!' 그러나 어떻게 엎질러진 물을 다시 주워담을 수 있습니까?

대개 죄를 지었을 때 사람들이 가장 먼저 생각하는 것은 무엇일까요? '누가 알면 어떻게 하나?' 하는 두려움 속에 먼저 빠지게 됩니다. 일단 다른 사람이 알게 되면 그때부터는 얼굴을 들고 다닐 수가 없기 때문입니다. 그러나 사람들에게 알려지는 것보다 더 중요한 것이 있습니다. 그것은 하나님과의 관계입니다. 우리는 죄를 지었을 때 하나님 앞에서 이것을 바로 해결해야 합니다. 이것이 죄를 해결할 수 있는 바른 길입니다. 아무리 사람들 앞에 변명하고 설명을 해도 소용이 없습니다.

사실 다윗이 간음죄를 짓고 난 후 나단 선지가 방문할 때까지는 거의 일 년 가까운 시간이 흘렀습니다. 다윗이 회개할 때 간음으로 태어난 아기가 병에 걸려서 죽은 것을 통해 알 수 있습니다. 그런데 그 일 년 동안 사실 다윗은 하나님 앞에서 죽은 목숨이었습니다. 그는 몸만 이 땅에 있었지 사실 지옥이 정해진 사람이었습니다. 단지 사람들의 눈만 속이고 있을 뿐이었습니다. 이때 이미 다윗의 양심은 지옥에 가 있었습니다. 만약 이때 다윗이 죽었더라면 그는 분명히 지옥에 갈 수밖에 없었을 것입니다.

그런데 하나님은 다윗을 버리기 아까워하셨습니다. 그래서 하나님께서 먼저 찾아가셔서 다윗으로 하여금 죄를 토하게 하시고 철저하게 회개하게 하신 것입니다. 그래서 사람이 회개를 하는 것도 하나님이 은혜를 주셔야 할 수 있지 혼자 힘으로 되지 않습니다. 이상하게도 죄를 지은 사람은 마음이 더 강퍅해지고 완악해져서 자기 죄를 절대로 시인하지 않으려고 합니다. 그래서 우리가 죄를 자복하려면 하나님이 도와주셔야 합니다.

그러면 '죄가 도말된다'는 것이 하나님 앞에 나아와서 입으로 단 한 번 "하나님, 죄를 지어서 미안하고 죄송합니다."라고 하면 끝나는 것입니까? 아닙니다. 우선 자기가 지은 죄의 성격이 어떤 것인지 하나님 앞에서 철저하게 깨닫는 것이 필요합니다.

하나님께서는 다윗으로 하여금 자기가 지은 죄의 가증한 성격을 깨달을 수 있도록 도와주셨습니다. 이것이 다윗으로 하여금 침상이 썩도록 기도하도록 만들었습니다. 다윗이 가장 먼저 생각한 것이 무엇입니까? 밧세바는 우리야의 사랑하는 아내였고 우리야도 아름다운 아내와 행복하게 살 권리가 있습니다. 그의 아름다운 아내는 하나님께서 우리야에게 주신 선물이었습니다. 그리고 결코 우리야의 행복을 빼앗을 권리가 다윗에게는 없었습니다. 그뿐만 아니라 우리야는 다윗의 가장 충성스러운 신하 중의 하나였습니다. 우리야는 다윗을 절대적으로 신뢰했으며 목숨을 걸고 충성했습니다. 그런 신하의 아내를 범했다는 것이 얼마나 무서운 배신입니까? 다윗은 그것을 생각할 때 자기 자신이 얼마나 가증스러우며 사악한 자인지를 깨닫게 되었습니다.

게다가 다윗의 죄는 하나님의 사랑에 대한 큰 배신이었습니다. 하나님은 다윗에게 기름을 부으셔서 지극히 높은 하나님의 종을 삼으셨습니다. 그는 하나님의 대리자였습니다. 하나님은 다윗을 지극히 사랑하시고 다윗에게 모든 좋은 것을 다 주셨으며, 그가 다른 것을 더 요구했더라면 하나님은 얼마든지 더 들어주셨을 것입니다. 하나님께서 다윗에게 요구하신 것은 오직 하나, 죄만 짓지 말라는 것이었습니다. 그러나 다윗이 얼마나 교만했으면 그 한 가지 요구를 듣지 않았습니다. 하나님의 사랑과 신뢰를 짓밟고 하나님께 죄를 지었습니다. 다윗의 죄는 다윗을 그렇게 사랑하는 하나님의 얼굴에 먹칠을 하는 것이며, 하나님께 너무나도 큰 상처를 안겨드리는 것이었습니다. 이것을 생각하면 다윗은 죄를 지었던 자기 자신이 너무나도 가증스럽고 그렇게 혐오스러울 수가 없습니다.

그래서 우리는 자기가 지은 죄의 성질을 바로 깨달아야 하나님 앞에서 회개할 수 있습니다. 입에 발린 회개는 진정한 회개가 아닙니다. 회개는 가슴 저 깊은 곳에서 나와야 합니다. 그런데 놀랍게도 죄에 대하여 비통해하면 할수록 하나님께 대하여 죽어 있었던 사랑이 살아나기 시작합니다. 자신이 정말로 죄를 싫어하며 하나님을 사랑하고 있다는 사실을 분명히 깨닫습니다. 그때 하나님의 용서에 대한 소망과 확신이 생기게 되는 것입니다.

하나님께 회개한다는 것이 무엇입니까? 죄가 가지는 이 비통한 성격을 하나님께 눈물로 고백하고, 이 죄가 하나님과 사랑하는 사람들에게 안겨다준 상처를 아파하고, 이런 죄에 대한 자신의 태도를 바꾸어서 다시는 죄를 짓지 않을 곳으로 자신을 이동하는 것입니다. 즉 이탈했던 궤도에서 정상적인 궤도로 돌아와야 합니다. 그러면 하나님께서 그 죄를 도말하시고 죄가 없었던 것으로 인정하십니다. 하나님의 책임하에 모든 죄를 깨끗하게 지워주셔서 없었던 일로 해주십니다.

사실 다윗은 위험했습니다. 그는 여자를 보고 이상한 생각이 떠올랐던 바로 그때 하나님께 뛰어갔어야 합니다. 비록 그가 눈이 뒤집어져서 범죄하고 여자가 임신하게 되었을지라도 바로 그때나마 감추지 않고 무조건 하나님께 나아가서 몸부림치면서 회개를 했더라면 살인죄까지는 짓지 않았을 것입니다. 죄는 감추고 있으면 점점 더 곪아가게 되어 있습니다. 다윗이 회개한 시점은 거의 막차를 탄 것과 같다고 말할 수 있습니다. 그는 이미 떠나가는 마지막 회개의 열차에 올라타서 하나님의 용서를 받아낸 것입니다. 만약 다윗이 거기서 조금 더 늦었더라면 용서받지 못했을 것입니다. 그런데 하나님께서는 철저하게 자기 죄를 고백하고 나아오는 자의 죄를 씻어주십니다. 그것은 하나님께서 책임을 지십니다. 어떻게 책임을 지십니까? 십자가 위에서 한꺼번에 다 책임을 지십니다. 그래서 다윗에게도 그리스도가 필요했던 것입니다.

내가 주께만 범죄하여

"대저 나는 내 죄과를 아오니 내 죄가 항상 내 앞에 있나이다 내가 주께만 범죄하여 주의 목전에 악을 행하였사오니 주께서 말씀하실 때에 의로우시다 하고 판단하실 때에 순전하시다 하리이다"(51:3~4).

여기서 다윗은 '내가 주께만 범죄하여' 라고 말씀드리고 있습니다. 이것은 이 죄가 사람에게는 죄가 되지 않는다는 뜻이 아닙니다. 물론 다른 사람들에게도 큰 죄가 되는 것이며 사람들에게 알려지는 것도 두렵고 창피스럽습니다. 그러나 사람들은 두 번째 문제입니다. 하나님 앞에서 먼저 해결하는 것이 순서입니다. 많은 사람들이 죄에 빠졌을 때 자꾸 사람의 입을 막으려고 합니다. 그러나 그것은 죄를 해결하는 바른 방법이 아닙니다. 사람의 입을 막는다고 해서 죄가 가려질 수 있는 것도 아니고, 그렇게 하면 한 번은 어떻게 넘어갈 수 있을지 몰라도 그 죄는 결코 도말되지 않습니다. 그 죄가 언젠가는 그 사람을 찾아낼 것이며 또 똑같은 죄에 빠지게 되어 있습니다. 그러니까 죄를 지으면 무조건 하나님 앞에 나아와서 용서를 받아야 합니다. 하나님 앞에서 몸부림치면서 내 모든 죄를 다 고백하고 어떤 처벌도 다 받겠다고 하면서 모든 것을 하나님께 맡겨야 합니다.

그러면 하나님의 죄 용서를 확신할 수 있습니다. 먼저 기도하면서 그렇게 마음이 후련할 수가 없습니다. 십 년이나 이십 년 된 체증이 없어지는 것 같습니다. 그리고 양심이 죄책감에 억눌려 있다가 자유함을 얻게 되고 이제는 다른 사람의 비난이 두렵지 않습니다. 그리고 그후부터는 더이상 쫓기는 생활도 하지 않고, 하나님이 두렵지 않으며, 기도의 응답이 회복될 것입니다.

그래서 참으로 지혜로운 것이 무엇입니까? 사람의 생각으로는 들통나지 않고 그냥 넘어가는 것이 지혜로운 것 같지만 결코 그렇지 않습니다. 그렇게 되면 반드시 재발하기 때문입니다. 참으로 지혜로운 것은 지은 죄를 그대로 하나님께 가지고 가서 용서받는 것입니다.

"중심에 진실함을 주께서 원하시오니 내 속에 지혜를 알게 하시리이다"(51:6).

하나님의 지혜는 지은 죄를 하나님께 가지고 가면 해결받을 수 있다는 믿음을 가지는 것입니다. 죄를 감추고 사람의 눈을 속이려고 하는 것은 미련한 것입니다. 하나님께서는 중심의 진실함을 원하십니다. 그래서 지은 죄에 대하여 비통해하고 그럴 수밖에 없었던 자신을 미워하는 마음으로 나아올 때 하나님은 회개를 받으십니다.

그러면 하나님 앞에 지은 죄를 다 회개하고 나면 어떻게 됩니까? 법적인 책임은 없어지고 도의적인 책임은 남게 됩니다. 우리가 하나님 앞에 철저하게 회개하면 어떻게 됩니까? 일단 하나님 앞에서는 죄가 없었던 것이 됩니다. 하나님의 심판대 앞에 섰을 때에도 간음죄와 살인죄는 없는 것이 됩니다. "주께서 말씀하실 때 의로우시다 하며 판단하실 때에 순전하시다 하리이다." 이 말씀처럼 하나님 앞에서 우리의 진홍과 같이 붉은 죄가 깨끗하게 지워집니다.

인간에게 정말 무서운 것은 하나님의 심판대 앞입니다. 그 앞에서는 이 세상의 웬만한 의인들도 모두 강도나 파렴치범으로 나타나게 될 것입니다. 하나님의 보좌 앞에서는 티끌 같은 죄라도 그냥 넘어가는 법이 없습니다. 그러나 하나님 앞에 회개한 양심은 깨끗합니다. 하나님께서 '죄 없음' 이라고 판단하실 것입니다. 그리고 어떤 천사나 어떤 사탄의 세력도 우리의 죄를 다시 들추어내지 못할 것입니다. 우리는 죄가 없는 것입니다.

그러나 이 세상에 살면서 우리에게 남는 것이 있습니다. 즉 이 세상에서 자신의 신하나 다른 사람들에 대한 도의적인 책임이 남게 됩니다. 아마도 다윗의 범죄는 어느 정도 그와 가까운 사람들에게 알려졌고 그는 그 도의적인 책임을 질 수밖에 없었을 것입니다. 아마도 압살롬과 그의 일당은 다윗을 폐위시키는 구실로 그의 죄를 들추어 내었을 수도 있습니다. 그리고 그렇게 많은 사람들이 다윗을 버리고 압살롬에게 가담을 했던 것도 다윗이 신뢰를 잃어버린 것을 의미합니다. 신하는 전쟁터에 나가서 죽어라고 싸우는데 그 신하의 아내를 범하는 왕이라면 누가 목숨을 바쳐서 충성하려고 하겠습니까?

그러나 하나님께서는 다윗에게 수치를 당하게는 하셨지만 그를 영원히 버리지는 않으셨습니다. 그를 다시 복권시킴으로 그가 용서되었다는 것을 보여주셨습니다. 중요한 것은 바로 이것입니다. 하나님께서는 범죄한 종에게 수치와 욕은 당하게 하시지만 다시 직분을 주셔서 죽을 때까지 하나님께 충성하게 하십니다.

그리고 또 하나 마음속에 양심의 상처가 남게 됩니다. 가끔씩 자신이 하나님께 무서운 죄인이었다는 사실이 생각나면서 영혼이 침체되려고 하는 것입니다. 어떤 때에는 마귀가 우리를 참소할 때도 있습니다. 그럴 때마다 하나님 앞에 나아가서 나의 모든 자랑을 버리고 오직 믿음으로 하나님의 은혜만 의지할 수밖에 없습니다. 그리고 한평생 죄의 흔적을 보면서 다시는 교만하지 않고 두고두고 하나님께 감사드리면서 충성하는 수밖에 없습니다.

우리 그리스도인들도 아름답지 못한 죄에 빠질 수 있습니다. 그런 죄들 중에는 남들이 알 만한 것도 있고 모르고 넘어가는 것도 있을 것입니다. 그럴 때 철저하게 회개하면 하나님께서 다시 기회를 주십니다. 중요한 것은 바로 이것입니다. 하나님께서 우리에게 다시 충성할 수 있는 기회를 주신다는 것입니다. 이것이 얼마나 귀한 일입니까?

하나님의 심판으로 비참하게 멸망할 수밖에 없는 자들에게 하나님께서 다시 충성할 수 있는 기회를 주실 때 목숨을 걸고 충성해야 합니다. 우리는 실패한 과거를 바꿀 수가 없습니다. 그것을 자꾸 생각하면 우리는 아무것도 할 수 없습니다. 사도 바울이 말한 것처럼 지난 일은 잊어버리고 오직 푯대를 향하여 나아가야 합니다. 그러면 하나님 앞에 섰을 때 오히려 잘못했던 것은 다 지워져 있고 충성한 것만 남아 있을 것입니다.

다윗은 회개하면서 자신을 믿었던 것을 철저하게 후회하고 있습니다.

"내가 죄악 중에 출생하였음이여 모친이 죄 중에 나를 잉태하였나이다"(51:5).

이것은 다윗이 부정한 방법으로 이 세상에 태어났다는 뜻이 아닙니다. 처음 만들어질 때부터 죄악 중에서 만들어졌기 때문에 죄 덩어리라는 뜻입니다. 그래서 우리는 죄를 짓는 데는 그렇게 빠를 수가 없고 우리 마음속 근본에 죄의 세력이 깔려 있다는 것입니다. 그렇다면 마땅히 조심했어야 하는데 하나님께 너무나도 귀하게 사용되고 있고 주위의 사람들이 다윗이라고 하면 백 퍼센트 믿어주니까 자기 자신도 스스로에 대하여 방심을 했던 것입니다.

그래서 다윗이 다시 한번 고백하는 것이 무엇인가 하면, 인간이라고 하는 것은 아무리 성인이고 성자라 하더라도 너무 믿어서는 안 된다는 것입니다. 우리가 죄의 수렁에 빠지지 않으려면 철저하게 자기 자신을 믿지 말아야 합니다. 그래서 아무리 귀한 주의 종이라 하더라도 너무 믿으면 안 됩니다. 그것은 오히려 그 사람을 도와주는 것이 아니고 위험하게 할 수도 있습니다.

그래서 지혜로운 자는 언제나 자기 자신을 어떤 제도나 제약 아래에 두어서 절대로 모든 것을 자기 마음대로 하지 못하게 합니다. 왜냐하면 제약을 받지 않으면 사람이 교만하게 되기 때문입니다. 당시 제사장이나 선지자들이 다윗을 너무 절대적으로 믿었던 것이, 오히려 귀한 하나님의 종을 망하게 할 뻔한 것입니다. 그것을 아는 사람들은 모든 것을 절대로 자기 마음대로 하지 않습니다. 그리고 자기 뜻대로 안 되는 것이 있을 때 기분 나빠하지 않습니다. 왜냐하면 그렇게 해야 하나님의 은혜에서 벗어나지 않고 오래 오래 주님의 손에 붙들려 있을 수 있기 때문입니다.

우슬초로 정결케 하소서

"우슬초로 나를 정결케 하소서 내가 정하리이다 나를 씻기소서 내가 눈보다 희리이다"(51:7).

이스라엘 백성들은 중죄를 지으면 진 밖으로 추방되어야만 했습니다. 그에게서 성도의 교제를 박탈함으로써 하나님의 은혜가 그에게는 중단되었음을 깨닫게 해주려는 의도입니다. 그런데 회개하는 자에게는 정해진 제사를 드린 후에 제사장이 우슬초라는 풀에 물을 찍어서 뿌립니다. 그러면 그가 정상적인 하나님의 백성으로 다시 받아들여지면서 성도의 교제가 가능하게 됩니다.

아마 다윗도 이 과정을 거쳤던 것 같습니다. 왕이지만 율법이 정한 바에 따라서 속죄의 제사를 드리고 제사장이 우슬초로 물을 뿌려서 다윗이 성도의 지위를 회복하게 되었음을 공포한 것입니다.

우리는 '성도' 라는 지위가 얼마나 중요한지 잘 모릅니다. 성도라는 것은 다른 말로 표현하면 하나님의 백성의 지위입니다. 왕이나 선지자나 제사장도 성도가 아니면 할 수가 없습니다. 성도의 지위를 빼앗기면 왕도 없고 제사장도 없고 선지자나 목사도 없는 것입니다. 이스라엘 백성들이 바벨론에 망해서 포로로 끌려갔던 것은 바로 이 성도의 지위를 빼앗겼기 때문입니다.

우리가 성도의 자격을 회복해서 하나님 앞에 함께 예배드릴 때의 그 감격이라는 것은 말로 표현할 수가 없습니다. 예배는 천국을 이 지상에서 느끼는 것입니다. 반대로 하나님의 백성의 자격에서 쫓겨나서 예배를 드리지 못하는 것은 이 세상에서 지옥을 경험하는 것과 같습니다.

“나로 즐겁고 기쁜 소리를 듣게 하사 주께서 꺾으신 뼈로 즐거워하게 하소서 주의 얼굴을 내 죄에서 돌이키시고 내 모든 죄악을 도말하소서”(51:8~9).

이 세상에서 최고의 기쁨은 예배의 기쁨입니다. 죄를 회개하기 전에는 하나님께서 뼈를 꺾으셨습니다. 그래서 일어설 수가 없었습니다. 그런데 죄 용서를 받은 후에는 하나님께서 다윗으로 하여금 성도들에게 따뜻하게 영접받게 하시고 다시 하나님의 복된 말씀을 들을 수 있게 하셨습니다.

우리가 지금 교회 안에서 말씀과 기도로 교제하면서 체험하는 이 기쁨은 천국의 기쁨이요, 이 세상에 어느 곳에도 없는 것입니다. 우리에게 있어서 가장 소중한 것은 왕이기 이전에 제사장이기 이전에 성도라는 특권이 있다는 것입니다. 이것이 어떤 죄의 수렁에서도 우리를 건져낼 수 있고 죄 용서를 받을 수 있게 해줍니다.

이미 다윗은 밧세바를 범했을 때 한 번 죽은 것입니다. 그가 압살롬에게 왕위를 빼앗겼을 때 사실 그는 폐위되어야 마땅했습니다. 그런데 하나님께서는 다윗에게 제2의 인생을 주셨습니다. 이것은 우리들에게도 마찬가지입니다. 우리들 가운데 부끄러운 죄가 없는 사람이 누가 있습니까? 그런 죄를 지었을 때 우리는 이미 한 번 죽은 것입니다. 그러나 주님이 우리를 사랑하셔서 제2의 인생을 주셨으니 이제는 다시 죄짓지 말고 죽을 때까지 충성하시는 성도들이 되기를 바랍니다

주의 성신을 거두지 마소서

51-2.

하나님이여
내 속에 정한 마음을 창조하시고
내 안에 정직한 영을 새롭게 하소서
나를 주 앞에서 쫓아내지 마시며
주의 성신을 내게서 거두지 마소서
주의 구원의 즐거움을 내게 회복시키시고
자원하는 심령을 주사 나를 붙드소서
그러하면 내가 범죄자에게 주의 도를 가르치리니
죄인들이 주께 돌아오리이다
하나님이여 나의 구원의 하나님이여
피 흘린 죄에서 나를 건지소서
내 혀가 주의 의를 높이 노래하리이다
주여 내 입술을 열어주소서
내 입이 주를 찬송하여 전파하리이다
주는 제사를 즐겨 아니하시나니
그렇지 않으면 내가 드렸을 것이라
주는 번제를 기뻐 아니하시나이다
하나님의 구하시는 제사는 상한 심령이라
하나님이여 상하고 통회하는 마음을
주께서 멸시치 아니하시리이다
주의 은택으로 시온에 선을 행하시고
예루살렘 성을 쌓으소서
그때에 주께서 의로운 제사와 번제와
온전한 번제를 기뻐하시리니
저희가 수소로 주의 단에 드리리이다

Create in me a pure heart, O God,
and renew a steadfast spirit within me.
Do not cast me from your presence
or take your Holy Spirit from me.
Restore to me the joy of your salvation
and grant me a willing spirit, to sustain me.
Then I will teach transgressors your ways,
and sinners will turn back to you.
Save me from bloodguilt, O God,
the God who saves me,
and my tongue will sing of your righteousness.
O Lord, open my lips,
and my mouth will declare your praise.
You do not delight in sacrifice, or I would bring it;
you do not take pleasure in burnt offerings.
The sacrifices of God are a broken spirit;
a broken and contrite heart,
O God, you will not despise.
In your good pleasure make Zion prosper;
build up the walls of Jerusalem.
Then there will be righteous sacrifices,
whole burnt offerings to delight you;
then bulls will be offered on your altar.

하나님께서 믿는 사람들에게 주시는 가장 큰 고통은 육체적인 질병도 아니고 경제적인 어려움도 아닙니다. 믿는 자의 가장 큰 고통은 하나님께서 주의 성령의 은혜를 그에게서 거두어 가시는 것입니다. 그러면 그 사람은 이 세상에서 지옥의 고통을 겪게 됩니다.

지방에 내려가 보면 공장 문이 닫혀 있고 기계 가동이 되지 않아 기계들이 고철덩이로 녹슬고 있는 것을 볼 수가 있습니다. 아무리 큰 공장이라 하더라도 동력이 공급되지 않으면 기계들이 고철덩이가 될 수밖에 없습니다. 그런데 하나님의 백성들에게도 바로 이와 같은 경우가 있습니다. 바로 성도들에게서 하나님의 성신이 거두어질 때입니다. 우리 그리스도인들에게서 하나님의 성신이 거두어지면 그리스도인들은 녹슨 기계처럼 아무것도 할 수 없는 폐인이 됩니다.

하나님께서는 이스라엘의 초대 왕 사울에게서 성령의 능력을 거두셨습니다. 그랬더니 사울의 마음에서 하나님의 평강이 떠난 것을 물론이고 정신병자처럼 되어서 모든 사람들을 의심하고 미워했습니다. 사울은 자신의 불안의 감정이나 분노의 감정을 다스리지 못해서 자주 발작하곤 했습니다. 그래서 신하들은 그의 발작을 다스리기 위하여 음악 치료를 받게 해야만 했습니다. 다윗이 수금을 타면 사울의 불안이 좀 진정이 될 정도로 사울은 우울증이 심했습니다.

그런데 다윗도 밧세바를 범하고 난 후 마음에서 평안과 기쁨이 사라졌습니다. 그리고 점점 더 불안이 심해지기 시작했습니다. 특히 다윗은 하나님의 성령에 아주 민감한 사람이었습니다. 그는 성령의 감동으로 시를 많이 쓴 사람입니다. 그런데 이제는 더이상 시를 쓸 수도 없고 하나님을 노래할 수도 없습니다. 그래서 다윗이 하나님께 죄용서를 간구한 후에 다시 하나님께 간청한 것이 있습니다. 그것은 바로 자기에게 성령의 은혜를 회복시켜 달라는 것입니다. 왜냐하면 성령의 은혜가 회복되지 않으면 그는 살았다 하더라도 실제로 산 것이 아니고 죽은 목숨이기 때문입니다. 그는 매일 이 세상에서 지옥을 경험하고 있었습니다. 그래서 주의 성신을 내게서 거두지 마시고 정직하고 새로운 영을 달라고 기도하고 있습니다.

주의 성신을 거두지 마소서

"나를 주 앞에서 쫓아내지 마시고 주의 성신을 내게서 거두지 마소서"(51:11).

하나님의 백성들에게 가장 놀라운 사실은 인간의 마음속에 하나님의 능력이 주입될 수 있다는 것입니다. 그것이 바로 성령의 능력입니다. 우리 안에 성령이 임하시는 것은 마치 백 볼트 전류가 흐르던 기계에 십만 볼트의 전류가 흐르는 것과 같습니다. 그러니까 정상적으로는 이때 기계가 타버려야 하는데 하나님이 지켜주시기 때문에 우리 몸이 타지 않습니다. 그 대신 우리 안에 있는 모든 능력이 최고의 수준으로 확대되기 때문에 우리의 능력이 평소 능력의 수십 배 심지어는 수백 배까지 커지게 됩니다. 그리고 그때의 그 기쁨과 감격이라는 것은 말로 표현할 수가 없습니다.

외국에는 밤 운전을 많이 하는 트럭 운전수들이 마약을 복용한다고 합니다. 그러면 아무리 밤을 새워서 운전을 해도 피곤치도 않고 졸리지도 않고 기분 좋은 상태에서 운전을 한다고 합니다. 그러나 문제는 약효가 떨어지면 그때는 완전히 폐인이 되는 것입니다. 가수들 중에도 마약을 복용했다는 기사가 종종 나옵니다. 가수들은 다른 사람들 앞에서 하루에도 수십 번 같은 노래를 불러야 합니다. 그런데 자기가 흥이 나지 않으면 노래할 기분이 나지 않기 때문에 마약을 먹고서라도 흥분이 되어야 남을 흥분시키는 노래를 부를 수 있는 것입니다. 그래서 가수들이 마약의 유혹에 많이 걸려든다고 합니다. 그러나 하나님의 백성들에게는 이런 한낱 마약과는 비교도 되지 않는 성령의 능력이 있습니다. 그 성령의 능력으로 상상할 수 없는 감정과 능력과 지혜를 가질 수가 있습니다.

그런데 하나님의 백성들이 죄를 지었을 때 가장 무서운 벌이 무엇인가 하면, 하나님께서 그들로부터 하나님의 성령을 거두어 가시는 것입니다. 그러면 그들은 바로 아무런 쓸모가 없는 인간이 됩니다. 왜냐하면 그때부터는 하나님의 능력도 없어질 뿐 아니라 마음의 기쁨과 평안도 모두 다 사라지기 때문에 정신병자처럼 불안해집니다. 그래서 하나님의 백성들에게서 성령의 은혜가 거두어지면 아무것도 할 수도 없고 다른 사람들에게 도움은커녕 귀찮은 존재가 될 뿐입니다.

하나님의 성신은 죄에 가장 예민합니다. 교만한 마음을 가지거나, 거짓말을 하거나, 음란한 죄에 빠지거나, 혈기를 부리면 우리에게서 성령의 감동은 소멸됩니다. 그러면 그후부터는 완전히 폐인이 되는 것입니다. 그후로는 그는 아무런 능력이 없습니다. 그래서 누구든지 그를 두들겨 팰 수도 있고, 발로 짓밟을 수도 있고, 욕을 퍼부을 수도 있는 것입니다.

삼손에게서 성령의 능력이 떠나니까 어떻게 되었습니까? 삼손은 전혀 힘을 쓸 수 없는 주정뱅이가 되고 말았습니다. 그래서 그는 블레셋 사람들에게 붙들려서 머리털이 밀리고 눈알이 뽑힌 채 비참한 노예 신세가 되고 말았습니다. 삼손에게서 성령이 떠난 그 순간부터 모든 존경과 능력이 그에게서 떠나고 말았던 것입니다.

사울에게서 하나님의 성령이 떠나니까 사울은 그때부터 정신병자가 되었습니다. 모든 사람을 의심했고, 심지어는 사위인 다윗을 죽도록 추격했고, 아들인 요나단도 죽이려고 했습니다. 자주 발작 증세를 일으켰으며 나중에는 심리적인 불안을 이기지 못해서 무당을 찾아가서 강신술로 위로를 받으려고 하기까지 했습니다.

그런데 놀라운 것은, 하나님이 얼마나 자비로우신지 한 번 죄를 지었다고 해서 당장 성령의 능력을 거두시지는 않습니다. 새로운 능력은 임하지 않지만 이미 있던 능력은 그대로 남아 있습니다. 그 대신 기쁨이 싹 달아나고 맙니다. 아직 능력은 남아 있기 때문에 다른 사람들은 알지 못하지만 자기 자신은 압니다. 왜냐하면 마음속에 기쁨이 하나도 없기 때문입니다.

이때가 중요한 순간입니다. 바로 그때가 하나님 앞에 나아와서 무릎 꿇고 회개할 때입니다. 그러면 하나님께서는 용서해 주시고 기쁨을 회복시켜 주십니다. 이 기쁨이 바로 하나님의 성령이 나에게 임하시는 표시입니다. 그래서 일단 기쁨이 없어지면 우리는 다른 사람들의 눈치를 볼 것 없이 하나님 앞에 나와서 눈물 콧물 흘리면서 하나님께 주의 성신을 거두지 말아달라고 부르짖으면서 기도해야 합니다.

그런데 만일 우리가 정직하지 못하게 아직 능력은 남아 있고 겉으로 보이는 변화는 없기 때문에 시치미를 떼고 있으면, 마치 가뭄에 샘물이 마르듯이 하나님의 능력이 말라버리는데 그때는 이미 늦은 것입니다. 그렇게 되면 나에게 아무런 하나님의 능력이 없다는 것을 이미 마귀가 알고는 밧줄로 묶어서 끌고 간 후에 돼지우리 같은 인생 시궁창에 내팽개치고 발로 밟아버리게 됩니다.

나단 선지가 다윗을 찾아왔을 때가 언제입니까? 이미 그의 마음속에 하나님의 기쁨이 없어진 지 오래이지만 아직 다른 사람들은 알지 못하고 있을 때였습니다. 그리고 아직 그의 직분은 남아 있을 때입니다. 사실 다윗이 일 년 동안 그 사실을 감추고 있었는데도 마귀에게 붙들려가지 않은 것은, 하나님께서 일 년 동안 다윗을 특별히 붙들어 주신 것입니다. 아마도 일 년 내내 마귀는 하나님을 졸랐을 것입니다. "하나님, 뭐하시는 것입니까? 빨리 죄인을 우리에게 넘겨주세요."라고 하면서 하나님을 졸랐을 것입니다. 그때마다 하나님께서는 "조금만 더 기다려라. 그러면 다윗이 분명히 회개할 것이다."라고 하면서 무려 일 년 동안을 질질 끌어오신 것입니다. 그러나 도저히 더 이상 다윗을 붙들 수 없게 되었을 때 하나님께서는 나단 선지를 보내셔서 폭로시킴으로 다윗으로 하여금 회개하지 않을 수 없게 하신 것입니다.

그러니까 겉으로 변화가 나타났을 때는 이미 늦습니다. 마음속에 성령님이 주시는 기쁨이 없어졌을 때 이미 하나님의 적신호가 들어온 것이며, 우리는 그때 회개해야 합니다.

정한 마음을 새롭게 하소서

그러면 이미 성령의 능력을 잃어버린 주의 백성들이 어떻게 해야 다시 성령을 모실 수 있습니까? 다윗은 새롭게 깨끗한 마음을 창조해 달라고 기도를 드립니다.

> "하나님이여 내 속에 정한 마음을 창조하시고 내 안에 정직한 영을 새롭게 하소서"(51:10).

다윗은 성령님을 다시 맞이할 수 있도록 깨끗한 마음을 창조해 달라고 기도하고 있습니다. 즉 지금 그의 마음은 죄로 인하여 너무 더러워지고 황폐해져 있기 때문에 도저히 다시 사용할 수가 없으니 새로이 정한 마음을 창조해 달라는 것입니다.

무슨 말입니까? 죄를 짓고 감추고 있던 그 동안 다윗의 마음은 너무나도 악하게 변해버렸습니다. 다른 사람의 아내를 빼앗는 마음이 얼마나 추악하고 더러운 마음입니까? 거기다가 살인까지 했으니 그의 마음이 얼마나 잔인하고 강퍅해졌겠습니까? 그는 도저히 이 악한 마음으로는 하나님의 성령을 모실 수 없으니 새 마음을 달라는 것입니다.

우리가 사람의 몸이 얼마나 망가질 수 있는지 보려면 병원의 중환자실로 가면 될 것입니다. 사람이 중병을 앓게 되면 과거의 모습은 찾아볼 수 없을 정도로 신체가 망가져서 여기저기에 호스를 꽂고 산소 호흡을 하면서 연명하게 됩니다. 그런데 죄는 우리의 내면 세계를 그렇게 무서울 정도로 파괴시킵니다. 단지 우리는 우리의 속을 볼 수 없기 때문에 그것을 잘 알지 못할 뿐입니다. 겉으로 나타나는 것이 없기 때문에 별 일 없을 것이라고 생각하면서 차일피일하면서 살아가는 것입니다.

그런데 우리 마음의 상태를 볼 수 있는 거울과 같은 것이 있습니다. 그것이 무엇인가 하면 바로 우리의 감정입니다. 사람이 죄를 지으면 감정이 무디어지고 돌처럼 딱딱해집니다. 그리고 눈물이 없어지고 수치심이나 부끄러움의 감정 같은 것이 사라집니다. 이 정도가 되면 우리 마음은 거의 황무지가 된 것과 같습니다. 그런데도 사람들은 다리가 부러진 것도 아니고 머리가 터진 것도 아니기 때문에 그 심각성을 잘 느끼지 못합니다. 하지만 그리스도인들은 그것을 압니다. 왜냐하면 전에 자기가 가지고 있던 마음은 이런 황폐한 마음이 아니었기 때문입니다. 그래서 다윗처럼 다시 새 마음을 창조해 달라고 간청을 드리는 것입니다.

"내 안에 정직한 영을 새롭게 하소서."라는 것은 정직한 마음을 회복시켜 달라는 뜻입니다. 죄가 마음을 딱딱하게 굳게 만든 후에는 울어야 할 때에도 눈물이 나오지 않고, 애통해야 할 때에도 그것을 느끼지 못하는 무감각한 마음이 되고 맙니다. 그런데 이제는 눈물도 흘리고 수치심도 느낄 수 있는 그런 새로운 마음을 달라는 것입니다.

사실 상한 감정을 고치시는 분은 오직 성령 한 분뿐이십니다. 그런데 우리가 알아야 할 것이 무엇인가 하면, 이런 상한 감정의 치료는 도매금으로 되지 않는다는 사실입니다. 다시 말해서 우리가 단번에 "하나님, 내 속에 있는 모든 상처를 다 치료해 주십시오."라는 식으로 기도해서는 치료가 되지 않습니다. 하나님의 말씀이 비춰주는 그 하나 하나의 상처를 가지고 하나님 앞에 나아가서 입술로 고백을 드릴 때, 우리 마음의 상처가 치료되기 시작합니다. 만일 고백하지 않고 그대로 두면 몇 년 동안도 그대로 있게 됩니다.

그러니까 예수를 믿는다고 해서 과거의 모든 상처가 한꺼번에 다 치료되는 것은 아니라는 것입니다. 다윗이 하나님께 회개하고 돌아왔다고 해서 죄가 끼친 상처가 한꺼번에 다 치료되지 않았습니다. 마치 하나님의 말씀이 엑스레이 광선처럼 자신의 내면 세계를 비출 때에, 그는 하나씩 하나씩 과거의 상처들과 부끄러운 죄들을 깨닫게 됩니다. 그때 그는 그것들은 하나씩 하나씩 다 하나님 앞에 말씀드리면서 치료해 주실 것을 간구드리는 것입니다.

우리 성도들은 자꾸 하나님께로 가까이 나아가야 합니다. 그러면 평소에는 괜찮다고 생각되었던 것들이 사실은 모두 다 정상적인 상태가 아니며 마음의 상처였다는 것을 알게 됩니다. 즉 과거에 다른 사람들에게서 들었던 좋지 못한 이야기들이나, 충격받았던 것이나, 실패했던 모든 일들이 마음속에 상처로 남아 있어서 하나님 앞에서 우리를 담대하지 못하게 만들고 축복의 자리에서도 도망치게 한 것입니다. 그런데 우리가 그런 것들을 다른 사람에게로 돌리면 절대로 치료가 되지 않습니다. 아버지 때문이라든지, 친척 때문이라든지, 다른 사람에게 책임을 전가시키면 안 됩니다. 지금 이것이 바로 나의 모습이라는 것을 고백드려야 합니다. 그러면 얼마나 마음이 기쁘고 가벼워지는지 그 동안 마음을 내리누르고 있던 천근만근 같은 짐들이 다 날아가 버립니다. 그리고 감수성이 예민해지고 풍성한 마음을 가지게 됩니다.

사실 다윗이 그 구약 시대에 내 마음을 치료해 달라고 기도하는 자체가 얼마나 놀라운 기도인지 모릅니다. 왜냐하면 사람들은 19세기까지만 해도 상한 감정이 고침을 받아야 한다는 것을 생각하지 못했습니다. 사람들은 밥 잘먹고 일 잘하는데 무슨 병이냐고 했습니다. 겨우 인정하는 것이 상사병 정도였지 죄로 인하여 마음이 병드는 것을 알지 못했습니다. 그러니까 다윗은 수천 년 전에 이미 마음의 병을 알았고 마음의 상처를 알았던 것입니다.

요즘도 집안에서 자식이 사지가 멀쩡한데 우울증에 걸렸다고 하면 사람들은 그것을 인정하지 않고 다 배부르니까 하는 소리라고들 합니다. 먹고 살 것이 없을 때에는 그런 병이 없었다는 것입니다. 그러나 우리는 차라리 위가 탈나고 장이 탈나는 것이 마음의 병보다 덜 심각한 것이라는 것을 알아야 합니다. 몸이 병드는 것은 그래도 고치기 쉽습니다. 그러나 마음의 병은 사람의 힘으로는 고치기 어렵습니다. 치료한다는 것이 증세만 완화시키는 정도에 불과합니다.

그런데 우리에게는 하나님의 성령이 부어지는 시간이 있습니다. 그 시간이 바로 예배 시간입니다. 하나님의 말씀이 능력 있게 선포되고 은혜가 충만한 예배 시간에 마음 문을 활짝 열고 은혜를 받아들여야 합니다. 그러면 어떤 상한 마음도 치료가 될 수 있습니다.

오늘 본문은 마음이 치료된 상태를 말씀하고 있습니다.

"주의 구원의 즐거움을 내게 회복시키시고 자원하는 심령을 주사 나를 붙드소서"(51:12).

마음이 치료되었을 때 나타나는 것은 예배의 기쁨만이 아닙니다. 마음이 치료된 성도들은 하나님이 주신 기쁨을 성도들과 함께 나누고 싶어합니다. 그래서 성도의 교제가 시작됩니다. 이렇게 자원하는 마음으로 성도들과 만나서 교제할 수 있을 때, 이 사람의 마음은 완전히 치료가 된 것입니다.

다른 사람들에게 가르침

다윗이 시험에 빠져서 이 무시무시한 지옥의 고통을 겪고 다시 하나님의 은혜를 회복한 후에 그가 하기 원하는 것은, 다른 것이 아닙니다. 자기와 같은 비슷한 처지에서 아직 마음 문을 열지 못하고 죄악의 고통 가운데 있는 사람들을 가르쳐서 도와주겠다는 것입니다.

"그러하면 내가 범죄자에게 주의 도를 가르치리니 죄인들이 주께 돌아오리이다"(51:13).

다윗이 은혜를 한번 체험하고 나서 느끼는 것이 무엇입니까? 이 귀한 사죄의 은총은 자기 혼자 알고 끝낼 일이 아니라는 것입니다. 왜냐하면 아직도 많은 사람들이 무서운 죄에 빠져 있으면서도 하나님 앞에서 고침받을 수 있다는 사실을 모르고 있기 때문입니다. 사람들은 어려움에 빠진 후에는 더이상 길이 없다고 생각해서 자포자기를 해버립니다. 그러나 다윗은 자기가 구원을 받은 것처럼 다른 사람들도 회개하면 다시 새로운 삶을 얻을 수 있다는 것을 알고 있습니다. 그런데 대부분의 사람들은 죄를 가지고 하나님 앞에서 결판을 내려고 하지 않고 그저 사람들의 입을 막으려고만 하고 있습니다. 즉 사람들에게 창피를 당하지 않으려고 하니까 자꾸 시간만 지체되고 하나님께 돌아오지 못하는 것입니다. 이것은 마귀가 불어넣는 불신앙의 마음입니다. "하나님은 절대로 너를 용서하지 않을 것이다. 그러니 그저 사람들의 입만 막으면 된다."라고 마귀는 가르칩니다.

그러나 이것은 마치 호스가 터졌는데 종이를 붙여서 막으려고 하는 것과 같습니다. 우리는 이러한 마귀의 속임수에 넘어가서는 안 됩니다. 철저하게 하나님 앞에서 회개해야 하며 하나님 앞에서 해결받아야 합니다. 우리는 모든 것을 하나님께 맡겨야 하고 특히 사람들에게 수치당하는 것을 두려워해서는 안 됩니다. 많은 사람들이 사람들에게 수치를 당하지 않으려고 하다가 죄를 점점 더 키우게 된 것입니다.

다윗의 경우도 마찬가지입니다. 다윗이 처음 범죄했을 때 신하들과 가족들에게 수치와 손가락질을 당할 각오를 하고 하나님께 매달렸더라면 그 이상으로 죄를 키우지는 않았을 것입니다. 그런데 다윗은 사람들에게 욕 먹지 않으려고 하다가 결국 죄만 키웠고 나중에는 욕은 욕대로 다 먹었습니다. 나중에 다윗이 도망을 갈 때 시므이라는 사람이 뒤에서 따라오면서 돌을 던지면서 다윗을 저주하고 욕했습니다.

그때 다윗은 그것을 믿음으로 잘 받아들였습니다. 만약 다윗이 그 욕까지 듣기 싫어했다면 그는 아직 정신을 덜 차린 사람인 것입니다. 다윗은, 시므이가 욕하는 것은 하나님께서 시켜서 하는 것이며 실제로 자기가 들어야 할 욕의 백 분의 일이나 천 분의 일도 안 된다고 생각했습니다. 물론 우리가 욕을 먹으면 기분이 좋지 않습니다. 그러나 그 욕은 우리가 원래 들어야 할 욕의 아주 작은 부분에 불과합니다. 그래서 그런 욕을 달게 먹을 수 있을 때, 그 사람은 제대로 정신을 차린 것입니다.

어떤 사람이 가장 좋은 치료자가 될 수 있습니까? 한번 아파본 사람들입니다. 그래서 요즘은 마음의 상처를 많이 받았던 분들이 상담학을 공부하는 예가 많습니다. 그들이 다른 사람들에게 좋은 상담자가 될 수 있는 것입니다. 이것이 다윗처럼 자기 자신이 고침을 받은 후에 다른 범죄자들을 가르쳐서 도와주는 것입니다.

하나님께 감사한 것

다윗은 밧세바를 범하고 난 후 실제로 한 번 죽은 것이며 지옥에 갔다온 것입니다. 그런데 하나님께서는 범죄자 다윗에게 한없는 자비를 베풀어주셔서 그에게 제2의 인생을 주셨고 왕의 직분을 다시 주셨습니다. 얼마나 감사합니까! 그래서 다윗은 이것을 소리 높여 하나님께 찬송합니다.

> "하나님이여 나의 구원의 하나님이여 피 흘린 죄에서 나를 건지소서 내 혀가 주의 의를 높이 노래하리이다 주여 내 입술을 열어주소서 내 입이 주를 찬송하여 전파하리이다"(51:14~15).

하나님 앞에서 피 흘린 죄는 용서받을 수 없습니다. 그리고 피 흘린 자는 이스라엘의 왕이 될 수 없습니다. 무죄한 피를 그 손에 묻힌 자는 이스라엘을 다스리는 자가 될 수 없습니다. 그런데 하나님께서는 다윗을 다시 살려주셨습니다. 다윗은 죄를 감추고 숨어 있었는데 하나님께서 나단을 보내셔서 그를 죄의 토굴에서 끌어내셔서 회개시키시고 살려주셨습니다. 그리고 그에게 다시 하나님께 봉사할 수 있는 귀한 직분을 주셨습니다. 이 직분은 범죄하기 전에 비해 조금도 모자라지 않는 왕의 직분이었습니다. 이런 하나님이 어디 계십니까! 그러니까 다윗은 이제 남은 인생을 오직 하나님께 충성할 수밖에 없습니다. 이제 후로는 뒤도 돌아보지 않고 하나님의 상 주심만 바라보고 달릴 수밖에 없습니다. 이제는 더이상 무엇을 망설이겠으며 무엇을 더 원하겠습니까?

가족들은 우리들의 속도 모르고 우리에게 "더 크게 되어라. 더 돈을 많이 벌어라."라고 하면서 기대를 합니다. 그때 우리는 이야기를 해줄 수 있어야 합니다. "아버지, 어머니, 대단히 죄송합니다만 저는 이미 한번 죽었던 목숨입니다. 저는 이미 여러분들이 알지 못할 때에 이미 지옥에 한번 갔다왔습니다. 이제부터 저의 인생은 없는 것으로 생각하십시오. 오직 주님만 위하여 살 것입니다."라고 말할 수 있어야 합니다.

그러면 하나님께서 우리에게 진정으로 받으시기를 원하시는 제사는 무엇입니까? 그것은 형식적인 제사가 아니고 상한 심령입니다.

> "주는 제사를 즐겨 아니하시나니 그렇지 않으면 내가 드렸을 것이라 주는 번제를 기뻐 아니하시나이다 하나님이 구하는 제사는 상한 심령이라 하나님이여 상하고 통회하는 마음을 주께서 멸시치 아니하시리이다"(51:16~17).

다윗 시대는 우리 같은 믿음의 제사를 드리지 않고 짐승의 제사를 드리고 있었습니다. 그럼에도 불구하고 이미 다윗은 하나님이 원하시는 제사는 짐승이 아니라는 것을 알고 있었습니다. 하나님이 원하시는 것은 상한 심령이었습니다. 우리가 죄에 빠지고 다른 사람들에게서 마음의 상처를 받았을 때, 이미 우리의 심령에는 피가 흐르고 있으며 심령이 상해서 비릿한 냄새가 날 것입니다. 예배드릴 때에 나의 상한 마음을 그대로 하나님께 꺼내놓고 칼로 찔러서 바치라는 것입니다. 그래서 우리가 드리는 예배는 나의 심장을 꺼내는 예배여야 합니다. 하나님 앞에서 나의 가장 병든 부분, 나의 가장 약한 부분, 그리고 나의 가장 고통스러운 부분을 내놓아야 치료를 받을 수가 있습니다.

이것은 마치 진찰을 받듯이 예배를 드리는 것을 말합니다. 우리가 병원에서 의사에게 진찰을 받으려면 어떻게 합니까? 가장 아픈 부분이나 가장 많이 상한 부분부터 내놓을 것입니다. 그래야 치료받을 수 있습니다. 그래서 예배를 드리면서 자신의 가장 부족한 부분을 많이 내놓고 자신의 허물과 죄를 가장 많이 하나님 앞에 내놓을 수 있는 사람이 가장 많이 치료되고 변화되어 돌아갈 수 있을 것입니다.

> "주의 은택으로 시온에 선을 행하시고 예루살렘 성을 쌓으소서 그때에 주께서 의로운 제사와 온전한 번제를 기뻐하시리니 저희가 수소로 주의 단에 드리리이다"(51:18~19).

"시온에 선을 행하시고"란 말은 이런 영적인 치료를 계속해 달라는 뜻입니다. 예루살렘 성전은 사람의 죄를 치료하는 곳입니다. 그런데 다윗 자신이 죄를 범하는 바람에 성전의 영적인 병원 기능이 중지된 상태입니다. 그런데 이제 다시 모든 것이 평온을 되찾았으니 성전의 원래 기능을 회복시켜 달라고 다윗은 기도합니다. 병원이 분쟁 중에 있으면 환자들이 치료를 받을 수가 없습니다. 그런 불안한 곳에 어떻게 자기 몸을 맡길 수 있겠습니까? 마찬가지로 교회가 분쟁 중에 있으면 영혼을 치료하는 기능이 중지됩니다. 누가 그런 곳에 자기 영혼을 맡기려고 하겠습니까? 그래서 교회는 악한 마귀의 시험에 드는 일이 없도록 늘 기도가 살아 있어야 합니다. 그리고 다윗의 기도처럼 성을 쌓아서 다시는 성전의 기능이 마비되는 일이 없도록 해야 합니다. 이것이 진정한 축복입니다.

52.53.

1-9
1-6

악한 자의 종말

강포한 자여
네가 어찌하여 악한 계획을 스스로 자랑하는고
하나님의 인자하심은 항상 있도다
네 혀가 심한 악을 꾀하여
날카로운 삭도같이 간사를 행하는도다
네가 선보다 악을 사랑하며
의를 말함보다 거짓을 사랑하는도다(셀라)
간사한 혀여 네가 잡아먹는 모든 말을 좋아하는도다
그런즉 하나님이 영영히 너를 멸하심이여 너를 취하여
네 장막에서 뽑아내며
생존하는 땅에서 네 뿌리를 빼시리로다(셀라)
의인이 보고 두려워하며 또 저를 비웃어 말하기를
이 사람은 하나님으로 자기 힘을 삼지 아니하고
오직 그 재물의 풍부함을 의지하며
제 악으로 스스로 든든케 하던 자라 하리로다
오직 나는 하나님의 집에 있는 푸른 감람나무 같음이여
하나님의 인자하심을 영영히 의지하리로다
주께서 이를 행하셨으므로 내가 영영히 주께 감사하고
주의 이름이 선함으로 주의 성도 앞에서
내가 주의 이름을 의지하리이다
어리석은 자는 그 마음에 이르기를
하나님이 없다 하도다
저희는 부패하며 가증한 악을 행함이여
선을 행하는 자가 없도다
하나님이 하늘에서 인생을 굽어 살피사
지각이 있는 자와 하나님을 찾는 자가 있는가 보려 하신즉
각기 물러가 함께 더러운 자가 되고
선을 행하는 자 없으니 하나도 없도다
죄악을 행하는 자는 무지하뇨
저희가 떡 먹듯이 내 백성을 먹으면서
하나님을 부르지 아니하는도다
저희가 두려움이 없는 곳에서 크게 두려워하였으니
너를 대하여 진 친 저희의 뼈를 하나님이 흩으심이라
하나님이 저희를 버리신고로 네가 저희로 수치를 당케 하였도다
시온에서 이스라엘을 구원하여 줄 자 누구인고
하나님이 그 백성의 포로 된 것을 돌이키실 때에
야곱이 즐거워하며 이스라엘이 기뻐하리로다

Why do you boast of evil, you mighty man?
Why do you boast all day long,
you who are a disgrace in the eyes of God?
Your tongue plots destruction;
it is like a sharpened razor,
you who practice deceit.
You love evil rather than good,
falsehood rather than speaking the truth. Selah
You love every harmful word,
O you deceitful tongue!
Surely God will bring you down to everlasting ruin:
He will snatch you up and tear you from your tent;
he will uproot you from the land of the living. Selah
The righteous will see and fear;
they will laugh at him, saying,
"Here now is the man
who did not make God his stronghold
but trusted in his great wealth
and grew strong by destroying others!"
But I am like an olive tree
flourishing in the house of God;
I trust in God' s unfailing love
for ever and ever.
I will praise you forever for what you have done;
in your name I will hope, for your name is good.
I will praise you in the presence of your saints.
The fool says in his heart,
"There is no God."
They are corrupt, and their ways are vile;
there is no one who does good.
God looks down from heaven
on the sons of men
to see if there are any who understand,
any who seek God.
Everyone has turned away,
they have together become corrupt;
there is no one who does good,
not even one.
Will the evildoers never learn-
those who devour my people as men eat bread
and who do not call on God?
There they were, overwhelmed with dread,
where there was nothing to dread.
God scattered the bones of those who attacked you;
you put them to shame, for God despised them.
Oh, that salvation for Israel would come out of Zion!
When God restores the fortunes of his people,
let Jacob rejoice and Israel be glad!

이 세상에서 악한 자들은 하나님이나 다른 사람들을 두려워하지 않기 때문에 모든 것을 자기 마음대로 할 수 있습니다. 그래서 일단 다른 사람들의 눈에는 이기는 것처럼 보이고 형통한 것처럼 보입니다. 그러나 그런 악한 자들은 결국 하나님을 대항해서 싸우는 것이기 때문에 결코 이길 수가 없습니다. 결국은 하나님의 손에 망해서 비참한 최후를 맞이하게 되는 것입니다.

모든 사람들의 마음속에는 악한 성향들이 있습니다. 그런데 그 악한 성향들이 평소에는 가만히 잠재되어 있다가 어떤 자극을 받을 때 통제되지 않는 분노나 욕망으로 분출됩니다. 그런데 언제나 항상 악한 사람들이 있습니다. 이런 사람들은 자극이나 충동을 받지 않았는데도 늘 스스로 악한 쪽으로 생각하고 행동하는 사람들입니다. 어떤 사람들은 이런 사람들을 악마와 계약을 맺은 자라고 말하기도 하는데 굳이 악마와 계약을 맺지는 않았다 하더라도 스스로 악해지기로 결심한 사람들입니다. 주로 이런 사람들이 범죄 집단을 만들기도 하고 직업적으로 악을 자행합니다. 그리고 이런 사람들은 스스로 악의 편에 서서 하나님의 백성들을 조롱하기도 하고 공격하기도 합니다.

우리가 생각하기에 운동 경기를 할 때 의도적으로 반칙을 자꾸 하는 사람과 규칙대로 경기를 하는 사람 중에 반칙을 하는 사람이 당연히 유리할 것 같습니다. 왜냐하면 반칙을 하는 사람은 무슨 짓이든지 마음먹은 대로 할 수 있기 때문에 규칙대로 하는 사람이 못 하는 짓을 얼마든지 할 수 있기 때문입니다. 그러나 결국은 반칙을 자꾸 하는 사람은 불리합니다. 다른 사람들이 그의 행동을 인정해 주지 않기 때문입니다.

시편 52편과 53편은 다 악한 자를 대상으로 하고 있습니다. 시편 52편은 표제대로 에돔 사람 도엑에 대하여 말하고 있습니다. 다윗은 사울에게서 도망하던 초기에 놉에 있던 대제사장 아히멜렉의 도움을 받았습니다. 그런데 에돔 사람 도엑이 거기에 있다가 아히멜렉이 다윗을 도운 사실을 사울에게 고해 바침으로 놉에 있던 제사장 85명이 죽임을 당하게 된 것이 이 시의 배경입니다(삼상 21~22장 참조). 어처구니없는 살육의 현장에서 다윗은 시를 통하여 악한 자를 저주하며 의인의 승리를 다짐하고 있습니다. 그리고 시편 53편은 시편 14편과 내용이 같습니다. 단지 5절 한 절만 다를 뿐입니다. 이 시도 마음에 하나님을 인정하지 않고 패역하게 행하는 자를 대상으로 하고 있습니다.

사람에게는 선하게 행동할 책임이 있습니다. 그럼에도 불구하고 스스로 악하게 살기로 작정한 자는 자기 양심을 포기한 자이며 의도적으로 하나님을 대적하는 사람입니다. 이런 사람들은 진리의 원수들인데 영원히 저주받을 사탄의 졸개들인 것입니다.

악한 자의 일시적인 승리

악한 자는 수단과 방법을 가리지 않기 때문에 무슨 짓이든지 할 수 있고 짧은 기간에 얼마든지 성공할 수도 있습니다. 이때 하나님을 의지하는 자는 상당한 정신적인 혼란을 겪습니다. 왜냐하면 '하나님께서 왜 이런 것들을 막아주시지 않으시는가?' 하는 의문이 생기기 때문입니다. 사실 악이 승리하는 이 짧은 기간이 믿음을 가진 자들에게는 최대의 위기의 순간입니다.

"강포한 자여 네가 어찌하여 악한 계획을 스스로 자랑하는고 하나님의 인자하심은 항상 있도다"(52:1).

이 말은 의인들이 악한 자들에게 미리 경고하는 말입니다. '강포한 자' 라고 하는 것은 이미 자기 양심을 지키지 않기로 결심을 했기 때문에 무슨 짓이든지 할 수 있는 자들입니다. 이 사람들은 의로운 자들을 해칠 계획을 세워놓고 아주 기분 좋아하고 있습니다. 그러나 의인들은 이 악한 자들에게 하나님의 인자하심은 항상 있다는 것을 기억하라고 경고하고 있습니다.

악한 자들이 결국 노리는 것이 무엇입니까? 물론 같은 악한 자들끼리 물고 뜯고 싸우기도 하지만 결국 그들이 원하는 것은 의인들을 죽이고 의인들의 소유를 빼앗는 것입니다. 왜냐하면 그렇게 하기만 하면 수고하지 않고 호박이 덩굴째 굴러 들어오기 때문입니다. 이것이 바로 악한 자와의 영적인 전쟁입니다. 악한 자 자신들은 모르고 그렇게 하는지 모르지만 사실은 뒤에서 마귀가 그들을 조종하고 있는 것입니다.

그래서 악한 자에 의하여 의인들이 죽임을 당하는 것을 볼 때 의인들은 이 세상이 결코 평화로운 세상이 아니라는 것을 알아야 합니다. 이 세상은 악과 의가 싸우는 곳이며 불의와 진리가 싸우는 전쟁터입니다. 그런데 의로운 자들이 방심하고 있었기 때문에 악한 자들의 기습 공격에 큰 피해를 입는 것입니다. 전쟁에는 어느 한쪽 편의 손해만 있을 수가 없습니다. 상대방의 희생이 있으면 우리 편에도 손해가 있는 법입니다. 그래서 우리는 믿음의 싸움에서 희생자가 생겼을 때에도 너무 지나치게 낙심하지는 않습니다. 우리에게는 하나님의 인자하심이 항상 있기 때문입니다. 심지어는 우리가 절망하는 그 순간에도 하나님의 인자하심은 더 크게 나타나게 되어 있습니다.

앞서 보았듯 이 시는 다윗을 도왔던 아히멜렉과 제사장 85명이 도엑이라는 사람의 고자질로 모두 죽임을 당한 때 지은 것입니다. 보통 사람 같으면 자기 때문에 영문도 모르는 제사장들이 85명이나 죽임을 당했다면 너무나도 큰 충격을 받아서 정신을 차리지 못할 것입니다. 그런데 놀랍게도 이런 절망과 분노의 순간에도 다윗은 하나님의 영감이 떠올라서 하나님께 대한 찬송을 썼고 또 노래를 불렀습니다. 다윗이 이때 부르는 찬송은 그냥 비통한 노래가 아니고, 이 비극을 성도들에게 믿음의 눈으로 선포하는 것입니다. 즉 악한 자들이 마귀와 한패가 되어서 죄 없는 하나님의 제사장들을 죽이고 승리한 듯 보이지만 결국은 절대로 승리할 수 없고 하나님 앞에서 망할 것이며 오히려 의인들이 승리할 것임을 선포하는 것입니다.

하나님의 백성들도 신이 아닌 이상 악한 자들이 무슨 생각을 하고 있는지 다 알 수는 없고, 모든 경우를 다 완벽하게 대비할 수도 없습니다. 그리고 이들이 사실 좀 방심하고 있었던 것도 사실입니다. 성경에는 다윗이 도엑이라는 사람을 보았을 때 마음이 꺼림칙하기는 했다고 기록하고 있습니다. 그러나 다윗이 '설마' 하고 그냥 넘어간 것이 결국 제사장 85명을 죽이는 결과를 낳고 말았습니다.

이런 것을 볼 때 우리는 한순간도 정신을 놓아서는 안 됩니다. 방심하면 무시무시한 기습 공격을 당하게 되어 있습니다. 악한 자들은 우리가 생각하는 그런 자비로운 자들이 아니기 때문에 인정 사정이 없습니다. 그래서 우리가 철저하게 교회를 진리로 지켜야 이런 엉터리 같은 자들이 파고 들어올 수가 없습니다. 우리는 한순간도 진리의 등불을 꺼뜨려서는 안 되며 한순간이라도 경계를 소홀히 해서는 안 됩니다. 교회의 설교는 진리를 지키는 서치라이트와 같습니다. 한순간이라도 틈을 주어서는 안 됩니다. 그래서 교회는, 양이 아닌 자들은 교회 안에 숨어 있지 못하게 해야 합니다. 악한 자들로 하여금 회개해서 양이 되든지 아니면 혼비백산 달아나든지 둘 중의 하나를 택하게 해야 이런 대량 살육의 희생을 막을 수가 있는 것입니다.

그리고 다윗은 자신의 방심으로 인해 사탄의 세력에 물어 뜯겨서 크게 낙심하고 있는 성도들을 이런 노래로 위로해 주고 다시 힘을 내도록 하고 있습니다. 왜냐하면 성도들에게는 하나님의 인자가 항상 있기 때문입니다. 하나님은 의인의 멸망을 허락지 않으십니다. 우리는 이때 더 정신을 차리고 계속 기도하면서 모든 것이 악한 자의 의도대로 되지 않도록 하나님께서 간섭해 달라고 기도해야 합니다.

악한 자의 혀

대제사장 아히멜렉과 85명의 제사장을 죽게 만든 것은 도엑이라는 사람의 혀였습니다.

> "네 혀가 심한 악을 꾀하여 날카로운 삭도같이 간사를 행하는도다 네가 선보다 악을 사랑하며 의를 말함보다 거짓을 사랑하는도다 간사한 혀여 네가 잡아먹는 모든 말을 좋아하는도다"(52:2~4).

사실 사람의 마음속에 있는 악한 계략들은 혀를 통하여 나타나게 되어 있습니다. 여기서 악한 자의 혀가 얼마나 날카로운지 삭도와 같다고 했습니다. 삭도는 면도날을 말합니다.

악한 자의 혀는 두 가지 방면으로 성도들을 공격합니다. 하나는 직접적인 공격입니다. 즉 하나님의 백성들의 잘못을 모두 기억해 놓았다가 모두 나쁜 쪽으로 돌려서 일제히 공격을 퍼붓는 것입니다. 이것은 마치 함포 사격과 같습니다. 대답하거나 변명할 기회도 주지 않고 자기가 악하게 생각한 것을 가지고 자기 멋대로 공격을 퍼붓습니다. 그때의 혀는 단순한 면도날이 아니라 쇠망치와 같습니다. 그들은 사람의 뒤통수를 쇠망치로 내려칩니다. 거기에 한번 제대로 걸려들면 치명상을 입게 됩니다. 사실 마귀가 가장 잘 쓰는 방법이 이것입니다. 말로 주의 백성들에게 치명상을 입히는 것입니다. 요즘은 인터넷이 그렇게 사용됩니다. 자기 마음에 들지 않으면 인터넷에 무지막지한 욕설을 퍼붓는데 한번 잘못 걸려들면 치명상을 입게 됩니다.

그런데 이번에는 악한 자가 더 무섭고 치명적인 방법을 개발해 내었습니다. 그것은 바로 왕의 정책에 영향을 주어서 정책을 자기에게 유리한 쪽으로 끌고 가서 의인들을 핍박하는 것입니다.

이번에 도엑은 자기 혀로 직접 다윗을 공격하거나 제사장을 저주하지는 않았습니다. 차라리 그렇게 했더라면 한 번 욕을 얻어먹고 끝날 수 있는 것이었습니다. 그런데 도엑은 질투심에 불타고 있는 사울왕에게 밀고를 함으로 사울의 힘을 끌어 와서 제사장들을 다 죽이게 한 것입니다. 사실 이것이 가장 무서운 것입니다. 사탄이 권력의 힘을 빌려 와서 의인들의 씨를 모두 말려버리는 것입니다. 이것을 볼 때 우리가 직접적으로 욕을 얻어먹는 것이 차라리 음모보다는 훨씬 나을 수도 있습니다. 사탄은 악한 자의 혀를 악한 정책 결정에 사용해 버리는 것입니다. 그러면 그 혀는 무서운 칼날로 변해서 많은 의인들을 죽이게 됩니다.

사울은 지금 다윗에 대한 시기심으로 정상적인 상태가 아닙니다. 그런 사울에게 아히멜렉과 제사장이 다윗을 도운 사실을 밀고한 것은, 마치 불에 기름을 붓는 효과를 가져왔습니다. 도엑은 그것을 아주 잘 알고 있었습니다. 왜냐하면 그는 하나님의 나라가 망하기를 원하는 사람이었기 때문입니다. 하나님의 백성들끼리 싸우면 싸울수록 마귀는 더 좋아하는 것입니다.

여기서 왜 왕이 남의 사사로운 참소를 들으면 안 되는가, 하는 것을 매우 잘 알 수 있습니다. 왕의 중심이 서 있지 않으면 악한 자는 독사와 같은 혀로 멀쩡한 사람들을 참소하여 얼마든지 죽일 수 있는 것입니다. 세례 요한이 죽은 것이 바로 이런 경우입니다. 헤롯 같은 우유부단한 사람이 권력을 쥐고 있으니까 헤로디아의 딸의 춤값으로 세례 요한 같은 위대한 선지자의 목이 달아났습니다. 헤로디아의 독사와 같은 혀는 멍청한 헤롯의 권력을 끌고 와서 의인을 죽게 했습니다.

4절에 뭐라고 말하고 있습니까? "간사한 혀여 네가 잡아먹는 모든 말을 좋아하는도다." 권력자의 귀에 대놓고 자꾸 부정적인 말을 하면 결국 그 사람을 의심하게 되어 있습니다. 열 번 찍어 안 넘어가는 나무 없다고 자꾸 부정적인 말을 하면 결국은 듣게 되어 있습니다. 그래서 권력자는 공과 사를 엄격하게 구분해야 합니다.

개인적인 감정으로 제사장들을 죽였기 때문에 사울은 이제 상태가 더 좋지 않게 되었습니다. 왜냐하면 제사장들이 다 죽어버렸기 때문에 사울을 위하여 기도해 주는 사람들이 없었던 것입니다. 사실 제사장들은 왕을 위하여 기도해 주는 중보기도의 일꾼들이요, 기도의 후원자들이었습니다. 그런데 그런 사람들을 다 죽여버렸으니 누가 왕을 위하여 기도해 줍니까?

특히 이스라엘의 왕이 하나님의 나라를 기도하지 않고 다스린다고 하는 것은 미친 짓입니다. 어떻게 우리가 하나님의 지원을 받지 않고 마귀와의 치열한 영적인 전쟁을 치를 수 있겠습니까? 이것은 마치 적군들이 새까맣게 몰려오는데 대포의 지원 없이 소총만 가지고 싸우겠다는 것과 같습니다.

그리고 대제사장의 에봇은 하나님의 뜻을 묻는 데 사용할 수 있습니다. 그런데 사울이 대제사장을 죽여버렸으니 누가 사울을 위하여 하나님의 뜻을 물을 수가 있습니까? 에봇은 대제사장의 아들 아비아달이 가지고 다윗에게로 도망쳐 왔기 때문에 오히려 다윗이 하나님의 뜻을 묻는 데 사용했습니다. 그리고 사울이 제사장들을 다 죽여버리니까 백성들의 죄를 위해서 제사를 드려줄 사람도 없었습니다. 그러니 사울이 블레셋 사람들에게 패배를 할 수밖에 없었던 것입니다. 결국 이 모든 것은, 사울이 도엑의 독사와 같은 말을 듣고 제사장들을 죽이면서 회개할 수 없는 성령 훼방죄를 지은 탓입니다.

저주받은 사탄의 세력

하나님께서는 이미 오래 전에 사탄의 세력을 저주하셨습니다. 뱀이 사람을 꾀어 죄를 짓게 했을 때 이미 하나님께서는 사탄을 저주하셔서 '여자의 후손이 뱀의 머리를 깰 것'이라고 말씀하셨습니다. 그래서 저주받은 사탄의 편에 서는 자들도 저주받을 수밖에 없습니다.

> "그런즉 하나님이 영영히 너를 멸하심이여 너를 취하여 네 장막에서 뽑아내며 생존하는 땅에서 네 뿌리를 빼시리로다"(52:5).

사탄이 저주를 받았기 때문에 사탄의 하수인 노릇을 하는 자들도 모두 다 같이 멸망할 수밖에 없습니다. 에돔 사람 도엑이 한 것과 사울 왕이 한 것은 하나님을 대적하는 것이요, 성령을 훼방하는 죄입니다. 여기서 성령을 훼방한다고 하는 것은 정당한 하나님 나라의 부흥운동을 시기심으로 반대하고 박해하는 것을 말합니다.

물론 사람들이 다윗을 잘 모르고 그를 미워하거나 시기할 수도 있습니다. 그러나 기름 부음 받은 자는 개인이 아니고 공인입니다. 그러니까 하나님의 기름 부음 받은 자를 개인을 대하듯이 해서는 안 되는 것입니다.

악한 자들은 짧은 기간 동안에는 성공을 하는 것 같은데 긴 시간에 걸쳐 보면 결국 뿌리가 뽑히게 됩니다. 그 이유는 하나님께서 그들을 서서히 고사시키시기 때문입니다. 악한 자들을 한순간에 뽑아버리면 사람들이 너무 빨리 잊어버리기 때문에 하나님께서는 악한 자들을 금방 멸망시키지 않으시고 서서히 말라죽게 하십니다. 목숨은 살아 있지만 병으로 만신창이가 되는 경우가 있는가 하면 치부한 재산으로 잘산다 하더라도 이미 그의 영혼은 지옥에 있는 것처럼 심한 죄책감과 불안으로 고통을 받는 것입니다.

의인들은 악인들에 대하여 어떻게 평가를 합니까?

> "의인이 보고 두려워하며 또 저를 비웃어 말하기를 이 사람은 하나님으로 자기 힘을 삼지 아니하고 오직 그 재물의 풍부함을 의지하며 제 악으로 스스로 든든케 하던 자라 하리로다"(52:6~7).

결국 이 세상에서 성공하려면 하나님의 축복을 끌어 와야 하고 하나님을 내 편으로 만들어야 합니다. 그런데 하나님을 내 편으로 만드는 방법은 하나님의 말씀대로 의롭게 사는 수밖에 없습니다.

악한 자들은 재물을 힘으로 삼고 악한 꾀를 무기로 삼는데 의인들은 하나님을 힘으로 삼습니다. 누가 이길 것 같습니까? 당장은 악한 자들이 이길 것 같습니다. 왜냐하면 그들은 힘이 있는데 의인들은 아무 힘이 없기 때문입니다. 그러나 실제로 악인들이 싸우는 대상은 의인들이 아니라 하나님이며 아무도 하나님을 이길 수는 없습니다. 하나님은 악한 자를 죽이는 데 새끼손가락도 사용하실 필요가 없으십니다. 그냥 입으로 불기만 해도 그들은 죽을 것입니다.

그러나 의인은 어떻게 됩니까?

> "오직 나는 하나님의 집에 있는 푸른 감람나무 같음이여 하나님의 인자하심을 영영히 의지하리이다 주께서 이를 행하셨으므로 내가 영영히 주께 감사하고

주의 이름이 선하므로 주의 성도 앞에서 내가 주의 이름을 의지하리이다" (52:8~9).

의인은 푸른 감람나무와 같습니다. 뿌리가 땅 속으로 깊이 내려가서 결국 하나님께 닿아 있습니다. 그러니까 의인들은 영원히 뽑히지 않습니다. 하나님께서 의인들을 이 세상에서도 깊이 뿌리를 내리게 하십니다. 하나님이 주시는 진액으로 의인들의 나무는 정말 무성하게 될 것입니다.

하나님을 인정치 않는 자

성경은 또 다른 악한 자를 소개하고 있습니다. 그들은 무지하게도 하나님을 아예 인정하려고 하지 않습니다.

"어리석은 자는 그 마음에 이르기를 하나님이 없다 하도다 저희는 부패하며 가증한 악을 행함이여 선을 행하는 자가 없도다"(53:1).

이 세상의 모든 일들은 하나님의 도우심으로 이루어지는 것입니다. 사실 우리는 하나님의 지켜주심과 보호하심이 아니면 단 하루가 아니라 일 분 일 초도 살 수 없습니다. 하나님은 인간들이 착하든지 악하든지 변함 없이 은혜를 부어주시는데, 악한 자들은 하나님의 그 모든 혜택을 누리면서도 하나님을 인정하지 못하겠다고 합니다. 이것은 이 세상에서 하나님의 간섭을 받지 않겠다는 것입니다.

예수님께서는 악한 소작인 비유(마 21:33~41, 막 12:1~9 참조)를 드신 적이 있습니다. 어떤 주인이 좋은 포도원을 만들어 농부들에게 맡기고 다른 곳에 갔습니다. 그런데 그 농부들은 포도원이 탐이 나서 자기들의 소유로 만들기로 작당을 했습니다. 그래서 주인이 종들을 보내서 소출을 요구하면 두들겨서 보냈습니다. 주인이 다른 종들을 보내도 마찬가지로 더 때려서 보내거나 죽이니까 이 포도원 주인은 나중에 '내 아들이니 공경하겠지.' 생각하고 아들을 보냈습니다. 그러나 그 소작인들은 결국 아들까지도 포도원 밖으로 끌고 가서 죽여버렸습니다.

사람들이 하나님의 존재를 인정하지 않는 이유가 어디에 있습니까? 이 아름다운 세상을 자기 마음대로 차지하기 위해서입니다. 사람들은 조금만 냉정하게 생각해 보면 하나님을 인정하지 않을 수가 없는데도 불구하고 하나님이 없다고 떼를 씁니다. 그리고 그들이 예수님을 더 미워하는 이유가 무엇입니까? 예수님이 이 세상에 대한 하나님의 소유를 주장하기 위해서 오셨기 때문입니다. 아버지의 것을 아버지에게 돌리라는 것입니다. 이것은 그 동안 하나님 없이 산 것에 대한 죄를 인정하고 하나님의 뜻에 온전히 복종하라는 것입니다.

우리는 이 세상에 아무것도 가져 온 것이 없습니다. 그리고 우리는 갈 때에도 빈손으로 갈 수밖에 없습니다. 결국 이 세상에 있는 모든 것은 하나님께서 우리 인간들에게 맡기신 선물이며 우리의 것은 아무것도 없습니다. 하나님께서는 사람들에게 이 세상에 있는 모든 것으로 서로 사랑하라고 이 모든 것을 주셨습니다. 그런데 악한 자들은 자기 것도 아닌 것을 더 차지하기 위하여 사람들을 해치고 죽이는 것입니다.

"하나님이 하늘에서 인생을 굽어 살피사 지각이 있는 자와 하나님을 찾는 자가 있는가 보려 하신즉 각기 물러가 함께 더러운 자가 되고 선을 행하는 자 없으니 하나도 없도다"(53:2~3).

하나님은 우리 인간들에게 무관심한 분이 아니십니다. 하나님은 멀리 떨어져 계신 것 같지만 모든 것을 다 살피고 계십니다. 그런데 인간들은 그 마음이 얼마나 죄로 망가졌는지 스스로의 힘으로는 도저히 선을 행할 자도 없고 또 하나님을 찾지도 않습니다. 그러니까 우리 인간들은 환자로 치면 중환자와 같고 중증 장애인과 같습니다. 우리들은 혼자 내버려두어서는 아무것도 되지 않습니다. 중환자에게 무엇을 요구할 수 있겠습니까? 중환자나 중증 장애인들은 스스로 할 수 있는 것이 없기에 하나에서 열까지 모두 돌보아주어야만 합니다.

하나님께서 예수님을 보내신 것은 중증 장애인 같은 우리들을 스물네 시간 지켜주시고 보호해 주시기 위해서입니다. 하나님께서 우리에게 요구하시는 것은 오직 하나입니다. 자기가 이런 중증 장애인이라는 것을 인정하기만 하라는 것입니다. 그러나 그렇게 하는 자가 없다고 말씀하고 있습니다.

> "죄악을 행하는 자는 무지하뇨 저희가 떡 먹듯이 내 백성을 먹으면서 하나님을 부르지 아니하는도다"(53:4).

하나님께서 이 세상에 믿는 자를 두신 이유가 무엇입니까? 악한 자들을 바른 길로 안내하기 위해서입니다. 누구든지 이렇게 믿으면 구원을 얻는다는 것을 보여주시려는 것입니다. 그런데 하나님의 백성들의 특징은 무엇입니까? 하나님의 백성들은 자기를 믿지 않고 하나님을 의지합니다. 하나님의 백성들은 늑대에서 양으로 변한 사람들입니다. 그런데 늑대들은 그 양들을 떡 먹듯이 다 잡아 먹어버리는 것입니다. 그러면 어떻게 됩니까? 하나님이 그 늑대들에게 "이 양들처럼 변화되어라." 하고 양들을 보내셨는데 오히려 먹고 싶다고 다 잡아 먹어버리면 어떻게 합니까?

예를 들어서 제빵기술을 배우는 학원에서 선생님이 케이크를 만들라고 견본을 만들어 주었습니다. 그런데 학생들이 배가 고프다고 그 견본을 먹어버리면 어떻게 되겠습니까? 그러면 더이상 케이크를 만들 수가 없을 것입니다. 마찬가지로 농사를 짓는 사람들은 아무리 배가 고파도 씨종자를 먹으면 안 됩니다. 그것으로 다음 농사를 다시 지어야 하기 때문입니다. 또 어떤 곳에 가로등이 있는데 술을 마시는 사람들이 돌을 던져서 등을 다 깨놓았습니다. 가로등은 안전을 위하여 일부러 만든 것인데 그것을 깨뜨리면 캄캄하게 지낼 수밖에 없습니다. 그래서 우리는 진리의 등대를 다른 사람들이 깨뜨리지 못하도록 지켜야 합니다. 그들에게는 등대를 깨뜨리는 것이 장난일지 몰라도 항해하는 자들에게는 이것이 생명이 달린 문제이기 때문입니다.

하나님께서는 악한 자에 대하여 이렇게 말씀하십니다.

"저희가 두려움이 없는 곳에서 크게 두려워하였으니 너를 대하여 진친 저희의 뼈를 하나님이 흩으심이라 하나님이 저희를 버리신고로 네가 저희로 수치를 당케 하였도다 시온에서 이스라엘을 구원하여 줄 자 누구인고 하나님이 그 백성의 포로 된 것을 돌이키실 때에 야곱이 즐거워하며 이스라엘이 기뻐하리로다"(53:5~6).

하나님을 인정치 않는 자들은 두려울 수밖에 없습니다. 왜냐하면 그들에게는 아무것도 확실한 것이 없기 때문입니다. 그들은 영원히 자기 자신을 찾지 못할 것입니다. 악한 자들은 재물이나 권력은 가질 수 있을지 몰라도 결코 자신을 찾지 못할 것입니다. 우리가 자기를 찾는 길은 하나님을 만나는 길밖에 없기 때문입니다. 우리는 하나님의 형상대로 만들어진 자들입니다. 온 세상을 다 가지고도 자기 영혼을 잃으면 무슨 소용이 있습니까?

그래서 구원은 역시 시온에서 나옵니다. 포로 된 자들을 돌이키는 일도 하나님의 말씀에서 시작됩니다. 구원 얻은 우리들은 영원히 기뻐하면서 즐거워할 것입니다.

54.

하나님이여
주의 이름으로 나를 구원하시고
주의 힘으로 나를 판단하소서
하나님이여 내 기도를 들으시며
내 입의 말에 귀를 기울이소서
외인이 일어나 나를 치며
강포한 자가 내 생명을 수색하며
하나님을 자기 앞에 두지 아니하였음이니이다(셀라)
하나님은 나의 돕는 자시라
주께서 내 생명을 붙드는 자와 함께하시나이다
주께서 내 원수에게 악으로 갚으시리니
주의 성실하심으로 저희를 멸하소서
내가 낙헌제로 주께 제사하리이다
여호와여 주의 이름에 감사하오리니
주의 이름이 선하심이니이다
대저 주께서 모든 환난에서 나를 건지시고
내 원수가 보응 받는 것을
나로 목도케 하셨나이다

Save me, O God, by your name;
vindicate me by your might.
Hear my prayer, O God;
listen to the words of my mouth.
Strangers are attacking me;
ruthless men seek my life-
men without regard for God. Selah
Surely God is my help;
the Lord is the one who sustains me.
Let evil recoil on those who slander me;
in your faithfulness destroy them.
I will sacrifice a freewill offering to you;
I will praise your name, O Lord,
for it is good.
For he has delivered me from all my troubles,
and my eyes have looked in triumph on my foes.

사람이 가장 두렵고 답답할 때는 도망을 치다가 막다른 골목에 갇히게 되었을 때입니다. 그때는 더이상 도망칠 곳도 없고 붙잡혀 죽는 것은 시간 문제입니다. 과거에 학생 데모가 한창일 때 학생들이 시내에서 데모를 하다가 경찰에게 쫓기게 되면 막다른 골목으로 들어가게 되는 수가 있었습니다. 그럴 때는 옆집 담을 넘어야 하는데 담을 넘지 못하거나 넘다가 붙들리면 곤봉으로 무지무지하게 두들겨 맞고 결국 꼼짝 못 하고 붙들려가게 됩니다. 이것이 학생 데모니까 그 정도이지 만약 전쟁 중에 막다른 골목을 만난다면 노예가 되든지 아니면 사살될 수밖에 없을 것입니다.

다윗은 사울에게 쫓기면서 더이상 출구가 보이지 않는 막다른 골목에 갇힐 때가 몇 번 있었습니다. 그런데 놀라운 것은, 그가 결코 절망하거나 두려워하지 않았다는 사실입니다. 다윗은 결코 자기가 사울의 손에 죽지 않을 것이라는 믿음은 가지고 있었기에 절망하지 않을 수 있었습니다. 이것이 바로 하나님의 기름 부으심의 특권입니다. 하나님께서 다윗에게 기름을 부으신 것은 그를 장차 이스라엘의 왕으로 쓰시겠다는 약속입니다. 그런데 만일 지금 다윗이 사울의 손에 죽으면 하나님이 약속을 어긴 것이 됩니다.

이스라엘 백성들은 막다른 골목을 경험해 본 적이 있었습니다. 출애굽 한 직후 홍해를 눈앞에 두었을 때입니다. 그때 앞에는 홍해가 그들을 가로막고 있었고 양 옆에는 산들이 막고 있었습니다. 그리고 뒤에는 애굽 바로의 군대가 병거를 몰고 맹추격을 하고 있었습니다. 막다른 골목에서 이스라엘 백성들은 무지무지한 욕설로 하나님과 모세를 원망했습니다. 그 이유가 어디에 있습니까? 이스라엘 백성들은 그만큼 두려웠던 것입니다.

그러나 모세의 태도는 그것이 아니었습니다. 놀랍게도 모세는 조금도 두려워하지 않았습니다. 오히려 "너희는 두려워 말고 가만히 서서 여호와께서 오늘날 너희를 위하여 행하시는 구원을 보라 너희가 오늘 본 애굽 사람을 또 다시는 영원히 보지 못하리라 여호와께서 너희를 위하여 싸우시리니 너희는 가만히 있을지니라"(출 14:13~14). 라고 하면서 두려워하는 이스라엘 백성들을 설득했습니다. 모세가 그렇게 담대할 수 있었던 것은 하나님의 약속을 믿었기 때문입니다. 하나님께서는 모세에게 "너희가 시내 산에서 나에게 경배를 하리라."라고 약속의 말씀을 하셨습니다. 그 약속을 이루려면 모세와 이스라엘 백성들은 적어도 홍해에서 죽으면 안 되는 것입니다.

우리가 이것을 보면 믿음의 사람들은 가장 절망적인 순간에도 하나님의 말씀을 더욱 믿었던 것을 알 수 있습니다. 하나님께서 나에게 말씀하신 것이 이루어지려면 적어도 여기서 죽으면 안 된다는 것입니다.

저도 목회를 하면서 막다른 골목을 여러 번 만난 적이 있습니다. 심지어는 어떤 불한당이 저를 죽이려고 칼을 들고 온 적도 있었습니다. 그런데 저는 도망칠 곳도 없고 그렇다고 나를 방어할 수 있는 다른 방도도 없었습니다. 물론 하나님께서 그 악한 자를 막으셔서 저를 해치지 못하게 하셨지만 그때 저는 '나의 생명이 이렇게 시시하게 끝이 나는가?' 하는 생각이 들었습니다.

그런데 놀랍게도 그런 막다른 골목에 갇혔을 때에도 다윗의 입에서는 시가 나왔고 찬송이 나왔습니다. 이것은 다윗이 자기 정신으로 하는 소리가 아닙니다. 이것은 하나님께서 성령으로 다윗의 입을 통해서 다윗 자신에게 말씀을 하시는 것입니다. 즉 다윗이 성령으로 자기 자신에게 하는 말씀입니다. 다윗은 지금 구체적인 방법은 알 수 없습니다. 그러나 하나님께서 자기 자신을 이 위기에서 벗어나게 하실 줄을 믿습니다. 그리고 그 믿음으로 자기 자신을 설득시키고 있습니다.

시편 54편은 표제에 있는 설명처럼 '십 사람들이 사울에게 다윗을 밀고했을 때 지은 시' 입니다. 십 사람들이 다윗을 밀고했을 때 다윗은 완전히 독 안에 든 쥐였고 더이상 피할 곳이 없었습니다. 그리고 사울도 이번에는 다윗을 분명히 잡을 것이라는 확신을 가지고 왔습니다. 하나님의 말씀은 왕이 될 것이라고 했는데 현실은 꼼짝 못 하고 잡혀서 죽게 되었습니다. 그러니 얼마나 하나님의 말씀과 현실이 모순이 됩니까? 그런데 그때 다윗은 무조건 하나님의 능력을 믿었습니다.

하나님의 판단

"하나님이여 주의 이름으로 나를 구원하시고 주의 힘으로 나를 판단하소서" (54:1).

사람이 자기 힘으로 감당할 수 없는 어려움을 당하면 자포자기하게 됩니다. 자포자기할 때 나타나는 현상이 바로 원망과 불평입니다. 이 원망과 불평은 결국 "하나님을 더이상 믿을 수 없으며 나는 하나님에게 속았다."라는 뜻입니다. 그러나 다윗은 하나님께 자신을 판단해 달라고 합니다. 여기서 '나를 판단해 달라는 것' 은 "나는 정말 하나님 앞에서 죽을 죄인입니다. 죽는 것이 하나님의 뜻이라면 죽게 해 주십시오. 그러나 만일 사울이 자신의 권력을 남용해서 시기심으로 나를 죽이려 하고 있다면 이것은 공정하지 않으니 하나님께서 저를 건져주셔야 합니다."라는 뜻입니다.

이것이 위기 때 우리 성도들이 하나님께 취할 수 있는 태도입니다. 우리도 다윗처럼 이런 위기 때 절대로 입에서 하나님을 원망하는 말이 나오지 않게 해야 합니다. 위기 때 우리 입에서 나오는 말이 우리의 진정한 신앙 고백이기 때문입니다. 일단 이런 위기에서도 우리의 입을 틀어막아서 하나님께 대한 원망과 불평이 나오지 않으면 그 자체가 믿음으로 승리한 것입니다.

그 다음에는 우리가 하나님께 따질 것이 있습니다. "하나님, 왜 하나님의 말씀과 현실이 이렇게 다른 것입니까?" 즉 말씀과 현실이 이렇게 다른 이유를 하나님께 설명해 달라고 할 수 있습니다. 하나님께서는 분명히 다윗에게 왕이 될 것이라고 약속하셨습니다. 그러나 지금 형편은 왕은커녕 반역자로 잡혀서 죽게 되었습니다. 왜 하나님의 말씀이 역사하지 않는지, 하나님의 말씀과 현실이 왜 이렇게 틀린지 설명을 해달라고 다윗은 요청합니다. 이것은 다른 말로 표현하면 하나님의 말씀의 능력을 발휘하게 해달라는 요청입니다.

그러면 다윗이 당장 왕이 되는 것은 아니라 하더라도 적어도 그 위기에서는 벗어날 수 있게 됩니다. 그리고 이때 우리는 놀라운 현상을 보게 됩니다. 그것은 악한 자가 절대로 더이상 접근할 수 없는 선이 있다는 것입니다. 정말 아슬아슬하기는 하지만 더이상 해칠 수 없는 눈에 보이지 않는 선이 있음을 보게 됩니다.

위기 때 드리는 기도

우리는 절대적인 위기가 닥치게 되었을 때 오히려 기도하지 않는 경향이 있습니다. '모든 것을 하나님께서 다 알아서 하시겠지.' 하는 식입니다. '기도해도 그만이고 기도하지 않아도 그만' 이라는 식으로 생각하기 쉽습니다. 그러나 우리는 위기 때 기도를 반드시 해야 하고 이때 드리는 기도가 상당히 중요합니다.

"하나님이여 내 기도를 들으시며 내 입의 말에 귀를 기울이소서"(54:2).

기도가 왜 중요합니까? 위기 때 드리는 기도는 하나님과의 무전 연락이기 때문입니다. 위기에 처했을 때 외부와 무전 연락이 되는 것은 아주 큰 도움이 됩니다. 왜냐하면 나의 상태를 알릴 수도 있고 또 내가 해야 할 행동을 지시받을 수도 있기 때문입니다. 물론 사람들이 매몰되어 땅속에 갇혀 있을 때 무조건 밖에서 파 들어갈 수도 있지만, 갇힌 자들 스스로 응급처지를 해야 할 것도 있고 자기들의 상황을 밖에 자세하게 알릴 수 있으면 좋습니다.

우리가 어려울 때 기도를 포기하는 이유는, 하나님의 소리가 들리지 않고 일방적인 독백이라고 생각하기 때문입니다. 그러나 하나님은 우리의 모든 소리를 다 들으십니다. 그리고 우리의 기도를 통해서 우리의 상황만이 아니라 우리의 영적인 상태를 일일이 점검하십니다. 마치 병원에서 간호사들이 중환자실에 있는 환자들의 체온과 혈압 같은 것을 수시로 체크하듯이 하나님께서는 우리의 기도를 통하여 우리의 영적인 상태를 확인하십니다.

이것이 매우 중요합니다. 왜냐하면 하나님께서는 우리 상태에 맞게 작전을 하실 수가 있기 때문입니다. 우리의 상태가 좋으면 좀더 과감한 공격을 해볼 수도 있고, 우리의 상태가 너무 좋지 못하면 일단 안전한 곳으로 옮기는 방법을 써야 할 것입니다.

다윗이 십 광야에 있을 때 사실 그의 영적인 상태는 좋았습니다. 그는 최근에 죄를 지은 적도 없고 하나님 앞에서 두려워할 만한 일도 없었습니다. 그래서 다윗은 절박하게 쫓기고 있으면서도 영적인 상태는 건강했습니다. 그러니까 하나님께서는 다윗으로 하여금 과감한 작전을 구사하게 하셨는데, 그것은 굴 속에 쉬러 들어온 사울의 옷자락을 베게 하신 것이었습니다. 이것은 사울의 목을 베는 것보다 더 큰 승리입니다. 만약 다윗이 두려워하고 있었고 상태가 좋지 못했다면 그렇게까지 정확하게 하나님의 뜻에 순종하기는 어려웠을 것입니다. 아마도 다윗은 사울을 죽이자는 사람들의 말대로 사울을 죽였을 것입니다. 만약 그랬다면 더 큰 위험을 자초했을 것입니다. 사울을 죽이기는 했지만 밖에 있는 삼천 명이 넘는 군대는 무슨 재주로 물리치겠습니까? 행여 군인들이 죽은 사울을 보고 겁을 먹고 달아나주면 좋겠지만 그들이 다윗의 군사가 얼마 없음을 보고 포위하면 모든 것이 끝장나는 것입니다. 그러나 다윗은 기도를 계속하고 있었기 때문에 하나님과의 통신 상태가 좋았습니다. 다윗은 숨지도 않고 사울을 죽이지도 않는 순종을 했습니다. 이것은 지나치지도 않고 부족하지도 않은 정확한 순종입니다.

그 다음에는 잠을 자고 있는 사울의 진 속에 들어가서 사울 옆에 있는 물병과 창을 훔쳐왔습니다. 이것도 사울을 죽이는 것보다 훨씬 더 큰 승리입니다. 사울을 한 번 죽이는 것보다는 이렇게 하는 것이 훨씬 더 위대한 것입니다. 다윗이 이렇게 할 수 있었던 이유는 계속 기도하고 있었기 때문입니다. 기도함으로써 그의 영적인 상태가 아주 좋았기에 그는 하나님이 보내시는 메시지를 정확하게 읽을 수 있었습니다.

하나님은 매순간 우리에게 지시를 내리십니다. 우리는 하나님께 기도를 하면서 지시를 들을 수 있습니다. 우리는 순간적으로 하나님이 주시는 지혜를 포착할 수 있는 것입니다. 그리고 우리가 그대로 한번 해보면 일이 아주 형통할 때가 많습니다. 만일 그대로 안 되면 우리가 하나님의 신호를 잘못 받았을 수도 있기 때문에 조금 기다리면 됩니다. 우리는 아무리 어려워도 하나님이 주시는 신호대로 하면 살아날 수 있을 뿐 아니라 위기 가운데서 큰 영광을 하나님께 돌려드릴 수 있게 됩니다.

그런데 우리가 기도하지 않고 자포자기하고 있으면 어떻게 됩니까? 그런 중에도 은혜로 하나님께서 도와주시기 때문에 목숨은 건집니다. 그러나 목숨을 건진 것 외에는 아무 유익이 없습니다. 즉 위기 가운데서 기도로 하나님과 통신을 주고받으면 절묘하게 이길 수 있는데, 기도하지 않으면 그냥 멍하게 있다가 위기가 넘어가면 그것으로 만족해버리고 끝나고 맙니다. 그러니까 믿음이 자라지 않는 것입니다.

우리 나라 해군 구축함은 과거에 바다에서 소련 잠수함을 만나면 실제로 전투 행위는 하지 않지만 철저하게 쫓고 쫓는 게임을 합니다. 물론 본부의 통신 지시를 계속 받으면서 쫓아갑니다. 그래서 결국 적의 잠수함을 바다 위에 떠오르게 하면 이기는 것입니다. 이것이 바로 실전에 가까운 훈련입니다.

마찬가지로 환난 때에 계속 기도하면서 하나님께 매달리는 사람은 그 한 가지 어려움을 통하여 여러 가지 많은 실전 훈련도 하면서 믿음이 굉장히 많이 자라게 됩니다. 그런데 기도도 하지 않고 멍청하게 있는 사람은 어려움을 간신히 넘긴 것 외에는 아무것도 얻는 것이 없습니다. 그래서 그의 믿음이 원래 상태대로 그냥 그 자리에 머물러 있게 됩니다.

예수님과 제자들이 갈릴리 호수를 건너가다가 큰 바람을 만나게 되었습니다(막 4:36~41 참조). 제자들은 무엇을 어떻게 해야 할지 몰라서 당황했습니다. 이런 위기 때 그 동안 훈련받았던 믿음을 한번 써봐야 하는데 전혀 써보지도 못하고 결국 예수님을 깨웠습니다. 그 때 예수님께서는 '믿음이 적은 자들아' 하시면서 책망을 하셨습니다. 물론 그들이 폭풍우가 부는 바다의 배 위에서 할 수 있는 것은 없었습니다. 그러나 예수님은 그들의 태도에 못마땅해하셨습니다. 기도하면서 좀더 지혜를 사용하였어야 한다는 것입니다.

외인의 수색

다윗은 자신의 사정을 하나님께 보고드립니다.

"외인이 일어나 나를 치며 강포한 자가 내 생명을 수색하며 하나님을 자기 앞에 두지 아니하였음이니이다"(54:3).

여기서 '외인'이 누군가 하는 것이 문제가 될 수 있습니다. 외인은 '십 사람들'일까요? 아니면 '사울의 군대'일까요? 그런데 실제로는 둘 다 해당이 됩니다. 외면적으로는 같은 이스라엘 백성들이지만 실제로는 외인이요 이방인이라는 것입니다. 왜냐하면 그들은 하나님을 두려워하지 않고 하나님의 사람을 찾아서 죽이려고 하기 때문입니다. 하나님의 종을 죽이려고 하는 사람이 어떻게 이스라엘 백성일 수 있겠습니까?

"하나님을 자기 앞에 두지 아니하였음이니이다."라고 말씀하고 있습니다. 이것은 두 가지로 해석할 수 있습니다. 우선, 그들은 다윗의 생명을 찾으면서 하나님의 뜻을 전혀 생각지 않았다는 것입니다. 그들이 상식적으로 생각해 보기만 했어도 다윗을 수색할 수가 없습니다. 왜냐하면 다윗은 이스라엘을 해롭게 하는 일을 한 적이 없습니다. 대신에 다윗은 지금까지 철저하게 하나님께 순종하는 일만 했습니다. 지금 사울이 군대를 풀어서 다윗을 수색하는 것은 감정적으로 사적인 보복을 하기 위해서입니다. 아무리 사울이 왕이라 하더라도 사적인 보복을 위하여 이스라엘의 군대를 동원해서는 안 됩니다. 그런데도 이 사람들이 사울의 명에 따라서 다윗을 수색하는 것은 전혀 하나님의 뜻을 생각지 않고 사울에게 아첨하려고 하는 것입니다.

그 다음으로 이 말씀은, 그들이 자기 앞에서 자기들을 향하여 진노하고 계신 하나님을 생각지 않고 있다는 의미로 해석할 수도 있습니다. 지금 사람의 눈으로 보기에는 다윗의 생명이 위험에 빠져 있는 것 같습니다. 그러나 실제로는 사울의 군대가 위험합니다. 왜냐하면 하나님께서 그들을 향하여 칼을 빼들고 계시기 때문입니다.

"하나님은 나의 돕는 자시라 주께서 내 생명을 붙드는 자와 함께하시나이다" (54:4).

여기서 다윗은 '자기 생명을 붙드는 자'가 있다고 말하고 있습니다. 다윗의 생명을 붙들고 있는 자가 누구입니까? 그의 동료들입니까? 천사입니까? 아니면 그리스도입니까? 그리스도입니다. 가장 능력 있는 분이 다윗의 생명을 주야로 지키고 계십니다.

하나님께서 다윗을 지키고 계신데 어떻게 그의 머리털 하나라도 상하게 할 수 있겠습니까? 그의 머리털이라도 상하게 하면 그들이 모두 몰살당할 것입니다. 그러니까 눈으로 보기에는 악한 자가 유리한 것 같지만 실제로는 악한 자들이 훨씬 더 위험한 상태에 있습니다. 그들이 한 걸음만 더 성도에게 접근하면 하나님께서 그들의 머리를 내리치실 것입니다.

그런데 다윗이 지금 외인들이 자기 생명을 수색하고 있다고 하나님께 말씀드리는 것이 무슨 소용이 있겠습니까? 그런 사정을 말씀드리지 않는다고 해서 하나님께서 모르시는 것도 아니지 않습니까? 그러나 자신의 사정을 하나님께 자세하게 보고하는 것이 얼마나 성숙한 기도인지 모릅니다.

우리가 아무것도 모를 때에는 무조건 하나님께 잘못했다고 빌고 용서해 달라고 애원을 합니다. 물론 우리가 죄를 지었을 때에는 그렇게 해야 할 것입니다. 그러나 그것은 어린아이의 기도이고 우리가 신앙적으로 조금 더 자라면 자신의 처지를 아주 객관적으로 하나님께 보고를 드리게 됩니다. "하나님, 저는 지금 이런 사정에 처해 있는데 원수들은 이런 방식으로 움직이고 있습니다. 지금 저의 사정은 호전되고는 있지만 그렇게 썩 안심할 정도는 아닙니다."

이런 기도는 마치 전쟁 특파원의 보고와 같습니다. 하나님께서는 이런 보고를 아주 중요하게 생각하십니다. 그리고 이들의 보고를 중심으로 모든 작전을 짜시고 실행하시는 것입니다. 이렇게 하는 것이 바로 하나님의 동역자가 되는 것입니다.

다윗은 절대적인 위기 가운데서 목숨을 건지기 위해서 도망치기만 한 것이 아니라 적들의 움직임을 보고하고 또 자기 나름대로의 계획을 하나님께 말씀드리기도 했습니다. 이것이 다윗의 믿음이었습니다. 이런 경험을 하고 나면 그 다음에는 웬만한 위기에도 놀라지도 않게 되고, 한번 믿음으로 승리해 본 체험이 있기 때문에 그 뒤에도 계속 믿음으로 위기를 해결하게 됩니다.

다윗의 계획

다윗은 어려움 가운데서도 미래에 대한 비전을 버리지 않았습니다. 그래서 다윗은 당장의 위기에서 벗어나기만을 구한 것이 아니라 하나님의 웅장한 뜻이 이루어지기를 간구했습니다.

첫 번째로, 그는 하나님께서 악한 자를 보응하시도록 기도했습니다.

"주께서 내 원수에게 악으로 갚으시리니 주의 성실하심으로 저희를 멸하소서" (54:5).

우선 다윗은, 하나님께서 사울과 그의 추격자들을 보응하시도록 간구했습니다. 이것은 다른 말로 표현하면 자기 자신은 이들에게 보복하지 않겠다는 것입니다. 왜냐하면 사울은 그의 적수가 아니기 때문입니다. 하나님께서 다윗에게 기름을 부으신 것은 사울에게 복수하라고 하신 것이 아닙니다. 모든 이스라엘의 적들로부터 이스라엘을 지키는 것이 다윗의 사명이었습니다. 그래서 그는 사울에 대한 모든 감정을 하나님께 다 맡겼습니다.

어떤 사람은 아버지와 내내 싸우는 분들이 있습니다. 또 어떤 분은 교인을 상대로 해서 싸우는 분도 있습니다. 그러나 이분들은 적을 잘못 안 것입니다. 우리는 싸워야 할 대상이 아닌 자들과 싸워서는 절대 안 됩니다. 왜냐하면 그것은 시간 낭비이기 때문입니다. 우리의 원수는 마귀입니다. 그래서 마귀와 싸워야지 사람들과 자존심 때문에 싸우는 것은 시간 낭비입니다. 그런 것은 하나님께 다 맡겨야 합니다.

그러면 다윗이 사울에게 할 수 있는 진정한 복수는 무엇입니까? 사울이 망하는 것은 복수가 아닙니다. 우리는 어떤 사람이 망하는 것을 복수라고 생각하기 쉬운데 그것은 멋진 복수가 아닙니다. 그 사람이 변화되어 주님을 위하여 사는 것이 진짜 복수인 것입니다. 그러니까 사랑하는 것보다 더 무서운 복수가 없습니다. 우리가 다른 사람을 사랑하면 마귀의 앞잡이가 하나님의 종으로 변화되는 것입니다.

그리고 다윗은 당장 보복해 달라고 말하지 않습니다. "주의 성실하심으로 저희를 멸하소서."라고 기도합니다. 이것은 나의 감정 때문에 하나님을 재촉하지는 않겠다는 것입니다. 악한 자가 망하는 것이 그렇게 급할 이유가 없습니다. 그 사람들도 하나밖에 없는 귀한 생명을 가지고 있는데 이 세상에 살면서 회개할 기회를 가지는 것이 좋지 않겠습니까?

두 번째는, 낙헌제로 하나님께 감사를 드리겠다는 것입니다.

"내가 낙헌제로 주께 제사하리이다 여호와여 주의 이름에 감사하오리니 주의 이름이 선하심이니이다"(54:6).

여기서 '낙헌제' 라고 하는 것은 하나님의 은혜가 너무 감사해서 자기 자신을 하나님께 헌신하는 것을 말합니다. 예를 들어서 어떤 사람이 불치의 병으로 죽게 되었는데 하나님께서 치료해 주셨을 때, 너무 그 은혜가 감사해서 자신의 인생을 자기 마음대로 쓰지 않고 하나님께 헌신하는 것이 낙헌제입니다. 즉 우리 그리스도인들이 가지고 있는 사고 방식은 바로 이 낙헌제의 사상입니다. 즉 우리가 마귀의 시험에 빠지고 목숨이 어렵게 되었을 때 이미 우리는 죽었다는 것입니다. 그리고 이제 남은 나의 삶은 나의 것이 아니라는 것입니다.

이미 자신이 한번 죽었다고 생각하는 사람이 욕심을 내면 얼마나 내겠습니까? 그러니까 사소한 욕심이나 이해 관계를 다 떠날 수가 있습니다. 무엇을 하나 하더라도 자기 이름을 위하여 하는 것이 아니라 사랑하는 마음으로 할 수 있게 됩니다. 하나님의 이름으로 구원을 받았기 때문에 이제는 하나님의 이름으로 살아갈 수 있습니다. 그러면 하나님께서는 그런 사람에게 더욱더 복을 주십니다. 그래서 하나님과 나는 더욱 하나가 되어서 한몸같이 봉사할 수 있습니다. 아마도 다윗이 비교적 끝까지 정직할 수 있었던 것은 이런 위기를 통하여 자기 자신을 버리는 훈련을 많이 받았기 때문인 것 같습니다.

물론 내 이름으로 좋은 일을 하는 것도 중요하지만 진짜 중요한 것은 하나님의 이름으로 하는 것입니다. 나는 오직 하나님의 종으로 사용되어야 합니다. 이것이 원래 하나님께서 우리에게 요구하신 것입니다. 그러니까 '나' 라고 하는 존재는 완전히 없어지고, 나의 몸도 하나님께 빌려드리고, 나의 입도 빌려드리고, 나의 손도 빌려드리는 것이 선한 것입니다. 그렇게 하려면 우리가 완전히 성령으로 충만해져야 합니다. 나의 잡생각이나 헛된 욕심들이 다 없어질 때 하나님의 은혜와 축복은 완전하게 나타나게 됩니다.

> "대저 주께서 모든 환난에서 나를 건지시고 내 원수가 보응받는 것을 나로 목도케 하셨나이다"(54:7).

이것은 다윗이 시련이 다 끝난 후에 기록한 것 같기도 하고 아니면 아직 끝나지 않았지만 믿음의 눈으로 미리 내다보고 적은 것 같기도 합니다. 저는 믿음의 눈으로 미리 내다본 것이라고 생각합니다. 성도들은 악한 자의 종말을 내다봅니다. 결과가 다 나타난 후에야 비로소 하나님이 심판하셨다고 생각하는 것은 너무 늦은 것입니다. 이미 그들이 하나님을 반대하는 편에 섰다는 사실 자체가 패배를 물고 들어가는 것입니다. 그 대신 하나님 편에 서 있는 자들은 교만하거나 죄를 짓지 않는 이상 절대로 실패하지 않을 것이며 앞으로도 영원히 그러할 것입니다. 그것을 목도하게 될 날이 올 것입니다. 이것은, 악인들은 절대로 복을 받을 수 없다는 것입니다. 악한 자의 편에 서 있으면서 복이 오게 해달라고 기도해 봐야 소용이 없습니다. 그들은 의로운 자들에게로 소속을 옮겨야 복을 받을 수가 있습니다. 우리가 이 모든 것을 목도하게 될 것입니다.

1–23

예루살렘의 폭동

55.

하나님이여 내 기도에 귀를 기울이시고
내가 간구할 때에 숨지 마소서
내게 굽히사 응답하소서 내가 근심으로 편치 못하여 탄식하오니
이는 원수의 소리와 악인의 압제의 연고라
저희가 죄악으로 내게 더하며 노하여 나를 핍박하나이다
내 마음이 내 속에서 심히 아파하며 사망의 위험이 내게 미쳤도다
두려움과 떨림이 내게 이르고 황공함이 나를 덮었도다
나의 말이 내가 비둘기같이 날개가 있으면 날아가서 편히 쉬리로다
내가 멀리 날아가서 광야에 거하리로다(셀라)
내가 피난처에 속히 가서 폭풍과 광풍을 피하리라 하였도다
내가 성내에서 강포와 분쟁을 보았사오니
주여 저희를 멸하소서 저희 혀를 나누소서
저희가 주야로 성벽 위에 두루 다니니 성중에는 죄악과 잔해함이 있으며
악독이 그 중에 있고 압박과 궤사가 그 거리를 떠나지 않도다
나를 책망한 자가 원수가 아니라 원수일진대 내가 참았으리라
나를 대하여 자기를 높이는 자가 나를 미워하는 자가 아니라
미워하는 자일진대 내가 그를 피하여 숨었으리라
그가 곧 너로다 나의 동류 나의 동무요 나의 가까운 친우로다
우리가 같이 재미롭게 의논하며 무리와 함께하여 하나님의 집안에서 다녔도다
사망이 홀연히 저희에게 임하여 산 채로 음부에 내려갈지어다
이는 악독이 저희 거처에 있고 저희 가운데 있음이로다
나는 하나님께 부르짖으리니 여호와께서 나를 구원하시리로다
저녁과 아침과 정오에 내가 근심하여 탄식하리니
여호와께서 내 소리를 들으시리로다
나를 대적하는 자 많더니 나를 치는 전쟁에서
저가 내 생명을 구속하사 평안하게 하셨도다
태고부터 계신 하나님이 들으시고(셀라) 변치 아니하며
하나님을 경외치 아니하는 자에게 보응하시리로다
저는 손을 들어 자기와 화목한 자를 치고 그 언약을 배반하였도다
그 입은 우유 기름보다 미끄러워도 그 마음은 전쟁이요
그 말은 기름보다 유하여도 실상은 뽑힌 칼이로다
네 짐을 여호와께 맡겨버리라 너를 붙드시고
의인의 요동함을 영영히 허락지 아니하시리로다
하나님이여 주께서 저희로 파멸의 웅덩이에 빠지게 하시리이다
피를 흘리게 하며 속이는 자들은 저희 날의 반도 살지 못할 것이나
나는 주를 의지하리이다

Listen to my prayer, O God,
do not ignore my plea;
hear me and answer me.
My thoughts trouble me and I am distraught
at the voice of the enemy,
at the stares of the wicked;
for they bring down suffering upon me
and revile me in their anger.
My heart is in anguish within me;
the terrors of death assail me.
Fear and trembling have beset me;
horror has overwhelmed me.
I said, "Oh, that I had the wings of a dove!
I would fly away and be at rest-
I would flee far away
and stay in the desert; Selah
I would hurry to my place of shelter,
far from the tempest and storm."
Confuse the wicked, O Lord, confound their speech,
for I see violence and strife in the city.
Day and night they prowl about on its walls;
malice and abuse are within it.
Destructive forces are at work in the city;
threats and lies never leave its streets.
If an enemy were insulting me,
I could endure it;
if a foe were raising himself against me,
I could hide from him.
But it is you, a man like myself,
my companion, my close friend,
with whom I once enjoyed sweet fellowship
as we walked with the throng at the house of God.
Let death take my enemies by surprise;
let them go down alive to the grave,
for evil finds lodging among them.
But I call to God,
and the Lord saves me.
Evening, morning and noon
I cry out in distress,
and he hears my voice.
He ransoms me unharmed
from the battle waged against me,
even though many oppose me.
God, who is enthroned forever,
will hear them and afflict them-Selah
men who never change their ways
and have no fear of God.
My companion attacks his friends;
he violates his covenant.
His speech is smooth as butter,
yet war is in his heart;
his words are more soothing than oil,
yet they are drawn swords.
Cast your cares on the Lord
and he will sustain you;
he will never let the righteous fall.
But you, O God, will bring down the wicked
into the pit of corruption;
bloodthirsty and deceitful men
will not live out half their days.
But as for me, I trust in you.

우리는 종종 데모나 폭력 시위가 일어나서 질서가 파괴되고 혼동과 무질서에 빠지는 것을 보아왔습니다. 그 중에 하나가 기업의 노사쟁의입니다. 어제까지만 해도 한솥밥을 먹는 한 식구였는데 일단 데모가 터지면 갑자기 서로 적으로 돌변하게 됩니다. 그래서 어느 직장에서는 사장이 직원들에게 감금되기도 하고, 직원이 회사 기물에 불을 지르거나 기계를 망가뜨리는 경우도 있습니다. 얼마 전에는 어느 병원에서 노사쟁의가 일어났는데 병원 직원들이 병원 원장 집까지 몰려가서 욕을 하고 소동을 벌인 적도 있습니다. 그리고 의약 분쟁이 일어났을 때 의사들이 환자 진료를 거부하고 퇴원을 시키는 일도 있었습니다. 심지어는 대학교에서 운동권 학생들이 총장실을 점거하기도 하고 총장을 잡아서 머리를 강제로 깎는 일도 있었습니다.

그런데 더 놀라운 것은, 이런 일이 교회 안에서도 일어난다는 것입니다. 교회 안에서 싸움이 일어나면 서로 욕하는 것은 예사이고 강대상에서 상대방 멱살을 잡고 끌어내릴 뿐 아니라 유인물이나 인터넷을 통하여 상대방에 대한 온갖 비방을 다합니다.

시편 55편은 그 배경이 압살롬이 반역을 일으킨 때인 것 같습니다. 다윗은 압살롬과 그의 신하들을 철저하게 믿었습니다. 그런데 모두 같은 하나님의 백성들이요, 동지요, 성도들이었음에도 그들은 무슨 생각이 달랐는지 철저하게 다윗을 속이고 음모를 꾸며서 다윗을 몰아내는 혁명을 일으켰습니다. 그들은 다윗을 몰아내고 정권을 잡은 후 예루살렘 성을 완전히 무법천지로 만들어서 마음껏 사람을 때리고 죽이고 집에 불을 질렀습니다. 다윗은 자기 실수로 한순간에 하나님의 성이 지옥으로 변하는 것을 보았습니다. 그리고 그런 짓을 하고 있는 자들이, 자신이 그렇게도 믿고 함께 교제했던 사람들이라는 사실에 놀라움을 금할 수가 없었습니다.

우리가 다윗의 이 시를 보면서 생각해야 할 것은 '도대체 어떻게 이런 무시무시한 폭동이 예루살렘 안에서 일어날 수 있으며, 어떻게 해야 이것을 예방할 수 있는가?' 하는 것입니다.

다윗이 받았던 충격

다윗은 생애 동안 많은 전쟁을 했고 피를 많이 흘린 사람이었습니다. 그래서 다윗에게 있어서 전쟁이라든지 사람의 죽음은 새삼스러운 것이 아니었습니다. 그래도 다윗은 그의 생전에 혁명이라든지 배신이라는 것은 몰랐습니다. 그는 모든 동료들을 신뢰했고 그들도 모두 하나님의 진리를 사랑한다고 믿었습니다. 그러나 다윗이 압살롬의 반역을 겪었을 때, 그는 자기가 무엇인가 근본적으로 잘못 생각하고 있었다는 것을 깨닫게 되었습니다. 혁명이라는 것은 다윗이 난생 처음으로 겪는 것이었습니다.

> "하나님이여 내 기도에 귀를 기울이시고 내가 간구할 때에 숨지 마소서 내게 굽히사 응답하소서 내가 근심으로 편치 못하여 탄식하오니 이는 원수의 소리와 악인의 압제의 연고라 저희가 죄악으로 내게 더하며 노하여 나를 핍박하나이다"(55:1~3).

여기서 다윗은 상당히 다급하게 하나님을 찾고 있습니다. 다윗은 하나님께 "내 기도에 귀를 기울이시고 내가 간구할 때에 숨지 마소서 내게 굽히사 응답하소서."라고 아주 다급하게 하나님을 찾고 있습니다. 지금 다윗은 다른 어떤 경우보다 더 다급하고 어려운 처지에 빠져 있기 때문입니다. 지금까지 그가 한 번도 생각해 보지도 못한 일들이 지금 자기 앞에서 일어나고 있기 때문입니다.

어제까지만 해도 그들은 모두 다윗의 좋은 신하들이었고 친구들이었습니다. 그런데 어느 날 갑자기 모두 적으로 돌아선 것입니다. 그냥 적으로 돌아선 정도가 아니라 모두 미쳐서 날뛰는데 아무도 그들을 제재할 수가 없습니다.

보통 외부에서 적이 쳐들어왔을 때에는 성문을 잠그고 군사들을 풀어서 성벽을 지키면 몇 달은 최소한 버틸 수가 있습니다. 그런데 다윗이 믿었던 아들과 부하들이 반역을 일으키니까 다윗은 예루살렘 성을 지킬 수가 없었습니다. 적들이 성 밖에만 있는 것이 아니라 성 안에도 많이 있었고 더욱이 누가 아군인지 적인지 구별이 되지 않았던 것입니다.

폭동이 일어났을 때 사람들의 눈빛을 보면 어떻습니까? 사람들이 그들의 눈빛을 보면 그들이 모두 정상이 아니라는 것을 알게 될 것입니다. 정상적으로 사고하는 사람이 아무도 없고 모두 충동에 의하여 미쳐 날뛰고 있는 것입니다.

성령의 일반 은총

우선 이런 폭동이 일어나는 이유가 어디에 있습니까? 그것은 하나님과 관계에 있습니다. 우선 우리는 이 세상에 평화가 유지되는 자체가 하나님의 큰 은혜라는 것을 알아야 합니다. 이 세상이 멸망하지 않으려면 두 가지가 꼭 필요한데 하나는 햇빛이고 다른 하나는 비입니다. 햇빛과 비가 없으면 사람들은 추워서 얼어 죽든지 아니면 농사를 짓지 못해서 굶어 죽을 수밖에 없습니다. 그런데 이 햇빛과 비만큼이나 절대적으로 필요한 것이 또 있습니다. 그것은 좀 어려운 말로

'성령의 일반 은총' 이라는 것입니다. 이 성령의 일반 은총은 사람들의 마음에 임하는 햇빛이나 비라고 생각하면 좋습니다.

모든 사람들의 마음속에는 광기라는 것이 있습니다. 이것은 미치고 싶어하는 충동을 말합니다. 이것은 사람만이 아니라 짐승들에게도 다 있습니다. 그런데 하나님께서는 마치 하늘에서 이슬이 내리듯이 사람들의 마음속에 은혜를 주셔서 이 광기를 누르십니다. 마치 사나운 개를 튼튼한 줄로 잡아매는 것과 같습니다. 이 은혜 덕분에 사람들은 서로 믿고 아름답게 살 수 있는 것입니다. 서로 예의도 지키고, 부모나 어른들에게 인사도 하고, 교통 질서도 잘 지키는 것입니다. 나아가서 자선사업도 하고 남을 위하여 선한 봉사도 하게 됩니다. 그래서 하나님을 모르는 사람들 중에도 아주 선하게 산 사람들이 많이 있고, 거기서 한 걸음 더 나아가서 위대한 선행을 하거나 혹은 위대한 음악이나 문학 작품 같은 것을 만들어서 사람들의 마음에 감동을 주고 기쁨을 준 사람들도 있습니다. 이 모든 것이 성령의 일반 은총 덕분입니다.

그런데 하나님께서 이런 은혜를 주시지 않고 거두어 가시면 어떻게 될까요? 그때는 사람들이 미치기 시작하는 것입니다. 사람들은 아무 이유도 없이 광기를 내기 시작합니다. 그러다가 사소한 이해 관계로 분노가 폭발하면서 결국 과격한 시위나 폭동으로 나아가게 됩니다. 한번 사람들이 폭동을 일으키면 눈에 보이는 것이 없기 때문에 닥치는 대로 건물이나 차량을 부수거나 불을 지르고 아무 가게에나 들어가서 물건을 약탈하는 짓을 하게 됩니다. 그리고 사람들을 총으로 쏘아서 죽이기도 하고 사람들을 죽여서 질질 끌고 다니기도 하는 것입니다.

오늘 본문에서 다윗은 심리적으로 큰 충격을 받고 있습니다.

"내 마음이 내 속에서 심히 아파하며 사망의 위험이 내게 미쳤도다 두려움과 떨림이 내게 이르고 황공함이 나를 덮었도다"(55:4~5).

이렇게 두렵고 떨리는 이유가 무엇입니까? 사람들의 광기를 보았기 때문입니다. 사람들이 모두 흥분해서 날뛰는데 모두 미쳤습니다. 평소의 존경이나 애정 같은 것은 찾아볼 수도 없고 일단 한번 그들의 손에 붙들렸다가는 죽을 수밖에 없습니다. 다윗은 인간의 이런 사악함과 포악함을 보았을 때 너무나도 두렵고 가슴이 아팠던 것입니다.

왜 하나님께서는 갑자기 성령의 은혜를 거두어 가셔서 사람들을 미치게 하시는 것입니까? 그 이유는 다른 데 있지 않습니다. 죄가 쌓이고 쌓이면 그렇게 되는 것입니다. 하나님께서 은혜를 거두어 가시는 것은 세상의 다른 모든 재앙의 원리와 동일합니다. 그래서 사람들은 평소에 죄의 정도를 떨어뜨리도록 노력해야 합니다. 그러나 사람들은 하나님께서 잠잠히 계시니까 아예 하나님을 두려워하지 않고 마음껏 죄를 짓습니다. 서로 속이고 거짓말을 하고 악한 짓을 행하면서도 하나님을 두려워하지 않습니다. 당장은 죄를 지어도 아무런 심판이 일어나지 않기 때문입니다.

그런데 하나님께서는 인간들의 죄에 대하여 참고 참으시다가 도저히 더이상 참을 수 없는 수준이 되면 그들을 지켜주시던 손을 치워버리십니다. 그러면 한순간에 하늘에서 유황불이 떨어지기도 하고, 전쟁이 일어나기도 하며, 폭동이나 과격 시위 같은 것이 일어나서 평온하던 세상이 무법 천지가 되어버리는 것입니다.

일단 우리 인간들은 하나님의 은혜로 하루하루 살아가고 있습니다. 그러나 하나님께서는 무한정으로 우리 인간들의 죄에 대하여 참지는 않으십니다. 어느 수준을 넘어서면 지키시던 손을 거두어버리십니다. 그러면 사람들을 붙잡고 있던 끈이 풀어지면서 미쳐서 날뛰기 시작하는데, 한순간에 그들이 살던 곳이 지옥으로 변하고 마는 것입니다. 모든 사람들이 한꺼번에 미쳐 날뛰면서 부수고 때리고 소리지르는 곳이 바로 지옥입니다.

옛날에 한강이나 청계천에서는 홍수를 예방하기 위하여 다리에 선을 그어서 강물의 수량을 측정했습니다. 지금은 모든 수치가 컴퓨터화 되어서 수위가 자동적으로 조절되고 있습니다. 마찬가지로 우리 사회의 도덕 지수를 측정하는 방법이 있어야 합니다. 그 수위를 잘 측정하여 재앙이 일어나기 전에 미리 재앙 경보를 울려서 큰 일을 방지해야 합니다.

> "나의 말이 내가 비둘기같이 날개가 있으면 날아가서 편히 쉬리로다 내가 멀리 날아가서 광야에 거하리로다 내가 피난처에 속히 가서 폭풍과 광풍을 피하리라 하였도다"(55:6~8).

다윗은 어서 한순간이라도 빨리 이 광란의 소용돌이에서 벗어나기를 원합니다. 그래서 비둘기처럼 날개가 있다면 먼 곳으로 날아가겠다고 말하고 있습니다. 우리가 보통 날개가 있었으면 좋겠다고 말할 때는 병이 들었거나 구금되어 있어서 자유롭지 못할 때입니다. 아마도 포로 수용소 같은 데 구금되어서 비인간적인 취급을 당하는 사람이 있다면, 비둘기처럼 날개가 있어서 아주 먼 곳으로 훨훨 날아갔으면 좋겠다고 말할 것입니다. 어쩌면 지금 다윗이 어떤 어려운 상황에 묶여서 도피하는 것조차 쉽지 않았을 수도 있습니다. 이 구절 때문에 어떤 학자들은 이 시의 배경이 압살롬의 반역 때가 아니고 사울의 추격을 받았을 때라고 해석하기도 합니다.

'어떻게 보면 다윗이 그래도 이 일을 해결해야 할 사람인데 이렇게 약한 마음을 가지고 도망을 치려고 하면 어떻게 하는가?' 하는 의문이 우리에게 생길 수도 있습니다. 제가 생각하기에도 물론 이 혼란을 수습할 책임은 다윗에게 있습니다. 그리고 그는 그 책임을 피할 수가 없습니다. 그럼에도 불구하고 가족의 배신이나 친구들의 배신 그리고 광기와 무질서를 보았을 때, 다윗이 일시적으로나마 너무 낙심해서 모든 것을 포기해 버리고 숨고 싶은 생각이 들었던 것은 사실인 것 같습니다. 모든 사람들이 미쳐서 소리를 지르고 서로 죽이고 죽는데, 다윗은 이런 상황에 대처하고 싶지 않다는 것입니다. 아마 직장에서 복잡한 노조 문제를 수습할 책임을 맡았다면 아마 멀리멀리 달아나고 싶은 생각이 들 것입니다. 욕은 욕대로 얻어먹고 얻는 것은 거의 없기 때문입니다.

예루살렘 안에 있었던 폭동

가스가 가득 차 있는 병의 마개를 일단 열어놓으면 그 안에 들어있는 가스가 다 빠져 나올 때까지 마개를 다시는 닫을 수 없는 것처럼, 한번 마개가 열린 예루살렘의 폭동은 진정되지 않고 무서운 살인과 강포의 지옥으로 변했습니다.

"내가 성내에서 강포와 분쟁을 보았사오니 주여 저희를 멸하소서 저희 혀를 나누소서 저희가 주야로 성벽 위에 두루 다니니 성중에는 죄악과 잔해함이 있으며 악독이 그중에 있고 압박과 궤사가 그 거리를 떠나지 않도다"(55:9~11).

아마도 다윗이 예루살렘을 빠져나가기도 전에 예루살렘 안에서는 강포와 분쟁이 일어났던 것 같습니다. 폭도들이 성벽 위를 두루 다니면서 보복할 사람들을 찾아내서 죽이고 있었습니다. 결국 나중에는 압살롬이 다윗의 후궁 열 명을 사람들이 보는 앞에서 강간하는 충격적인 일이 일어날 정도였습니다.

어떻게 해서 예루살렘이 한순간에 이런 혼란과 폭력의 도시가 되었을까요? 그러나 그것은 어느 한순간에 되어진 일이 아니라는 것을 알아야 합니다. 이미 예루살렘의 죄악의 수준은 정상적인 수준을 많이 넘고 있었습니다. 단지 다윗이나 예루살렘 지도자들이 그것을 간파하지 못하고 있었을 뿐입니다. 하나님께서는 예루살렘이라고 해서 더 봐주시지 않으십니다. 그들도 죄를 많이 지으면 결국 지옥의 고통을 맛보아야 하는 것입니다.

중요한 것은, 예루살렘이 그냥 보통 세상 도시가 아니고 하나님의 교회라는 점입니다. 그런데 그들이 겉으로는 하나님의 말씀을 순종하는 것처럼 하면서 실제로는 몰래 죄를 많이 지었을 때, 하나님께서 그 자비의 손길을 거두심으로 사탄이 틈탈 수 있는 기회를 주신 것입니다.

외부의 세력이 예루살렘을 공격해 왔을 때 예루살렘이 이렇게 한순간에 지옥으로 변하지는 않았습니다. 오히려 왕으로부터 모든 백성들이 단결해서 회개하고 기도했을 때 더 큰 하나님의 구원을 체험할 때가 많았습니다. 그러나 예루살렘이 안에서부터 분열되니까 어떻게 수습할 수가 없었습니다. 결국 어느 한쪽이 망하거나 포기할 때까지 이 혼란은 계속될 수밖에 없는 것입니다.

그러면 어떻게 해서 예루살렘이 이렇게 되었을까요? 그 요인은 몇 가지로 생각해 볼 수 있습니다.

첫 번째 원인은, 이스라엘 백성들이 외부의 적과 싸움을 오래 하면서 내부의 적에 대해서는 상당히 무관심하게 되었다는 점입니다. 여기서 '외부의 적'이란 주위에 있는 악한 왕들을 말합니다. 다윗과 이스라엘 백성들은 그런 악한 왕들을 쳐부수는 데는 상당히 성공적이었습니다. 그러나 자기들 안에 있는 죄는 그렇게 철저하게 다루지 않았습니다.

그런데 이 두 가지는 어느 것 하나도 소홀히 해서는 안 됩니다. 하나님의 백성들은 자기들도 죄인이지만 또 다른 사람의 죄와도 싸우는 자들입니다. 우리가 하나님의 일을 하는 것은 완전히 의롭기 때문이 아닙니다. 우리도 죄인이지만 하나님의 은혜로 또 이 세상의 죄와 싸우는 것입니다. 그런데 외적인 악만 가지고 싸우다가 결국 자기 안에 있는 죄성 때문에 무너지는 경우가 많습니다. 그래서 가장 도덕적인 운동을 벌이던 분이 정작 자신은 윤리적인 죄를 지음으로 실패를 하는 경우가 있습니다.

우리는 차라리 우리 안에 있는 죄를 더 철저하게 단속했어야 합니다. 그래서 다윗이 어느 정도 나라의 기반이 잡힌 후에는 외부적인 전쟁은 부하들에게 맡기고 그 자신은 이스라엘의 신앙적인 부흥을 위하여 노력을 했더라면 이런 일이 일어나지 않았을 것입니다. 전쟁은 부하들에게 맡기고 다윗은 이스라엘의 영적인 지도자로서 나라 자체를 하나님 앞에 순결하게 했어야 하는 것입니다.

그리고 두 번째 원인은, 다윗이 죄의 처리를 분명치 않게 한 데 있습니다. 그것도 자기 아들들의 죄 문제를 온정적으로 다루었습니다. 암논이라는 아들이 이복동생 다말을 겁탈했을 때 다윗은 처벌하지 않고 그냥 넘어갔습니다. 이 년 후 압살롬이 암논을 죽이고 달아났을 때 나중에 특별한 이유 없이 압살롬이 돌아오는 것을 묵인했습니다. 그러니까 다윗의 집안에서 치리가 없어진 것입니다. 이것이 현실주의의 약한 점입니다. 모든 것을 원리 원칙대로 처리할 때에는 일체 봐준다는 것이 있을 수가 없습니다. 그러나 어느 정도 여유가 생기고 나면 자꾸 원칙은 물러나고 인정과 대세론이 지배를 하게 됩니다. 그러면 안면을 봐주느라고 제대로 처벌을 하지 못하는 것입니다.

예수님께서는 베드로에게 이렇게 말씀하셨습니다. "너는 베드로라 내가 이 반석 위에 내 교회를 세우리니 음부의 권세가 이기지 못하리라 내가 천국 열쇠를 네게 주리니 네가 땅에서 무엇이든지 매면 하늘에서도 매일 것이요 네가 땅에서 무엇이든지 풀면 하늘에서도 풀리리라"(마 16:18~19). 교회는 음부의 세력과 싸우는 곳입니다. 여기서 음부의 세력이라고 하는 것은 지옥의 세력을 말하는데 곧 죄의 세력을 뜻합니다. 사람들은 다 죄인이기 때문에 그냥 두면 곧 죄가 모든 사람들에게 전염될 것입니다. 그것을 막기 위해서 교회는 교인들의 죄에 대하여 치리할 권한이 있습니다.

그런데 다윗은 정당한 치리권을 행사하지 않았습니다. 그러니까 자기 자식이라고 봐주고 또 중요한 직책에 있는 사람이라고 해서 봐주었습니다. 그렇게 했을 때 일반 사람들은 죄를 두려워하지 않게 되었고 이런 음란과 살인이 많이 자행되고 있었던 것입니다. 그러니까 이미 음부의 세력이 예루살렘을 잡아먹고 있었습니다.

세 번째 원인은 역시 지도자의 죄에 있습니다. 다윗은 이스라엘의 영적인 지도자요 하나님의 대리자였습니다. 물론 그가 밧세바를 범한 후에 나단 선지자의 책망을 듣고 침상이 썩도록 회개했다고 하지만 이미 일반 백성들의 마음속에는 '왕도 남의 아내를 범하는데 내가 못 할 것이 무엇인가?' 하는 마음이 들 수밖에 없었던 것입니다. 결국 예루살렘 안에 하나님을 두려워하기보다는 사람의 눈치나 보는 위선적인 신앙이 파고 들어오게 되어 예루살렘을 악으로 뒤집었던 것입니다.

이것을 볼 때 하나님의 말씀대로 믿지 않는 것이 얼마나 위험한 일인지 모릅니다. 그리고 죄가 해결되지 않은 부흥이나 축복은 영적인 부실공사나 마찬가지이기 때문에 언젠가는 무너지게 되어 있습니다. 죄를 지었는데 봐주면 그 사람은 결코 회개하지 않게 됩니다. 오히려 교회를 우습게 알고 나중에 당을 지어서 교회를 잡아 먹어버리는 것입니다.

그래서 교회는 철저하게 성경대로 해 나아가야 합니다. 그래야 모든 성도들의 마음이 진리로 하나가 되기 때문에 마귀가 흔들려고 해도 흔들리지 않게 됩니다. 특히 지도자의 죄를 그냥 두면 나중에 큰 시험거리가 됩니다.

친구의 배반

다윗을 가장 가슴 아프게 했던 것은, 이번 반란의 주역들이 모두 그와 아주 가까운 사람들이요, 친구였다는 사실입니다.

> "나를 책망한 자가 원수가 아니라 원수일진대 내가 참았으리라 나를 대하여 자기를 높이는 자가 나를 미워하는 자가 아니라 미워하는 자일진대 내가 그를 피하여 숨었으리라 그가 곧 너로다 나의 동류 나의 동무요 나의 가까운 친우로다"(55:12~13).

어떻게 해서 다윗의 가장 가까운 믿음의 동료들이 다윗을 배신하게 되었을까요? 그들은 사실 그 동안 다윗과 생각이 달랐음에도 그것을 감추고 있었던 것입니다. 그들은 왜 다윗과 생각이 다른 것을 감추었을까요? 일단 다윗이 잘하고 있고 늘 승리하고 있으니까 그를 따를 수밖에 없었던 것입니다. 다시 말해서 다윗의 힘이 강했기 때문에 다윗을 따르는 것 외에 다른 방안이 없었던 것입니다. 그런데 어느 정도 시간이 지난 후에 다윗과 자신들 사이의 생각의 차이를 더 분명하게 알 수가 있었습니다.

그것이 무엇입니까? 신본주의와 인본주의의 차이입니다. 다윗은 모든 것을 하나님 제일주의로 끌고 갔습니다. 그러니까 인간의 생각은 별로 중요한 것이 아니고 심지어는 인간의 계획도 인정하지 않았습니다. 하나님께서 이스라엘의 왕이시니까 하나님께서 인도하신다는 생각입니다. 거기에 비해서 많은 신하들은 외국의 방식도 받아들이자는 식이었습니다. 너무 '말씀, 말씀' 하니까 사람이 숨을 쉴 틈이 없다는 것입니다. 신하들은 다른 인간적인 방법도 사용해서 모든 것을 풍성하게 하자는 생각입니다. 특히 압살롬이 그 대표적인 인물이었고, 그렇게 생각하는 이스라엘 백성들이 생각보다 많았습니다.

다윗은 사람들이 입을 다물고 말하지 않고 있으니까 생각이 모두 자기와 같은 줄로 잘못 안 것입니다. 그러나 사람들의 생각은 모두 같지는 않습니다. 단지 대세가 아니니까 말없이 따르고 있을 뿐입니다. 그러니까 하나님 나라의 성공은 외적인 성공에 있는 것이 아니고 말씀의 능력에 있습니다. 다윗은 더 분명하게 하나님의 진리를 사람들에게 가르쳐주었어야 합니다.

그런데 참고 있던 그들에게 결정적인 기회가 왔습니다. 드디어 다윗이 허점을 보인 것입니다. 다윗이 끝까지 진리로 빈틈 없이 밀고 나아갔더라면 아마도 이들의 세력이 집결할 틈이 없었을 것입니다. 그런데 다윗이 압살롬 사건이라든지 밧세바 사건 등으로 틈을 보였을 때 반대 세력들이 힘을 얻게 된 것입니다.

마찬가지로 교회에서도 모든 사람들의 생각이 다 똑같지는 않습니다. 단지 반대할 여지가 없기 때문에 고개를 일단 숙이고 관망하는 사람들도 많이 있습니다. 그런데 지도자가 숨어서 죄를 지은 사실이 드러난다든지, 억지로 모순된 것을 강요한다든지 아니면 강한 카리스마를 가지고 있던 자가 물러가고 세대 교체를 한다든지 하면 분란이 일어날 가능성이 많은 것입니다. 그래서 지도자들은 철저하게 정직해야 하고 자기들이 먼저 바로 믿어야 합니다. 거짓말했다가 들통나면 끝장인 것입니다.

그러니까 어떤 의미에서 교회는 세상보다 더 치열한 영적 전쟁터라는 것을 우리는 알아야 합니다. 잠시라도 방심을 하면 교회가 시험에 빠지게 됩니다. 이럴 때 해결할 수 있는 방법은 오직 기도밖에 없습니다. 예수님께서는 "기도 외에 다른 것으로는 이런 유가 나갈 수 없느니라 하시니라"(막 9:29). 고 말씀하셨습니다.

다시 사람들이 이성을 되찾지 못하고 정당한 권위에 복종할 마음이 생기지 않으면 혼란은 수습되지 않을 것입니다. 특히 이럴 때 중요한 것은 하나님의 백성들에게 건전한 상식이 회복되는 것입니다. 상식만 통해도 이야기가 가능합니다. 그러나 자꾸 서로를 사탄의 세력이라고 하니까 해결의 실마리가 풀리지 않는 것입니다. 너무나도 많은 교회들이 이런 분쟁을 경험하고 있습니다. 이는 그만큼 영적인 공사가 부실했기 때문에 비싼 대가를 지불하고 있는 것입니다.

이 시의 후반부는 하나님께 대한 다윗의 철저한 회개와 악한 자들에 대한 저주로 되어 있습니다. 이것은 그 동안 부실했던 예루살렘의 영적인 상태에 대하여 철저하게 회개하고 다시 시작하겠다는 것입니다.

> "나는 하나님께 부르짖으리니 여호와께서 나를 구원하시리로다"(55:16).
> "네 짐을 여호와께 맡겨버리라 너를 붙드시고 의인의 요동함을 영영히 허락지 아니하시리로다"(55:22).

이런 문제의 해결의 열쇠는 하나님께 있습니다. 왜냐하면 하나님께서 다시 은혜를 주셔서 사람들의 마음속에 있는 광기가 죽어야 질서가 회복될 수 있기 때문입니다. 하나님께서 은혜로 사람들의 마음을 바꾸어주셔야 합니다. 그리고 다윗이 반역자들을 저주하는 이유는, 단지 그들이 자기를 배신했기 때문이 아닙니다. 그들이 진리의 끈을 끊고 하나님을 배반했으며 철저하게 예루살렘을 유린했기 때문에 그 죄를 용서받을 수가 없는 것입니다.

> "하나님이여 주께서 저희로 파멸의 웅덩이에 빠지게 하시리이다 피를 흘리게 하며 속이는 자들은 저희 날의 반도 살지 못할 것이나 나는 주를 의지하리이다"(55:23).

사실 이런 일은 일어나지 말아야 합니다. 이런 혼란을 통해서 너무나도 많은 어린 영혼들이 실족하게 되는데 그것을 누가 책임지겠습니까? 그래서 교회 지도자는 어떻게 하든지 모든 것을 공평과 정직으로 해서 악한 자들에게 틈을 주지 않는 것이 잘하는 것입니다. 그리고 외부의 적도 중요하지만 늘 기도로 깨어 있어서 내부의 적을 잘 지켜야 하는 것입니다.

1-13

악의 소굴에서 건져주심

56.

하나님이여 나를 긍휼히 여기소서
사람이 나를 삼키려고 종일 치며 압제하나이다
나의 원수가 종일 나를 삼키려 하며
나를 교만히 치는 자 많사오니
내가 두려워하는 날에는 주를 의지하리이다
내가 하나님을 의지하고 그 말씀을 찬송하올지라
내가 하나님을 의지하였은즉 두려워 아니하리니
혈육 있는 사람이 내게 어찌하리이까
저희가 종일 내 말을 곡해하며
내게 대한 저희 모든 사상은 사악이라
저희가 내 생명을 엿보던 것과 같이
또 모여 숨어 내 종적을 살피나이다
저희가 죄악을 짓고야 피하오리이까
하나님이여 분노하사 뭇 백성을 낮추소서
나의 유리함을 주께서 계수하셨으니
나의 눈물을 주의 병에 담으소서
이것이 주의 책에 기록되지 아니하였나이까
내가 아뢰는 날에 내 원수가 물러가리니
하나님이 나를 도우심인 줄 아나이다
내가 하나님을 의지하여 그 말씀을 찬송하며
여호와를 의지하여 그 말씀을 찬송하리이다
내가 하나님을 의지하였은즉 두려워 아니하리니
사람이 내게 어찌하리이까
하나님이여 내가 주께 서원함이 있사온즉
내가 감사제를 주께 드리리니
주께서 내 생명을 사망에서 건지셨음이라
주께서 나로 하나님 앞 생명의 빛에 다니게 하시려고
실족지 않게 하지 아니하셨나이까

Be merciful to me, O God, for men hotly pursue me;
all day long they press their attack.
My slanderers pursue me all day long;
many are attacking me in their pride.
When I am afraid,
I will trust in you.
In God, whose word I praise,
in God I trust; I will not be afraid.
What can mortal man do to me?
All day long they twist my words;
they are always plotting to harm me.
They conspire, they lurk,
they watch my steps,
eager to take my life.
On no account let them escape;
in your anger, O God, bring down the nations.
Record my lament;
list my tears on your scroll-
are they not in your record?
Then my enemies will turn back
when I call for help.
By this I will know that God is for me.
In God, whose word I praise,
in the Lord, whose word I praise-
in God I trust; I will not be afraid.
What can man do to me?
I am under vows to you, O God;
I will present my thank offerings to you.
For you have delivered me from death
and my feet from stumbling,
that I may walk before God
in the light of life.

예수님은, 제자들을 이 세상에 보내는 것이 양을 이리 가운데로 보내는 것과 같다고 말씀하셨습니다. 이리떼 가운데 양 한 마리가 있다고 합시다. 아마 그 양이 잡아먹히는 것은 시간 문제일 것입니다. 그런데 놀랍게도 하나님의 눈에 보이지 않는 손이 지켜주시기 때문에 이리들이 그 양의 털 하나 상하게 하지 못합니다. 그러나 물론 나중에는 감사하겠지만, 양의 입장에서 볼 때는 막상 그 당시에는 그 순간이 얼마나 두렵고도 끔찍한지 모릅니다.

주님은 무엇 때문에 우리 그리스도인들이 이 세상에 사는 것이 이리 가운데 있는 양과 같다고 말씀하셨을까요? 그것은 우리가 예수를 믿으면서 자신을 방어할 수 있는 모든 무기와 혈기를 하나님께 반납을 해버렸기 때문입니다. 그러니까 우리는 스스로를 지킬 수 있는 무기가 없습니다. 맹수 같은 무서운 이빨도 없고 발톱도 없습니다. 그러나 악한 사람들은 여전히 자기 무기도 가지고 있고 혈기도 있기 때문에 마음만 먹으면 얼마든지 그리스도인들을 해칠 수가 있는 것입니다.

그러면 하나님께서는 어떻게 양들을 지켜주십니까? 그것은 하나님의 말씀의 능력입니다. 맹수들이 빛을 보면 두려워서 접근하지 못하는 것처럼 악한 사람들은 성도들이 가지고 있는 말씀의 빛을 보면 기분이 썩 좋지 않습니다. 그래서 우리 성도들이 이 세상에서 살아남으려면 목숨을 걸고 하나님의 말씀을 붙들어야 합니다. 그러면 세상 사람들은 하나님의 말씀이 가지는 능력이 싫어서 접근하지 못합니다.

시편 56편은 표제의 말씀이 설명하고 있듯이 '다윗이 사울 왕을 피하여 가드 왕 아기스에게 피했다가 어려움을 당했을 때 지은 시' 입니다. 우리는 다윗의 이 시를 통해서 성경 역사에 기록된 것보다 훨씬 더 자세한 정보를 얻을 수가 있습니다. 성경 기록에 보면 다윗이 아기스에게 피했다가 그곳 장수들이 다윗을 알아보는 바람에 미친 사람 흉내를 하고 간신히 그곳을 빠져나온 것으로 되어 있습니다.

그런데 본문을 보면 상황이 그렇게 간단한 것이 아니었던 것 같습니다. 다윗은 거기서 상당한 문초와 심문을 당했던 것 같습니다. 다윗은 사울을 피하려고 아기스에게로 피했는데, 결국 그것이 곰을 피하려다 사자 우리로 들어간 셈이 되었습니다. 다윗은 거기서 상당히 많은 어려움을 당했고 겨우 목숨만 건지고 추방을 당했습니다. 사실 이것도 하나님의 도우심이 아니면 불가능한 것이었습니다. 다윗은 아기스의 소굴에서 빠져 나온 후 얼마나 감사했던지 이제는 더욱더 하나님만을 의지하고 살기로 헌신을 다짐하면서 이 시를 쓰고 있습니다.

하나님이 다윗에게 원하셨던 것

"하나님이여 나를 긍휼히 여기소서 사람이 나를 삼키려고 종일 치며 압제하나이다 나의 원수가 종일 나를 삼키려 하며 나를 교만히 치는 자 많사오니"(56:1~2).

다윗의 기도 첫 마디가 "하나님이여 나를 긍휼히 여기소서."입니다. 이것은 다윗의 사정이 절박함을 의미합니다. 우리 식으로 표현하면 "하나님, 제발 저를 살려주십시오!"라는 말과 같습니다. 다윗이 이렇게 절박하게 외치는 이유가 무엇입니까? 다윗이 제 발로 걸어 들어간 곳이 바로 사자굴 속이었기 때문입니다. 갑자기 먹이가 사자굴 속으로 들어오니 아마 사자들도 놀랐을 것입니다. '미쳤나? 도대체 왜 자기 발로 여기에 걸어왔지?' 하고 생각했을지도 모릅니다.

다윗은 사울 왕에게 이스라엘 안에서 쫓기고 또 쫓기는 처지였습니다. 그런데 그는 십 황무지에서 사울 왕의 추격을 받을 때 '이제 더 이상 이스라엘 땅 안에서는 피할 데가 없다.' 라고 판단했습니다. 왜냐하면 십 황무지는 이스라엘의 끝이기 때문입니다. 사울이 거기까지 다윗을 쫓아와서 거의 다윗을 잡을 뻔했다는 것은, 이제 다윗은 더이상 이스라엘 안에서는 피할 곳이 없다는 뜻입니다. 그래서 다윗은 블레셋의 한 부족에 해당되는 가드 왕 아기스에게 몸을 의탁하기 위하여 그곳을 찾아갔습니다.

그 당시는 전쟁이 빈번할 때였기 때문에 왕들마다 용병을 사느라고 사람 구하기가 어려웠습니다. 그러니 다윗은 자기가 몇 백 명을 거느리고 찾아가면 용사들을 구하기 어려울 때이니 만큼 좋아라 하면서 받아줄 것이라고 생각했습니다. 그러나 블레셋의 장수들 중에서 다윗이 골리앗을 죽이고 블레셋에 큰 패배를 안겨다준 사람이라는 것을 기억하는 사람들이 있었습니다. 그래서 그들은 이번 기회에 무슨 일이 있어도 다윗을 죽여야 한다고 생각했습니다. 그러니 다윗이 가드에 있는 동안은 매순간이 절박한 순간이었고 그야말로 목숨이 위태로웠습니다. 다윗은 가드에서 거의 죽었다가 살아난 것과 같았습니다.

아브라함도 이런 경험을 한 적이 있었습니다. 아브라함이 처음 가나안 땅에 들어갔을 때 흉년이 찾아왔습니다. 그 흉년은 매우 극심하였고 아브라함은 양식을 얻지 못할 것을 우려해서 애굽으로 내려갔습니다. 그러나 하나님께서 아브라함에게 원하셨던 것은 흉년이 든 가나안 땅에서 살아남으라는 것이었습니다. 하나님께서 까마귀를 통해서 먹을 것을 주시든지 아니면 다른 방법으로 주시든지, 살고 죽는 것을 하나님께 맡기고 말씀을 붙들고 씨름을 해보라는 것이었습니다.

그러나 그때가지만 해도 아브라함의 신앙은 목숨을 걸고 말씀을 지킬 정도의 수준은 되지 못했습니다. 그래서 하나님의 말씀에 불순종하고 애굽으로 내려갔다가 그의 아내 사라를 바로에게 빼앗기고 말았습니다. 아브라함이 무슨 재주로 애굽 왕에게 빼앗긴 아내를 찾아내겠습니까? 게다가 아내를 누이라고 거짓말까지 했고 신부대금까지 받았으니 무슨 재주로 찾아냅니까? 그러나 하나님은 바로 같은 악한 자를 다루는 데 선수이십니다. 하나님께서 왕궁을 질병으로 치니까 바로는 꼼짝 못 하고 아브라함의 아내 사라를 내주고 그들이 무사히 애굽을 떠날 수 있게 해주었습니다.

다윗의 경우도 마찬가지였습니다. 다윗은 사울의 추격으로 도저히 이스라엘에서는 더이상 버틸 수가 없었습니다. 이미 다윗은 여러 차례 하나님께서 위기 가운데서 그를 특별하게 지켜주시는 것을 체험했지만, 이제 더이상은 도저히 이런 식으로 살 수 없다고 생각했던 것 같습니다. 그래서 이스라엘의 경계를 넘어서서 블레셋 왕에게 도움을 청하러 간 것입니다.

여기서 하나님과 다윗의 생각의 차이가 나타나게 됩니다. 우선 하나님께서는 아브라함에게 요구하셨던 것처럼 다윗에게도 약속의 땅을 떠나지 말고 견디기를 원하셨습니다. 가나안 땅은 하나님의 계시가 임하는 곳이기 때문입니다. 다윗은 비록 고생이 되더라도 이곳에서 계속 하나님의 말씀을 들어야 살 수 있었습니다.

예수님께서는 이렇게 말씀하셨습니다. "사람이 떡으로만 살 것이 아니요 하나님의 입으로 나오는 모든 말씀으로 살 것이라"(마 4:4). 바로 이 말씀과 같은 원리입니다. 인간적으로는 도저히 가나안 땅에서 더이상 살 수가 없습니다. 그런데 하나님께서는 인간적으로 생각하지 말고 하나님의 약속을 붙들고 더 버티어내라는 것입니다. 살든지 죽든지 그것은 하나님께서 책임지실 일이고 다윗은 하나님의 말씀만 붙잡으라는 것입니다.

그러나 다윗은 인간적인 생각에 빠졌습니다. 십 황무지까지 사울이 왔다면 사울이 올 수 없는 곳으로 가지 않는 이상 사울은 끝까지 자기를 잡으러 올 것이라고 판단한 것입니다. 만약 다윗이 그곳에 그대로 남았더라도 살았을 것입니다. 왜냐하면 다윗이 사울을 두 번씩이나 살려주는 과정에서 사울이 다윗을 추격하지 않겠다고 약속을 했고 또 그럴 가능성도 많았습니다. 그러나 다윗은 절대로 사울을 믿지 않았고 이제는 쫓겨다니는 것도 지쳤다고 생각했습니다.

하나님의 종은 '하나님의 영감이 소멸되는 것'을 가장 두려워해야 합니다. 육체적으로 편한 생활과 하나님의 은혜는 바꿀 수가 없는 것입니다. 그래서 우리는 육체적으로 편한 자리로 갈 때 생각을 많이 해야 합니다. '혹시 내가 내 몸 하나 편하자고 하나님의 뜻을 거역하고 이곳에 가는 것이 아닌가?' 하는 생각을 해야 합니다. 야곱도 밧단 아람의 외삼촌 라반의 집에 얹혀 있을 때 육체적으로는 편했습니다. 그러나 하나님 앞에서는 아무 의미가 없습니다. 야곱은 가나안 땅으로 돌아오면서 다시 하나님의 종으로 재기를 한 것입니다. 그래서 하나님의 종들에게는 육체적으로 편한 것이 중요한 것이 아닙니다. 하나님의 영감으로 어떻게 어려움들을 극복해 나아가느냐, 하는 것이 훨씬 더 중요합니다.

또 다윗이 이스라엘 땅에 남았어야 하는 이유는, 그가 하나님의 기름 부음을 받은 자였기 때문입니다. 물론 그가 기름 부음을 받았다고 해서 당장 왕이 되는 것은 아니었습니다. 그러나 이미 사울은 명목상 왕일 뿐이고 왕의 임무를 제대로 수행해내지 못하고 있었습니다. 그렇다면 다윗은 아직 왕은 아니지만 그 나라에 있으면서 위험에 빠진 이스라엘 백성들을 도와주어야 할 책임이 있습니다. 그런데 다윗은 블레셋에 있는 동안 기름 부음 받은 자의 사명을 전혀 다하지 못했습니다. 그리고 이스라엘 백성들에게 아주 좋지 못한 이미지를 주게 되었습니다. 하나님의 기름 부음을 받은 자가 원수들에게 자기 몸을 의탁하고 있으니 누가 좋게 보겠습니까? 그 의심이 그후에도 상당한 기간 계속되었던 것입니다.

게다가 다윗은 블레셋 사람들에게도 잘못된 생각을 주게 되었습니다. 블레셋 사람들은 언제나 이스라엘을 자신들의 속국으로 생각했습니다. 그래서 사울이 이스라엘의 왕이 되었을 때에도 사울을 왕으로 인정하지 않았습니다. 그런데 하물며 블레셋 중에도 한 도시에 해당되는 가드 왕의 신하인 다윗이 이스라엘의 왕이 되었다고 하면 얼마나 블레셋 사람들이 이스라엘을 우습게 알겠습니까?

그래서 여러 가지를 생각해 보면 다윗은 더 고생스럽다 하더라도 이스라엘 경내에서 견뎠어야 합니다. 다윗이 그렇게 했더라면 더 많은 기적을 체험했을 것이며, 더 영감 있는 시를 썼을 것이고, 이스라엘 사람들로부터 더 많은 존경을 받았을 것입니다. 그러나 다윗은 잠깐의 육체적 안전을 위하여 이스라엘을 떠남으로 더 큰 위기를 맞이하게 되었고, 이스라엘 사람들의 눈에 다윗은 경우에 따라서 이랬다 저랬다 할 수 있는 사람으로 비치게 되어 신뢰에 큰 흠을 남겼던 것입니다.

가드에서 함께 하신 하나님

가드에서 다윗이 얼마나 있었는지 모르겠지만 그에게는 피를 말리는 시간이었던 것이 분명합니다. 아기스의 신하들은 한시라도 빨리 다윗을 죽이려고 난리였습니다.

"저희가 종일 내 말을 곡해하며 내게 대한 저희의 모든 사상은 사악이라 저희가 내 생명을 엿보던 것과 같이 또 모여 숨어 내 종적을 살피나이다"(56:5~6).

가드에서 다윗의 형편은 그야말로 사자 우리 안에 갇힌 것과 같았습니다. 아기스의 부하들은 밤낮으로 다윗을 죽이려고 그의 생명을 노렸습니다. 그러니까 한순간도 다윗은 방심할 수 없는 처지였습니다. 그들은 두 가지 방향으로 다윗의 생명을 노렸습니다. 하나는, 아기스에게 다윗은 블레셋의 장수 골리앗을 죽인 원수이니 죽여야 한다고 계속 주장하는 것입니다. 그리고 다른 한편으로는 다윗을 직접 암살할 기회를 노렸습니다. 그래서 오히려 아기스가 다윗을 보호해야 할 형편이었고 아기스만 없으면 그 신하들이 다윗을 죽이려고 할 것입니다.

놀랍게도 이때 다윗은 다시 하나님을 의지하게 되었으며 그때에도 하나님의 말씀이 그에게 영감으로 찾아왔습니다.

"내가 두려워하는 날에는 주를 의지하리이다 내가 하나님을 의지하고 그 말씀을 찬송하올지라 내가 하나님을 의지하였은즉 두려워 아니하리니 혈육 있는 사람이 내게 어찌하리까"(56:3~4).

결국 다윗은 몸을 좀 안전하게 하려고 블레셋으로 피하였는데 거기서 더 큰 어려움을 겪게 되었고 더 하나님께 기도로 매달리게 되었습니다. 아마도 다윗은 거기서 매순간 기도했을 것입니다. 기도하지 않으면 한순간도 견딜 수 없는 절박한 상황이었기 때문입니다. 그런데 놀랍게도 바로 그곳에서 하나님의 영감의 말씀이 다시 떠오르기 시작했습니다. 여기에 보면 "그 말씀을 찬송하올지라."라고 했습니다. 이 말은 곧 찬송의 시에 대한 영감이 계속 그의 마음속에 떠올랐다는 뜻입니다.

하나님의 말씀이 다윗을 떠나지 않았다는 것은 세 가지 의미로 생각할 수 있습니다.

첫 번째는, 하나님께서 다윗 가까이 계신다는 것입니다. 하나님께서 가까이 하시면 하실수록 말씀이 넘쳐나게 되어 있습니다. 반대로 하나님으로부터 멀어지면 멀어질수록 말씀은 고갈되게 되어 있습니다. 영감이 고갈되면 한 방울의 말씀을 짜내기 위해서 온갖 힘을 다 써도 안 되는 것입니다.

두 번째는, 다윗이 절대로 죽지 않는다는 약속으로 생각할 수 있습니다. 하나님의 말씀이 임하는 사람은 죽일 수가 없습니다. 왜냐하면 하나님의 말씀에 살리는 능력이 있기 때문입니다. 하나님의 말씀 자체에 생명이 있습니다. 그래서 말씀이 귀에 들리면 일단 그 사람은 살아난 것입니다. 예를 들어서 어떤 사람이 사업에 실패해서 낙심했는데 설교 말씀이 은혜가 되고 자꾸 깨달아진다면 일단 그 사람은 정신을 차린 것이며 구체적인 방법은 알 수 없지만 결국 망하지는 않게 되어 있습니다.

세 번째는, 이 말씀이 블레셋 사람들에게는 두려움이 되었습니다. 아무리 사자라 하더라도 먹이가 되는 짐승이 겁을 집어먹고 자꾸 달아나려고 해야 잡아먹지 정신을 똑바로 차리고 오히려 덤벼들려고 하면 쉽게 잡아먹을 수가 없습니다. 그들이 다윗을 쉽게 죽일 수 없었던 것은 다윗에게서 나타나고 있는 하나님의 영광 때문이었습니다. 그리고 그의 입에서 쉴새없이 쏟아져 나오는 말씀이 그들을 두렵게 했습니다. 게다가 아무리 제 발로 찾아왔다 하더라도 다윗은 골리앗을 죽인 맹장 아닙니까? 함부로 그를 건드렸다가는 자기들이 오히려 당할지도 모릅니다. 특히 그들 중에 무당 같은 사람들은 틀림없이 다윗이 신들린 사람일 것이라고 주장했을 것입니다.

다윗이 침을 흘리면서 미친 사람 흉내를 내었을 때 아기스는 화를 내면서 다윗을 쫓아내라고 했습니다. 결국 적의 소굴에서 다윗을 살린 것은 말씀이었고 찬송이었습니다. 그가 그 어려운 절망 가운데서 계속 기도하고 찬송했을 때 블레셋 사람들은 그가 두려웠으며 미친 사람처럼 보였던 것입니다. 더욱이 하나님께서 블레셋 사람들의 마음을 천근같이 눌러서 답답하게 하셨습니다. 왜냐하면 그렇게 해야 다윗을 해칠 수 없기 때문입니다.

하나님은 성도의 고난을 기억하신다

다윗은 자기가 블레셋까지 와서 고생하는 이유를 생각해 보았습니다. 물론 자신이 잘못한 것이 없는 것은 아니었습니다. 하나님께서는 다윗이 이스라엘 땅에서 더 고난받기를 원하셨는데 다윗이 생각을 잘못해서 이곳으로 온 것입니다. 그러나 전체적으로 볼 때 다윗이 이런 고생을 하는 것은 믿음 때문이었습니다. 다른 말로 표현하면 의로 인하여 핍박받는 것이었습니다. 하나님께서는 의로 인하여 고통받는 성도들을 다 기억하십니다.

"나의 유리함을 주께서 계수하셨으니 나의 눈물을 주의 병에 담으소서 이것이 주의 책에 기록되지 아니하였나이까"(56:8).

우선 다윗은, 신자들이 믿음으로 인하여 어려움 당하는 것이 얼마나 귀한 일인지 알고 있습니다. 하나님께서는, 성도들이 집에서 쫓겨나서 이곳 저곳을 돌아다닌 날수를 다 헤아리고 계십니다. 하나님께서 무엇 때문에 유리한 날들을 헤아리십니까? 그것을 다 갚아주기 위해서입니다. 그리고 그들이 흘린 눈물을 병에 담아서 눈물 방울 수를 헤아리십니다. 무엇 때문에 그렇게 하십니까? 그 흘린 눈물들을 보석으로 갚아주기 위해서입니다. 하나님은 그들이 고민하며 잠을 이루지 못한 날들을 헤아리고 계시며, 그들이 굶으며 먹지 못한 밥 그릇 수를 헤아리고 계십니다. 무엇 때문에 그렇게 하십니까? 모두 다 갚아주시기 위해서입니다.

우리 성도들이 당하는 고난을 두 가지로 생각해 볼 수 있습니다.

하나는, 처음부터 신앙 때문에 핍박을 받는 경우입니다. 믿음을 지키기 위하여 집에서 쫓겨나거나, 믿음 때문에 직장을 잃어버리거나 사회적인 직책을 잃어버리는 것입니다. 이런 고난은 모두 하나님이 책임을 지십니다. 하나님께서는 그들이 받은 모든 고통에 대하여 일지를 기록하시면서 집에서 쫓겨나서 거리에서 유리했던 날수나, 굶었던 끼니 수나, 밤에 근심을 하느라고 잠을 이루지 못했던 날수들 그리고 가슴이 아파서 흘렸던 눈물 방울 수들을 모두 기억하시고 말할 수 없는 존귀와 영광으로 갚아주십니다. 사실 신앙이라는 것은 예수님 때문에 잃어버리는 것입니다. 우리가 예수님 때문에 많이 잃어버릴수록 더 큰 존귀와 영광을 받을 것입니다.

그런데 또 다른 고난이 있습니다. 그것은 처음에는 그 사람이 믿음이 별로 없었는데 고난을 받다보니까 회개하게 되면서 믿음이 생기게 되는 경우입니다. 그런 경우에도 모두 하나님께서 책임져 주셔서 아름답게 하십니다. 하나님께서는 그 모든 것들이 합력하여 선을 이루게 하시는 것입니다. 그래서 중요한 것은 어려움 그 자체보다도 믿음입니다. 내가 믿음을 가지고 있는가, 가지고 있지 않은가에 따라서 고난의 성격이 완전히 달라지게 됩니다.

믿음 없이 고난받는 것은 그야말로 생고생입니다. 남는 것이 아무것도 없습니다. 그러나 예수님 때문에 고난을 받고 핍박을 받는 것은 결코 손해보는 것이 아닙니다. 이것은 모두 하나님 앞에서 수십 배 아니 수백 배로 돌려받게 될 것입니다. 그래서 다윗은 비록 자기가 잘못해서 블레셋 진영에 오게 되었지만 그래도 하나님의 이름으로 이런 고생을 한다고 생각했을 때, 이 모든 고난이 고귀한 것이라는 것을 깨닫게 되었습니다.

오늘 우리가 생각해야 할 것이 무엇인가 하면, 염려나 근심을 내가 끌어안고 있으면 그것은 내가 책임을 져야 한다는 점입니다. 그러나 비록 내가 잘못한 것이 있다 하더라도 이제부터라도 하나님께 맡기면 하나님께서 책임을 지십니다.

> "내가 아뢰는 날에 내 원수가 물러가리니 하나님이 나를 도우심인 줄 아나이다"(56:9).

하나님께 맡긴다는 것은, 그것으로 인하여 염려하지 않는 것입니다. 마치 나의 문제가 아닌 것처럼 던져놓고 하나님께서 알아서 하시도록 하나님을 기다리는 것입니다. 그러면 하나님께서 우리 편에 서서 부지런히 일하실 것입니다. 그런데 다윗도 아무것도 하지 않은 것은 아닙니다. 다윗도 아주 중요한 것을 하나 했습니다. 그것은 하나님께서 다윗에게 미친 놈 행세를 하라고 했을 때 한순간에 다량의 침을 흘린 것입니다. 다윗은 전혀 칼에 피를 묻힐 필요도 없었고 탈출 작전을 쓸 필요도 없었습니다. 다윗이 오직 '침'을 흘리니까 아기스가 기겁을 하면서 다윗을 내보냈고 다윗은 안전하게 사자굴을 빠져나올 수 있게 된 것입니다.

미래에 대한 확신

다윗은 가장 절망적인 순간에 자신이 결코 죽지 않을 것이라는 확신을 가질 수 있었습니다. 어떻게 그럴 수 있었을까요? 그의 마음속에 하나님의 말씀이 들렸던 것입니다.

> "내가 하나님을 의지하여 그 말씀을 찬송하며 여호와를 의지하여 그 말씀을 찬송하리이다 내가 하나님을 의지하였은즉 두려워 아니하리니 사람이 내게 어찌하리이까"(56:10~11).

여기에 하나님의 말씀을 찬송한다는 말이 두 번씩이나 나오고 있습니다. 무슨 의미입니까? 절망 속에서도 하나님의 말씀이 그의 마음속에서 영감으로 계속 솟아나고 있다는 것입니다. 이것은 하나님께서 그에게 아주 가까이 계신 것을 나타냅니다. 솟아나는 영감은 하나님께서 바로 옆에 서서 말씀을 직접 불러주시는 것과 같습니다.

우리는 사도 바울도 이와 비슷한 체험을 한 것을 알 수 있습니다. 한번은 사도 바울이 고린도에서 전도하다가 두려움 가운데 있을 때에 주님은 그에게 이렇게 말씀하시면서 절대로 두려워하지 말라고 하셨습니다. "두려워하지 말며 잠잠하지 말고 말하라 내가 너와 함께 있으매 아무 사람도 너를 대적하여 해롭게 할 자가 없을 것이니 이는 이 성중에 내 백성이 많음이라 하시더라"(행 18:9~10). 주님께서는 사도 바울이 어려울 때마다 그의 곁에 서서 말씀하여 주시면서 그를 붙들어 주셨습니다.

그래서 어떤 찬송가에는 "주님과 함께라면 지옥에도 가겠다."라는 가사가 있습니다. 주님이 함께 하시지 않으면 아무리 특급 호텔이라도 지옥과 같을 수 있고 주님과 함께 있으면 사자굴도 호텔 방처럼 평안할 수가 있습니다.

다윗은 어느 한순간 사람에 대한 두려움이 사라지는 것을 느꼈습니다. 그 동안 너무 크게 보였던 사람들은 어디론가 사라지고 능력이 크신 하나님께서 옆에서 그를 지키시는 것을 느낄 수 있었습니다. 그것이 바로 믿음으로 이기는 순간입니다. 내가 내 자신을 하나님께 맡겼는데 사람이 감히 어떻게 하겠습니까?

한번은 제가 혼자서 어느 악한 사람을 상대해야 할 때가 있었습니다. 그래서 혼자 앉아서 찬송가 '내 주는 강한 성이요'를 부르면서 기다렸습니다. 그런데 그 악한 사람은 밖에서 빙빙 돌다가 결국 들어오지 못하고 달아나고 말았습니다. 역시 하나님의 능력 앞에서는 아무리 악한 사람도 두려움을 느끼는 것 같았습니다.

> "하나님이여 내가 주께 서원함이 있사온즉 내가 감사제를 주께 드리리니 주께서 내 생명을 사망에서 건지셨음이라 주께서 나로 하나님 앞 생명의 빛에 다니게 하시려고 실족지 않게 하지 아니하셨나이까"(56:12~13).

여기서 다윗의 서원이 또 나옵니다. 여기서 서원은 너무 절망적이기 때문에 '하나님께서 살려주시면 이렇게 하겠다'는 식의 조건부 기도가 아닙니다. 사람들은 그렇게 해야 하나님이 들어주실 것으로 생각하는데 하나님은 우리가 그렇게 하지 않아도 우리를 어려움에서 건져주시기를 기뻐하십니다. 여기의 서원은 "하나님께서 나를 죽음에서 건져주셨으니 이미 나는 죽은 것입니다. 그래서 이 죽은 목숨을 주님께 헌신하겠습니다."라는 뜻입니다.

예를 들어서 '지금 건강하지만 병에 걸려서 수술을 받았다고 생각하고 하나님께 감사를 드리는 것'이 서원이요 낙헌제인 것입니다. 우리는 다 이미 한번 죽었던 사람들입니다. 다윗은 아기스의 진영에서 한번 죽었다가 살아났습니다. 그래서 그는 욕심과 야망을 포기할 수 있었고 더 철저하게 하나님의 손에 붙들릴 수 있었습니다. 이미 죽은 목숨이라고 생각하면 우리는 더욱 능력 있게 살 수 있습니다. 왜냐하면 전폭적으로 우리 자신을 하나님께 맡길 수 있기 때문입니다.

새벽을 깨우리로다

57.

하나님이여
나를 긍휼히 여기시고 나를 긍휼히 여기소서
내 영혼이 주께로 피하되 주의 날개 그늘 아래서
이 재앙이 지나기까지 피하리이다
내가 지극히 높으신 하나님께 부르짖음이여
곧 나를 위하여 모든 것을 이루시는 하나님께로다
저가 하늘에서 보내사 나를 삼키려는 자의 비방에서
나를 구원하실지라(셀라)
하나님이 그 인자와 진리를 보내시리로다
내 혼이 사자 중에 처하며
내가 불사르는 자 중에 누웠으니
곧 인생 중에라 저희 이는 창과 살이요
저희 혀는 날카로운 칼 같도다
하나님이여 주는 하늘 위에 높이 들리시며
주의 영광은 온 세계 위에 높아지기를 원하나이다
저희가 내 걸음을 장애하려고 그물을 예비하였으니
내 영혼이 억울하도다 저희가 내 앞에 웅덩이를 팠으나
스스로 그 중에 빠졌도다(셀라)
하나님이여 내 마음이 확정되었고
내 마음이 확정되었사오니
내가 노래하고 내가 찬송하리이다
내 영광아 깰지어다 비파야 수금아 깰지어다
내가 새벽을 깨우리로다
주여 내가 만민 중에서 주께 감사하오며
열방 중에서 주를 찬송하리이다
대저 주의 인자는 커서 하늘에 미치고
주의 진리는 궁창에 이르나이다
하나님이여 주는 하늘 위에 높이 들리시며
주의 영광은 온 세계 위에 높아지기를 원하나이다

Have mercy on me, O God, have mercy on me,
for in you my soul takes refuge.
I will take refuge in the shadow of your wings
until the disaster has passed.
I cry out to God Most High,
to God, who fulfills his purpose for me.
He sends from heaven and saves me,
rebuking those who hotly pursue me; Selah
God sends his love and his faithfulness.
I am in the midst of lions;
I lie among ravenous beasts-
men whose teeth are spears and arrows,
whose tongues are sharp swords.
Be exalted, O God, above the heavens;
let your glory be over all the earth.
They spread a net for my feet-
I was bowed down in distress.
They dug a pit in my path-
but they have fallen into it themselves. Selah
My heart is steadfast, O God,
my heart is steadfast;
I will sing and make music.
Awake, my soul!
Awake, harp and lyre!
I will awaken the dawn.
I will praise you, O Lord, among the nations;
I will sing of you among the peoples.
For great is your love, reaching to the heavens;
your faithfulness reaches to the skies.
Be exalted, O God, above the heavens;
let your glory be over all the earth.

우리 속담에 "쥐구멍에도 볕들 날이 있다."라는 말이 있습니다. 아무리 어려운 절망 가운데 있다 하더라도 사람이 소망을 가지고 끝까지 인내하면 언젠가는 새로운 기회를 만나게 된다는 뜻입니다. 그런데 우리는 이런 말을 잘 믿지 않는 경향이 있습니다. 인생 밑바닥까지 떨어졌다가 다시 재기해서 훌륭한 뜻을 이루는 사람의 이야기를 들을 때, 마치 소설처럼 느껴지고 실제로 나와는 아무 상관없는 말로 들리기 쉽습니다. '그래, 그 사람은 그렇게 성공할 수 있었지만 누구에게나 그런 복이 오는 건 아니잖아?' 라는 식으로 부정적으로 생각합니다. 대부분의 사람들이 그런 구렁텅이에서 빠져 나오지 못하고 그냥 그대로 인생을 망치는 경우가 많기 때문입니다. 사람들은 특별한 사람들만이 그런 행운을 잡을 수 있다고 생각하지, 내 자신이 바로 그 사람이 될 수 있다고는 생각하지 않습니다. 그 이유가 어디에 있습니까?

첫 번째는, 우리가 하나님의 능력을 과소 평가하고 있기 때문입니다. 하나님을 모르는 사람들에게는 하나님의 능력이라는 것이 의미가 없습니다. 그저 자기가 가지고 있는 힘이 전부이기 때문에 나머지는 요행이나 운에 기대를 걸 뿐입니다. 그러나 믿는 자에게는 자기의 능력은 그렇게 큰 비중을 차지하지 않습니다. 우리의 승패는 하나님의 능력을 얼마나 끌어올 수 있느냐, 하는 데 다 달려 있습니다. 그 하나님의 능력을 끌어올 수 있는 것이 믿음입니다. 절대적으로 하나님을 믿으면 절대적으로 하나님의 능력을 끌어올 수 있습니다. 믿음은 할 수 없는 것이 없습니다.

두 번째는, 말씀의 능력을 과소 평가하는 것입니다. 하나님께서 우리에게 말씀을 주신 것은, 하나님께서 우리들에게 백지 위임장을 써 주신 것과 같습니다. 그러니까 우리가 하나님의 말씀을 붙들면 하나님께서 그 말씀을 붙든 사람들에게 복을 주시지 않을 수가 없습니다.

그래서 우리가 하나님의 말씀을 붙드는 것은 다른 어떤 것보다 확실한 힘입니다. 우리는 아주 절망적인 순간에도 말씀을 믿음으로 얼마든지 죽지 않을 뿐 아니라 다시 재기할 수 있는 것입니다.

시편 57편은 표제에 있는 것처럼 '다윗이 사울을 피하여 굴에 있을 때 지은 시' 입니다. 그런데 다윗이 사울을 피하여 굴에 숨었을 때 어떤 일들이 있었습니까? 바로 그 굴속으로 사울이 들어왔습니다. 처음에 사울이 다윗의 일행이 숨어 있는 그 굴속으로 들어왔을 때 다윗은 몹시도 놀랐을 것입니다. 다윗은 아마도 속으로 '이제는 다 틀렸다. 사울이 하필이면 내가 숨어 있는 이 굴속으로 들어오다니!' 하고 생각했을 것입니다. 그리고 다윗이 자칫 잘못했으면 자포자기하는 마음으로 뛰어 나가서 싸웠을지도 모릅니다. 그러나 끝까지 기다렸을 때 다윗은, 사울이 자신을 잡으러 굴속에 들어온 것이 아니고 잠을 자러 들어온 것임을 알게 되었습니다.

팔레스타인은 정오가 되면 너무 덥기 때문에 잠을 자야 합니다. 사울은 낮잠을 자러 거기에 들어온 것인데 실제로는 죽으러 들어온 것과 같았습니다. 다윗은 자기가 너무나도 불행하다고 생각했는데 한 순간에 입장이 바뀌는 것을 느꼈습니다. 그때 다윗이 깨달은 것이 무엇입니까? '이미 나는 사울을 이겼고 전쟁은 끝났으며 이제 새로운 시대가 시작될 것이다.' 라는 미래에 대한 확신이었습니다.

우리는 모든 일이 다 이루어졌을 때에야 비로소 미래를 확신할 수 있는 그런 미련한 사람들이 아닙니다. 어려움이 계속되다가 그 어려움이 바닥을 치고 회복기에 접어든 것을 느꼈을 때, 다시 말해서 계속 내리막길을 향하던 인생 곡선이 이제 더이상 악화되지 않을 때 우리는 하나님의 승리를 확신할 수 있습니다.

하나님의 날개 아래로 피함

우리는 새가 되었으면 좋겠다는 생각을 할 때가 있습니다. 특히 어려운 상황이 나를 꽁꽁 잡아매고 있을 때 모든 것을 훌훌 털어버리고 전혀 새로운 곳에서 새로운 생활을 시작하고 싶은 생각이 들 것입니다. 그러나 우리 사람에게 새로운 시작이라는 것은 결코 쉬운 일이 아닙니다. 우리는 결코 새가 될 수는 없습니다. 새는 벌레만 잡아먹으면 되지만 우리는 벌레만 가지고는 살 수가 없습니다. 우리는 집이 있어야 하고 또 돈도 있어야 합니다. 그래야 밀린 집세라도 낼 수 있는 것입니다. 그런데 오늘 본문에는 다윗이 새가 아니라 병아리가 되어서 어미 닭의 날개 밑에 피했으면 좋겠다고 말을 합니다.

"하나님이여 나를 긍휼히 여기시고 나를 긍휼히 여기소서 내 영혼이 주께로 피하되 주의 날개 그늘 아래서 이 재앙이 지나가기까지 피하리이다"(57:1).

이 세상에는 쫓기는 자에게 안전한 피난처라고는 존재하지 않습니다. 그런데 다윗은 하나님의 날개 아래로 피한다고 말하고 있습니다. 마치 자기 자신을 병아리로 비유하고 있습니다. 주위에 위험이 있을 때 병아리는 어미 닭의 날개 아래로 피하기만 하면 안전합니다. 암탉이 병아리를 돌보고 있을 때는 얼마나 사나운지 모릅니다. 병아리를 해치려고 하면 날개 아래로 병아리를 품은 뒤에 깃털을 다 세우고 공격 자세를 취합니다. 그러면 감히 개나 고양이도 덤벼들지 못하는 것입니다.

그런데 여기서 주의 날개 아래로 피한다는 말이 무슨 뜻일까요? 하나님 앞에서 투정을 부리는 것일까요? 아니면 자신의 믿음을 표현하는 것일까요? 즉 "하나님, 지금 여기까지 쫓기다보니까 너무 지쳤습니다. 이제는 제발 좀 쉬게 해주십시오."라는 뜻이겠습니까? 아니면 실제로 이 세상에 눈에 보이지 않는 하나님의 날개가 있고 그 안으로 들어가기만 하면 어느 적에게도 발견되지 않고 안전할 수 있다는 뜻일까요?

제가 생각하기에는 다윗의 투정이 아니고 믿음의 표현인 것 같습니다. 저는 사실 너무나도 어려웠을 때 "공중의 새를 보라"(마 6:26). 라는 주님의 말씀을 생각했습니다. 그런데 공중에 나는 새를 보았을 때 '그래, 내 마음을 저 새처럼 단순하게 만들고 주님께 다 맡기자.' 라는 생각이 드는 것이 아니라 "하나님, 제가 새입니까? 저는 인간이기 때문에 나무 위에서 잘 수도 있고 벌레를 먹을 수도 없습니다."라는 투정을 한 적이 있습니다. 그러나 다윗은 믿음이 아주 좋은 사람이었습니다. 그래서 이 세상에 눈에 보이지 않는 하나님의 날개가 있다고 믿었습니다. 그 안으로 들어가기만 하면 비에 젖지도 않고, 바람에 떨지도 않고, 적의 공격으로부터도 안전하다고 생각한 것입니다. 그곳이 과연 어디입니까?

다급하지만 기도할 수 있는 곳입니다. 주님의 이름을 부르면서 기도할 수 있는 그곳이 바로 하나님의 날개 속입니다. 그래서 기도하면 어떻게 됩니까? 불안하던 마음이 편안해지면서 이 어려움이 어떻게 잘 해결될 것 같다는 믿음이 생깁니다. 그러면 꼭 어떻게든 해결되게 되어 있습니다.

그래서 저는 기도하기 전과 후의 마음이 180도로 다를 때가 아주 많았습니다. 기도하기 전에는 마음이 예민해져 있고 불안과 두려움에 떨고 있었는데 일단 기도하면 그런 마음이 싹 변하면서 여유를 가지게 됩니다. 바로 그 순간이 하나님의 날개 아래로 들어온 것입니다.

그래서 우리들은 어려운 일이 생기면 하나님의 날개 밑으로 달아나기만 하면 됩니다. 기도하는 자리로 달려가서 거기서 우리의 무거운 짐을 다 내려놓아야 합니다. 그런데 얼마나 그곳이 따뜻한지 모릅니다. 거기서 하나님의 체온을 느낄 수 있기 때문입니다. 그곳에 숨어 있는 동안에 어려운 고비가 지나가는 것입니다. 어려움을 겪는 성도들에게 중요한 것은 일단 고비를 넘기는 것입니다. 고비가 넘어갔다는 것은 이미 하나님께서 간섭하고 계신 것이기 때문입니다.

그러면 하나님의 날개 아래서 무엇을 생각합니까? 다윗은 하나님을 생각합니다.

> "내가 지극히 높으신 하나님께 부르짖음이여 곧 나를 위하여 모든 것을 이루시는 하나님께로다"(57:2).

어려운 중에 하나님을 생각하는 것은 매우 기쁜 일입니다. 왜냐하면 '하나님은 나를 위하여 모든 것을 이루시는 하나님' 이시기 때문입니다. 인간으로서 한평생에 '하나님을 바로 아는 것' 보다 더 귀한 일은 없습니다. 이 세상에 믿는다고 하면서도 하나님을 바로 알지 못하고 어두움 가운데 방황하고 있는 사람들이 얼마나 많습니까? 우리가 하나님을 인격적으로 만나고 하나님을 바로 믿는다는 것 자체만으로도 이 세상에서 사는 본전은 뽑은 것입니다. 우리가 이 세상에 살면서 딱 하나, 하나님만 바로 믿어도 더 이상 손해볼 것이 없습니다. 이것만 해도 우리는 영원히 살 수 있으며 영원히 가치 있는 것을 붙든 것입니다.

그런데 다윗은 지금 자기의 고생이 하나님의 일로 인한 것임을 압니다. 만일 다윗이 사울이 시키는 대로만 했다면 이런 고생을 할 이유가 없습니다. 다윗이 하나님의 뜻을 모르고 맹목적인 열심만 냈더라면 이런 쫓기는 생활을 할 이유가 없는 것입니다. 그런데 다윗이 이렇게 쫓기고 고생하는 것은 오직 바른 신앙 한 가지를 위한 것입니다. 그러니까 얼마나 이 고생이 귀한 고생입니까?

중국의 모택동은 장개석 군대의 북벌에 쫓겨서 대장정을 떠납니다. 떠날 때 십만이 넘던 군인들이 그 먼 거리를 도망치면서 거의 다 죽고 얼마 남지 않습니다. 그런데도 그들은 다시 일어나서 중국을 다 차지했습니다.

사람이 죄를 지어서 쫓긴다면 참으로 처량한 일이지만 의를 위하여 쫓기는 것은 미래가 보장된 복입니다. 적어도 우리는 비굴하게 살지는 않는다는 확신이 있습니다. 그리고 더 중요한 것은 다윗에게 하나님께서 결코 자기를 버리지 않는다는 확신이 있다는 점입니다. 어려운 문제에서 푸는 과정은 잘 모르지만 일단 답은 알고 있는 것과 같습니다. 그 답이 무엇인가 하면, 다윗은 반드시 살아서 이스라엘의 왕이 된다는 것입니다. 이렇게 이미 답은 다 나와 있는 것입니다. 이것보다 더 쉬운 일이 어디에 있겠습니까? 우리가 하나님의 말씀을 따라서 순종할 때 이미 결론은 나 있는 것입니다. 이미 우리는 복받게 되어 있습니다. 단지 우리가 아직 그 과정과 시기를 모를 뿐입니다.

> "저가 하늘에서 보내사 나를 삼키려는 자의 비방에서 나를 구원하실지라(셀라) 하나님이 그 인자와 진리를 보내시리로다"(57:3).

하나님께서 하늘에서 무엇을 보내십니까? '나를 지키는 자'를 보내주십니다. 무엇을 지켜주십니까? 다윗을 삼키려는 자의 비방에서 그를 지켜주실 것이라고 말씀하십니다. 그래서 어려울 때 가장 중요한 것은 우리의 마음을 지키는 것입니다. 우리는 사람들이 악한 말로 비방하면 마음이 상합니다. 하나님의 백성들에게 가장 소중한 부분이 마음입니다. 그런데 마음이 상하면 기도가 되지 않습니다. 그리고 마음이 상하면 사람이 흥분이 되기 때문에 정확한 행동이 나오지 않습니다.

운동을 하신 분들은 잘 알 것입니다. 선수들이 흥분하면 절대로 게임을 제대로 해내지 못합니다. 우리 생각에 흥분하면 운동이 잘될 것 같은데 실제로는 범실이 잦아서 결국 경기를 자기 손으로 망치게 됩니다. 이것은 자기 손으로 게임을 상대방에게 헌납하는 것입니다. 우리는 바로 이런 결정적인 실수만 막으면 되는 것입니다. 이런 것을 하나님을 모르는 사람들은 "부자 몸조심을 한다."라고들 하는데, 내가 하나님의 말씀을 붙들고 살아가고 있다면 죄만 짓지 않으면 됩니다. 우리가 죄만 짓지 않고 끝까지 인내하기만 하면 결국 하나님의 복을 차지하게 되어 있습니다. 그 동안 하나님께서는 '지키는 자'를 보내어 우리의 믿음과 마음을 지켜주셔서 자포자기하지 않게 하시는 것입니다.

여기서 '하나님의 인자와 진리'를 보내신다고 했는데 이 '인자와 진리'는 하나님의 가장 중요한 두 가지 성품입니다. '인자'는 죄인에 대한 한없는 자비하심입니다. 우리가 하나님을 버리지 않는 이상 하나님은 절대로 우리를 포기하시지 않습니다. 그리고 하나님은 끝까지 우리들에 대하여 진실하십니다. 하나님은 우리를 속이거나 기만하시지 않습니다. 하나님은 우리들에게 '기도하면 도와주겠다'고 해 놓고 나중에 가서 '모르겠다'는 식으로 하시지 않습니다. 하나님은 우리로 하여금 잔뜩 기대하게 하시고는 '왜 기대했느냐'는 식으로 말씀하시지 않습니다. 하나님은 우리에 대하여 진실하신 분이십니다. 우리가 기대한 것보다 더 좋은 것을 주시면 주셨지 절대로 나쁜 것은 주시지 않습니다.

현재의 어려운 형편

우리는, 하나님을 바라볼 때에는 마음이 그렇게 든든하고 하나님의 품이 그렇게 아늑하게 느껴질 수 없지만 또 현실을 보면 낙심이 되고 불안해질 수밖에 없습니다. 이것이 인간의 모순입니다. 그래서 우리는 믿음과 현실 사이에서 늘 왔다갔다하면서 기뻐하기도 하고 침체되기도 합니다.

"내 혼이 사자 중에 처하였으며 내가 불사르는 자 중에 누웠으니 곧 인생 중에라 저희 이는 창과 살이요 저희 혀는 날카로운 칼 같도다"(57:4).

여기서 다윗은 마음이 나누어지고 있습니다. 한쪽 마음은 하나님의 날개 아래 쉬고 있는 편안한 마음인데, 다른 한쪽 마음은 사자들 속에 던져져 있는 듯 불안한 마음입니다. 물론 우리의 영과 혼을 분리시켜서는 안 되지만, 지금 다윗의 상태는 영이 하나님의 날개 아래 있다면 혼은 사자 굴속에 던져져 있는 것입니다. 즉 믿음으로는 하나님의 보호하심을 믿고 하나님의 허락이 없이는 머리털 하나라도 상치 못한다는 것을 아는데 당장 닥친 현실은 최악입니다.

그래서 그리스도인들은 이 둘 중에서 어느 쪽으로 기울어지느냐에 따라서 천국과 지옥을 경험하게 됩니다. 믿음이 이기면 천국에 있는 것이 되고 두려움이 이기면 한순간에 지옥으로 떨어지고 맙니다. 만약 이 둘 사이를 왔다갔다하면 하루에도 열두 번 천국과 지옥 사이를 왔다갔다하게 되는 것입니다. 그러니까 믿음 없는 사람들이 보기에 그리스도인들은 정신병자같이 보입니다. 한순간에는 너무 좋아서 키득키득 웃어대다가 그 다음 순간에 불안에 사로잡히면서 벌벌 떱니다. 그러니까 옆에 있는 사람도 불안해서 견디지 못합니다.

"내가 불사르는 자 중에 누웠으니"라고 말하고 있습니다. 여기서 '불사르는 자'는 누구입니까? 사람을 산 채로 태워버리는 사람입니다. 우리는 다혈질적인 사람을 보면 "저 사람은 성질이 불이야."라고 표현합니다. 그런데 여기에 있는 이 악한 사람들은 얼마나 화가 나 있는지 자기만 타는 것이 아니라 옆에 있는 사람까지 다 태워버리고 맙니다. 이런 사람은 대개 자학적인 사람입니다.

사울은 성령께서 떠나신 후에 정말 파괴적인 성격을 가지게 되었습니다. 이것은 극단적인 히스테리 성격을 말하는 것입니다. 그래서 자기 혀와 이를 칼과 활로 만들어서 주위 사람을 많이 공격했습니다. 이런 사람들은 자기 마음에 조금이라도 맞지 않으면 불같이 화를 내면서 상대방을 달달 볶는 것입니다.

사실 그리스도인들에게 가장 큰 고통은 '사람에게 당하는 고통'입니다. 가난이라든지 질병은 인격적으로 모욕을 당하는 것은 아니니까 참으면 얼마든지 참을 수 있습니다. 그런데 사람이란 존재는 따라다니면서 욕을 하는 데다가 악한 말들을 연구해서 쉬지 않고 쏟아놓기 때문에 우리를 견딜 수 없게 만듭니다. 그것이 하나님께서 우리를 겸손케 하시는 가장 어려운 코스 중 하나입니다. 바로 옆에서 귀에 대놓고 하는 말이기 때문에 듣지 않을 수도 없습니다. 이때 가장 좋은 방법이 한쪽 귀로 듣고 한쪽 귀로 흘려버리는 것인데 그것이 말처럼 쉽지가 않습니다. 남이 나를 욕하는 말을 귀로 들으면 일단 우리 속에 불이 일어나고 맙니다.

놀라운 반전

우리 믿는 사람들은 자신의 문제를 자세히 살펴보다가 어떤 전환

점을 찾을 때가 있습니다. 그것을 '놀라운 반전'이라고 부릅니다. 즉 계속적으로 벼랑 끝으로 몰리다가 더이상 몰리지 않는 시점이 있는 것입니다. 악한 자의 공격하는 힘이 좀 약해지는 것 같은 시점이 있습니다. 그때가 언제인가 하면 하나님께서 손을 대시고 있는 순간입니다. 그 이후로는 급격하게 내 쪽으로 힘이 실리게 되는 것입니다.

"하나님이여 주는 하늘 위에 높이 들리시며 주의 영광은 온 세계 위에 높아지기를 원하나이다 저희가 내 걸음을 장애하려고 그물을 예비하였으니 내 영혼이 억울하도다 저희가 내 앞에 웅덩이를 팠으나 스스로 그중에 빠졌도다" (57:5~6).

다윗에게 있어서 놀라운 반전은 언제부터입니까? 사울이 다윗을 빠뜨릴 웅덩이를 팠는데 결국 그 웅덩이에 사울 자신이 빠진 것입니다. 다윗이 숨어 있는 굴속에 사울이 들어오더니 다윗 일행이 숨어 있는지도 모르고 거기서 낮잠을 잔 것입니다. 이것은 하나님께서 시키시지 않으면 절대로 일어날 수 없는 일입니다. 다윗은 이 한 가지 사건을 통해서 이미 사울의 힘은 떨어지고 있으며 이제부터는 힘이 자기 손에 넘어오고 있다는 것을 깨닫게 되었습니다.

우리에게도 놀라운 반전의 순간이 있습니다. 그것은 우리가 끝없이 맨바닥을 향하여 곤두박질치다가 더이상 떨어지지 않고 수평선을 유지할 때입니다. 바로 그 순간이 하나님의 능력이 나에게 전달되기 시작할 때이고 그때부터 형편은 눈에 띄게 달라지기 시작하는 것입니다. 그래서 우리는 최악의 상태에서 갑자기 모든 것이 최고로 바뀌어야 하나님의 능력이 나타났다고 생각해서는 안 됩니다. 더이상 악화되지만 않으면 일단 고비는 넘긴 것이며, 바로 그 시점이 우리 인생의 반환점인 것입니다.

그리고 다윗은 이 한 가지 사건을 통해서 어두움의 시대가 끝나고 환한 진리의 아침이 올 것을 내다보고 있습니다.

"하나님이여 내 마음이 확정되었고 내 마음이 확정되었사오니 내가 노래하고 내가 찬송하리이다"(57:7).

여기서 다윗의 마음이 확정되었다는 것은 이미 어두움의 세력은 물러가고 복음의 아침이 오는 것을 확신하게 되었다는 뜻입니다. 사실 사울이 왕으로 있을 때에는 이스라엘 안에 진리가 다 어두워졌고 불의의 세력이 이스라엘을 지배하고 있었습니다. 사울이 하나님의 기름 부음 받은 자인 것은 사실이지만 그는 이미 하나님 앞에서는 버림을 받은 자였습니다. 하나님의 영감이 떠난 순간부터 그는 이스라엘의 가짜 왕으로서 하나님의 영광을 도둑질하고 있었습니다. 그런데 다윗은, 사울이 자기 함정에 빠지는 것을 보고 이제 이스라엘에 복음의 아침이 오리라는 것을 확신하게 되었다고 말하고 있습니다.

요즘 우리 나라는 다른 것은 몰라도 자유 하나는 마음껏 누리고 있습니다. 과거에 군사 독재 밑에서 말도 제대로 못하고 신음하고 있을 때는 얼마나 답답했습니까? 지금은 일단 자기가 하고 싶은 말은 마음대로 할 수 있는 세상이 되었습니다. 우리가 하나님의 살아 있는 말씀을 듣지 못하고 매일 강대상에서 저주와 폭력의 말을 듣는다면 이것은 정치적인 노예보다 더 비참한 종교적인 노예가 되는 것입니다. 종교적인 노예는 모든 것을 강요받고 하는데 아무런 기쁨 없이 합니다. 충성하면서도 욕을 얻어먹으면서 하는 것입니다.

그런데 다윗은, 이 놀라운 반전을 통하여 이제 더이상 사울은 이스라엘을 속일 수 없고, 이스라엘 백성들은 이제 자신의 의사에 따라서 기쁨으로 하나님께 예배를 드려야 하며, 하고 싶은 말을 다 할 수 있는 때가 도래했다는 확신을 가지게 된 것입니다. 그리고 이때부터 다윗은 담대하게 자기가 외칠 수 있는 복음을 외치게 되었습니다. 다윗은 자기가 알고 있다고 해서 다 말할 수는 없습니다. 그것은 하나님이 주신 때가 되어야 할 수 있는 것입니다. 그때가 언제입니까? 복음의 위대한 아침입니다.

"내 영광아 깰지어다 비파야 수금아 깰지어다 내가 새벽을 깨우리로다"(57:8).

다윗은 이미 아침이 오고 있기 때문에 더이상 기다릴 수가 없었습니다. 왜냐하면 아직까지 사람들은 복음의 아침이 오고 있는 것을 깨닫지 못하고 침체의 잠에 빠져 있기 때문입니다. 그래서 아직 완전한 아침이 온 것은 아니지만 미리 사람들을 깨워서 새로운 날을 준비시키겠다는 것입니다.

그런데 보통 무엇으로 잠자는 사람들을 깨웁니까? 대개 큰 종소리를 울린다든지 아니면 고함을 지르든지 할 것입니다. 수련회 같은 데 가보면 방마다 돌아다니면서 큰 소리로 "빨리 일어나. 안 일어날 거야." 하면서 깨우는 사람들이 있습니다. 그런데 저는 수련회를 할 때 절대로 그렇게 깨우지 못하게 했습니다. 대신 아주 아름다운 음악을 들려주었습니다. 들으면 일어나고 싶을 정도로 아름다운 음악이 있습니다.

다윗도 지금 그런 음악으로 잠을 깨우겠다는 것입니다. 왜냐하면 이제는 더이상 고함 소리에 놀라거나 욕을 먹으면서 깨서는 안 되기 때문입니다. 이 한 사람 한 사람들이 모두 하나님의 소중한 사람들이기 때문입니다. 그 소중한 사람들이 잠에서 깰 때에도 아주 기쁘게 기분 좋게 깨도록 하기 위하여 다윗은 비파와 수금으로 그들을 깨우겠다고 말하고 있습니다. 이들은 완전히 딴 세상에서 잠을 깨게 되는 것입니다. 과거에 누가 이들을 비파와 수금으로 잠을 깨웠습니까? 그러나 다윗은 이제 절대로 이스라엘 백성들을 놀라게 하지 않을 것입니다. 다윗은 이제 이스라엘 백성들이 압제당하지 않을 것이며 진정으로 존경받는 삶을 살게 된다는 것을 그들을 깨우는 소리로 나타내는 것입니다. 이제 이스라엘의 욕과 수치와 부끄러움은 사라졌습니다. 이제 다시는 억울하게 정죄받는 일이 없으며, 죄를 짓지 않았는데 이스라엘 밖으로 추방되는 일이 없을 것입니다.

"주여 내가 만민 중에서 주께 감사하오며 열방 중에서 주를 찬송하리이다 대저 주의 인자는 커서 하늘에 미치고 주의 진리는 궁창에 이르나이다"(57:9~10).

다윗은 이 복음의 기쁜 소식이 이스라엘 안에서 끝나지 않고 온 세상과 열방 가운데 선포되고, 그 복음이 선포되는 곳마다 이런 자유의 종소리가 울릴 것을 내다봅니다. 이것이 바로 다윗의 비전이요, 하나님의 약속이었습니다.

즉 다윗이 가는 곳마다 죄악의 어두움은 사라지고 복음의 아침이 오는 것입니다. 주의 인자는 커서 하늘에 미칩니다. 이는 주의 인자가 얼마나 큰지 온 하늘을 가득 채운다는 뜻입니다. 그래서 아무도 하나님의 인자하심에서 벗어날 수 없고 그 혜택을 받지 못할 자가 없습니다. 이제 다시는 마귀가 하나님의 진리를 감출 수가 없습니다. 이제 마귀는 더이상 이스라엘을 속일 수가 없습니다.

"하나님이여 주는 하늘 위에 높이 들리시며 주의 영광은 온 세계 위에 높아지기를 원하나이다"(57:11).

이제는 복음의 태양이 높이 떠올랐습니다. 어두움의 세력은 다 물러갔고 온 세상은 새로운 세상이 되었습니다. 사울 한 사람이 이스라엘에 밤이 오도록 만들었습니다. 그러나 그가 자기 함정에 빠졌을 때 이미 밤은 물러가고 아침이 오는 소리가 들리기 시작했습니다. 이제는 더이상 성도들을 속일 수가 없습니다. 오직 각자가 자기 신앙 양심에 따라서 최선의 힘을 다하여 하나님을 기쁘시게 하는 것만 남았습니다.

교만한 통치자가 주는 교훈

58.

인자들아
너희가 당연히 공의를 말하겠거늘
어찌 잠잠하느뇨
너희가 정직히 판단하느뇨
오히려 너희가 중심에 악을 행하며
땅에서 너희 손의 강포를 달아주는도다
악인은 모태에서부터 멀어졌음이여
나면서부터 곁길로 나아가 거짓을 말하는도다
저희의 독은 뱀의 독 같으며
저희는 귀를 막은 귀머거리 독사 같으니
곧 술사가 아무리 공교한 방술을 행할지라도
그 소리를 듣지 아니하는 독사로다
하나님이여 저희 입에서 이를 꺾으소서
여호와여 젊은 사자의 어금니를 꺾어 내시며
저희로 급히 흐르는 물같이 사라지게 하시며
겨누는 살이 꺾임 같게 하시며
소멸하여 가는 달팽이 같게 하시며
만기되지 못하여 출생한 자가
일광을 보지 못함 같게 하소서
가시나무 불이 가마를 더웁게 하기 전에
저가 생 것과 불붙는 것을
회리바람으로 제하여 버리시리로다
의인은 악인의 보복 당함을 보고 기뻐함이여
그 발을 악인의 피에 씻으리로다

Do you rulers indeed speak justly?
Do you judge uprightly among men?
No, in your heart you devise injustice,
and your hands mete out violence on the earth.
Even from birth the wicked go astray;
from the womb they are wayward and speak lies.
Their venom is like the venom of a snake,
like that of a cobra that has stopped its ears,
that will not heed the tune of the charmer,
however skillful the enchanter may be.
Break the teeth in their mouths, O God;
tear out, O Lord, the fangs of the lions!
Let them vanish like water that flows away;
when they draw the bow, let their arrows be blunted.
Like a slug melting away as it moves along,
like a stillborn child, may they not see the sun.
Before your pots can feel the heat of the thorns-
whether they be green or dry-the wicked will be swept away.
The righteous will be glad when they are avenged,
when they bathe their feet in the blood of the wicked.
Then men will say,
"Surely the righteous still are rewarded;
surely there is a God who judges the earth."

요즘 신문에 자주 보게 되는 용어 중에 '반면 교사'라는 말이 있습니다. 이것은 다른 사람들의 잘못된 행동을 보고 "나는 그렇게 하지 말아야겠다."라는 철저한 교훈을 얻는 경우를 말합니다.

예를 들어서 아버지가 매일 술이나 마시고 어머니를 때리며 가정을 돌보지 않을 때, 자식은 그 모습을 보고 자기는 그렇게 하지 않겠다고 철저하게 반성하는 것을 볼 수 있습니다. 물론 자식들 중에는 부모가 잘못하는 것까지 그대로 따라하기도 합니다만 그런 사람들은 소망이 없는 사람들입니다. 그런데 부모의 실패를 교훈 삼아서 철저하게 반성하는 자식은 나중에 커서 그렇게 하지 않습니다. 즉 술은 입에도 대지 않고 부인과 아이들에게 아주 최선을 다해서 잘 돌보아 주는 것입니다.

그런데 정치가는 이렇게 되기가 쉽지 않은 것 같습니다. 부정과 독재로 나라를 엉망으로 만들고 물러가는 전직 대통령을 보면서 그 후임자는 그렇게 하지 않을 것 같은데 결국 그 사람도 권력의 자리에 오르면 전임자와 같아지는 경우가 많습니다. 그 이유는 권력을 손에 쥐기 전과 손에 쥐고 난 후의 마음이 달라지기 때문입니다. 그래서 자기 자신은 잘못된 전례를 따르지 않겠다고 결심한다면, 그냥 비판을 위한 비판 정도로 그쳐서는 안 되고 철저하게 반성하고, 그 반성한 것을 자기 뼈에 새겨놓아야만 닮아가지 않을 수 있습니다.

다윗은 사울 왕을 통해서 철저하게 악한 왕의 모습을 보았습니다. 그리고 다윗은 사울 왕의 악한 통치의 가장 큰 피해자였습니다. 다윗은 사울이 하는 것을 보고 이스라엘의 왕은 '이렇게 이렇게 해서는 안 된다.' 하는 것을 많이 생각했습니다. 그래서 그것을 자기 마음에 새겨놓고 철저하게 사울의 비행을 죄악시했습니다. 다윗은 그렇게 했기 때문에 사울의 잘못된 전철을 따르지 않고 의로운 통치를 할 수 있었습니다.

인간 통치자의 사명

사람의 됨됨이가 제대로 드러날 때는 그의 손에 절대적인 권력을 주었을 때입니다. 사람들은 누구나 자기에게 권력이 주어지기 전에는 만일 자기가 높은 자리에 오르면 철저히 바르게 정치를 할 것이라고 주장합니다. 그러나 그런 사람들도 일단 권력을 손에 쥐면 예외 없이 교만해지고 타락한 모습을 보여주는 것을 우리는 많이 보아왔습니다. 그 이유가 어디에 있을까요? 권력이라는 것은 가지기 전에 생각하는 것과 실제로 가지고 난 후가 완전히 다르기 때문입니다.

> "인자들아 너희가 당연히 공의를 말하겠거늘 어찌 잠잠하느뇨 너희가 정직히 판단하느뇨"(58:1).

여기서 '인자들'이란 높은 지위에 앉아서 권력을 휘두르고 있는 사람들을 말합니다. 그들은 지금 당장은 높은 자리에 앉아서 절대적인 권력을 휘두르고 있지만 하나님 앞에서는 여전히 한 인간일 수밖에 없는 것입니다. 왜 인간 통치자들이 하나님 앞에서 '한 인생'일 수밖에 없습니까? 그 이유는 언젠가는 그들도 죽어야 하고 그러면 그 자리에 다른 사람이 앉아서 다시 권력을 휘두르게 되기 때문입니다.

원래 권력이라고 하는 것은 남을 섬기라고 하나님께서 주신 것입니다. 다른 사람들보다 높은 위치에서 남을 부리고 군림하라고 주신 것이 아닙니다. 그래서 원래 권력이란 철저하게 서비스의 개념입니다.

그러면 왜 남을 섬기는 데 권력이 필요합니까? 일단 약한 자를 일으켜 세우려면 힘이 있어야 합니다. 자기 자신도 힘이 없으면서 남을 도와줄 수는 없는 것이니까요. 그리고 우리는 악한 자들의 공격을 생각하지 않을 수가 없습니다. 아무리 이상적인 정치가가 있다 하더라도 악한 자의 공격을 막아내지 못하면 사람들을 지켜줄 수가 없습니다. 뿐만 아니라 나라에 위기가 생겼을 때는 사람들의 힘을 합쳐야 위기를 이겨낼 수가 있습니다. 그러나 사람들은 위기가 오면 자기 살길을 찾아서 뿔뿔이 흩어지려고 합니다. 그때 통치자가 힘을 가지고 사람들의 마음을 하나로 응집시키면 위기는 생각보다 쉽게 극복할 수 있습니다.

그런데 실제로 권력을 가진 자들 중에서 자기에게 주어진 권력으로 남을 섬겨야 한다고 생각하는 사람은 거의 없습니다. 오히려 대부분의 경우는 권력을 자신의 권리로 생각해서 남의 섬김을 받으려 하고 자기 이익을 챙기려고 합니다. 특히 오늘 본문에서 다윗이 '인자들아' 라고 말하는 대상은 사울과 그와 함께 한 사람들을 말합니다. 하나님께서 그들을 세우신 이유는 '공의를 말하게 하기 위함' 인데 그들은 공의에 대해서 철저하게 잠잠합니다.

"오히려 너희가 중심에서 악을 행하며 땅에서 너희 손의 강포를 달아주는도다"(58:2).

사람들이 악한 자를 좋아하는 이유가 있습니다. 그 이유는 통치자가 모든 것을 철저하게 공의로 처리하면 사람들은 덕을 보기가 어렵기 때문입니다. 예를 들어서 모든 것을 공정하게 거래하는 사람에게서는 뇌물이나 부정한 수입을 기대할 수가 없습니다. 물건을 제대로 만들어서 제대로 공급하는데 다른 부정이 있어야 할 이유가 없지 않습니까. 줄 것을 주고 받을 것을 받기 때문에 부정한 거래가 있을 수가 없습니다. 부정한 거래는 반드시 부정한 관계 뒤에 따라오게 되어 있습니다. 부정을 눈감아주면 그만큼 이득이 돌아오기 때문입니다.

우선 사울이 다윗을 두 번씩이나 죽이려고 한 것은, 공정한 일이 아닙니다. 물론 왕은, 다윗이 잘못한 것에 대해서는 얼마든지 재판을 열어서 그를 정죄할 수도 있었습니다. 그런데 그때 다윗은 잘못이 없었습니다. 사울은 다윗이 자신을 위하여 악기를 연주하는데 창을 던져서 그를 살해하려고 했던 것입니다. 이것은 일종의 암살이며 테러입니다. 그리고 다윗이 도망을 쳤다고 사울이 군사들을 풀어서 대대적으로 수색을 하는 것도 왕으로서 잘하는 것이 아니었습니다. 그런데 이때 왕의 신하들은 아무도 왕이 잘못했다고 충고하는 자가 없었습니다.

물론 그 이유는 간단합니다. 일단 사울 왕이 다윗을 너무나도 미워하고 있다는 것이 분명한 사실이기 때문에 다윗을 두둔한다면 당장 사울 왕의 미움과 의심을 받을 것이 자명하기 때문입니다. 그러나 또 다른 이유가 있었습니다. 그것은 이런 부정한 왕을 도와야 인정을 받기가 쉽고 승진하기가 용이하다는 점입니다. 모든 것을 공정하게 하는 왕에게는 인정받기가 정말로 어렵습니다. 매사에 자기 실력으로 인정받아야 하기 때문입니다. 그러나 부정한 통치자의 잘못을 인정해 주고 그에게 협력하기만 하면 총애를 받고 쉽게 승진할 수 있는 것입니다. 이것은 사회도 마찬가지입니다. 정상적인 사회에서는 한 순간에 떼돈을 벌 수가 없습니다. 그러나 부정한 사회일수록 권력자와 유착하면 쉽게 돈을 벌 수 있기 때문에 사람들은 그런 부정한 사회를 좋아하는 것입니다.

다윗은 지금 이것을 지적하고 있습니다. "너희들이 공의에 대하여 입을 다물고 있는 것은 바로 사울의 악한 짓에 동조함으로 쉽게 성공하려고 하는 것이 아니냐?"라는 것입니다.

사울이 이런 식으로 잘못된 행동을 할 때 그에게 바른 말을 할 수 있는 사람은 오직 한 사람, 사무엘 선지자밖에 없었습니다. 사무엘은 왕을 두려워하지 않는 선지자였습니다. 그러나 다른 사람들은 아무도 사울에게 바른 말을 할 수 있는 용기를 가지지 못했습니다.

어느 사회든지 대세가 불의한 쪽으로 기울 때 공의를 말하는 것은 대단한 용기가 필요합니다. 그때 잠잠한 것은 불의를 인정해 주는 것이 됩니다. 그런데 사람들이 사울에게 반대하지 않고 사울을 따른 것이 결국 사울 왕이나 이스라엘 백성들 모두에게 큰 피해가 되었습니다. 왜냐하면 사울 왕은 다윗을 추격하느라고 나라를 제대로 지키지 못했고, 그 결과 블레셋의 공격으로 길보아 산에서 대패를 하고 말았기 때문입니다. 물론 사울과 세 아들이 거기서 다 전사를 함으로 사울의 가문에도 큰 불행이었지만 많은 이스라엘 백성들도 그 전투에서 전사했던 것입니다.

악한 자가 지배할 때 의로운 자들은 어떻게 처신해야 하겠습니까? 그때 요나단 같은 사람은 사울에게 남았습니다. 왜냐하면 사울 왕은 자신의 아버지이고 그래도 이스라엘을 지켜야 한다고 생각했기 때문입니다. 요나단의 경우에는 몸은 사울에게 있었지만 마음은 다윗에게 있었습니다. 그리고 결국 사울과 함께 길보아 산에서 죽임을 당했습니다. 요나단은 아버지와 다윗 사이에서 고민을 한 사람이었습니다. 그가 다윗의 통치를 도우려면 아버지를 버려야 합니다. 그러나 그는 다윗을 돕지 못하고 아버지와 운명을 함께 했습니다.

그러나 억울함을 당한 사람들은 사울 밑에 붙어 있지 못하고 다윗에게 와서 다윗과 함께 고생을 했습니다. 결국 그 사람들이 다음에 다윗이 왕이 되었을 때 다윗의 통치에 동참하는 자들이 되었습니다.

어떻게 하는 것이 지혜로운지는 한 마디로 말할 수 없습니다. 예를 들어서 직장에서 약간의 불의한 일이 있다고 해서 모두 다 사표를 내고 직장을 떠나야 하느냐, 아니면 당장은 좀 답답하다 하더라도 나중에 때가 올 때까지 기다려야 하느냐 하는 것은, 각자가 양심에 따라서 판단할 일입니다.

전에 한 청년이 저에게 상담을 하러 왔습니다. 그는 자기 직장의 상사가 회사를 위하여 고사를 지내는 것을 보고 너무 실망했습니다. 그래서 도저히 이런 우상 숭배자를 상관으로 모실 수 없다며 사표를 내려고 한다는 것이었습니다. 그래서 저는 "너는 그때 어떻게 했니?" 라고 물었더니 자기는 그리스도인임을 밝히고 고사에 참여하지 않았다는 것입니다. 그래서 그 정도만 해도 참으로 훌륭한 행동이었으며 회사 사장의 신앙이 실망스럽다고 해서 직장을 떠난다면 과연 네가 실망하지 않을 사장은 몇 명이나 있겠느냐고 하면서 잘 참으라고 격려했습니다. 그러나 직장에서 자신이 그리스도인임을 밝힐 수도 없는 분위기이고 우상 숭배를 강요한다면 그때는 더이상 거기에 붙어 있을 필요가 없는 것입니다.

> "악인은 모태에서부터 멀어졌음이여 나면서부터 곁길로 나아가 거짓을 말하는도다"(58:3).

도대체 사울이란 사람이 그렇게 악해진 것이 언제부터일까요? 우리가 보기에는 아말렉 사람들을 진멸하면서 하나님의 말씀대로 하지 않음으로 사무엘의 책망을 들은 때부터였습니다. 공식적으로는 그때부터 하나님은 사울을 버리셨고 성령의 역사는 사울을 떠났습니다. 어떤 의미에서 처음 사울이 왕으로 뽑힐 때에는 사울은 아주 긍정적인 면이 많은 사람이었습니다. 그는 겸손했고 성실했습니다. 사울은 왕으로 뽑혔을 때 절대로 잘난 체하지 않았고 오히려 짐 사이에 숨었습니다. 그리고 아주 아량이 넓은 사람이었습니다. 그는 자기를 왕으로 인정하지 않고 욕하는 비류들에게 보복하지 않았습니다. 그리고 그의 도움을 요청하는 기브아 족속들을 신실하게 도왔습니다.

그런데 도대체 어찌하여 이런 괜찮은 사람이 왕이 되면서 변해 버린 것일까요? 다윗은, 그가 왕이 되면서 변한 것이 아니고 모태에서부터 하나님의 진리와는 멀었다고 말합니다. 단지 그는 그 동안에 타락하고 변질될 시간적인 여유가 없었을 뿐입니다. 그러다가 그의 손에 절대적인 권력이 주어졌을 때 그는 급격하게 자신의 본성대로 타락한 것뿐이라는 것입니다. 마치 날씨가 추우면 독버섯이 잘 자라지 않다가 온도와 습도가 맞게 되면 한꺼번에 독버섯이 온 숲에 퍼지는 것과 같습니다.

그러니까 정치학에서 말하는 것처럼 "절대 권력은 절대로 부패하게 되어 있다."라는 말이 맞습니다. 그래서 어떻게 하든지 인간의 권리는 통제하고 견제하는 수밖에 없습니다. 죄인들에게는 너무 많은 자유가 주어지지 않는 것이 좋습니다. 누구든지 너무 많은 돈이 갑자기 주어지면 반드시 타락하지 않을 수가 없습니다.

예수님은 좋은 나무가 좋은 과실을 맺는다고 말씀하셨습니다. 그래서 권력을 제대로 사용하려면 일단 그의 본성의 뿌리 자체가 변해야 합니다. 철저하게 하나님 중심이 되어야 합니다. 그러나 그것으로도 부족합니다. 다른 사람이 잘못하는 것을 보고 철저하게 자기는 그렇게 하지 않겠다는 교훈을 받아야 합니다.

다윗이 본 사울의 모습

다윗은 사울 왕을 '반면 교사'로 삼았습니다. 그 말은 다윗은 쫓기는 생활을 하면서 인간 사울에 대하여 철저하게 연구를 했다는 뜻입니다. 그렇게 한 이유는 사울을 미워하거나 복수하기 위해서가 아니라 자신의 거울로 삼기 위해서입니다. 다윗은 사울의 성격을 생각할 때 가장 먼저 떠오른 것이 독사였고 뱀 대가리였습니다.

"저희의 독은 뱀의 독 같으며 저희는 귀를 막은 귀머거리 독사 같으니"(58:4).

뱀이란 짐승은 참으로 이상합니다. 무엇보다 그 행동을 예측할 수 없습니다. 일단 자기에게 불리하다는 생각이 들면 고개를 숙이고 도망을 치지만 공격을 해야 되겠다고 생각되면 언제든지 고개를 빳빳하게 들고 공격을 합니다. 그런데 일단 뱀이 약이 올라서 공격을 할 때에는 다른 것이 눈에 들어오지 않습니다. 그리고 상대방이 자기보다 약할 때에는 갈라진 혀를 날름거리면서 상대방의 정신을 완전히 다 빼놓습니다. 여러 면에서 악한 자들과 비슷합니다. 악한 자들은 얼마나 친절하게 잘해 주는지 온몸에 착 달라붙을 정도로 잘해 줍니다. 의로운 자들 중에는 그렇게 친절한 사람이 아무도 없습니다. 의로운 자들은 대개 무뚝뚝하고 '네 일은 네가 알아서 하라'는 식인데 악한 자는 그렇지 않습니다. 악한 자들은 상대방에게 일단 잘해 주어야 되겠다고 마음을 먹으면 완전히 마음이 녹을 정도로 잘해 주어서 마음에 있는 경계심을 완전히 다 풀어놓게 합니다. 그리고 나서는 나중에 한 입에 잡아 먹어버리는 것입니다.

다윗이 사울의 성격 중에서 본 것은 바로 이런 이중성이었습니다. 사울의 성격은 너무나도 극과 극을 달렸습니다. 사울은 일단 의심이 생기고 화가 나면 손에 들고 있는 창을 다윗에게 던질 정도로 히스테리가 심했습니다. 사람이 다른 사람에게 어떤 물건을 던진다는 것은 자기 스스로 분노가 통제되지 않는 것입니다. 사울은 화가 나면 분노를 참을 수가 없었습니다. 그런데 반대로 누군가의 인정을 받고 도움을 받으면 금방 울면서 좋아하고 고마워 했습니다. 나중에 다윗이 사울을 살려주었을 때 사울은 울면서 자기 잘못을 시인하고 다윗에게 고마워 했습니다.

그뿐만 아니라 그는 참으로 인간적이었습니다. 다시 말해서 사울은 성경적인 사람은 아니었습니다. 그래서 사울은 아말렉 왕 같은 사람도 기분이 나면 살려주었습니다. 사무엘이나 다윗 같은 사람은 그런 기분파가 아니었습니다. 그들은 너무나도 냉정한 사람들이었고 인간적이지 못했습니다. 그런데 사울은 자기 마음에만 들면 하나님의 말씀을 얼마든지 바꿀 수 있는 사람이었습니다. 그리고 자기가 승리한 것을 기념하는 전적비 같은 것도 세웠습니다. 또 자기 주위에 용병들을 자꾸 돈을 주고 끌어 모았습니다. 다시 말해 사울은 전적으로 하나님의 능력을 의지하는 사람은 아니었습니다. 그리고 사울은 음모에 능했습니다. 다윗을 죽이고 싶을 때에도 그냥 죽이지 않고 음모를 꾸며서 블레셋 사람들을 죽이고 양피 백 개만 구해 오면 사위로 삼겠다는 말을 흘렸습니다. 즉 다윗으로 하여금 블레셋 진에 들어가게 만들어서 죽이려고 했습니다. 그리고 한번 화가 머리끝까지 나면 어느 누구의 말도 듣지 않고 결국 자기가 하고 싶은 대로 다 하고야 마는 성격이었습니다.

다윗은 이런 사울 왕에 대하여 "그는 결국 독사이며 뱀 대가리 같은 사람이다."라는 결론을 내리게 된 것입니다. 사울이 하는 짓은 짐승들 중에서 인간이 가장 싫어하는 뱀의 행동이었다는 것입니다.

5절이 뱀에 대한 설명의 절정입니다.

"곧 술사가 아무리 공교한 방술을 행할지라도 그 소리를 듣지 아니하는 독사로다"(58:5).

아무리 독사라 하더라도 술사가 피리를 불면서 달래면 말을 듣게 되어 있습니다. 그런데 독사가 약이 바짝 올라서 덤벼들 때에는 눈에 보이는 것이 없습니다. 화가 난 독사는 자기가 죽을지 살지도 모르고 덤벼드는 것입니다.

사실 다윗이 사울에 대하여 이런 식으로 평가를 하는 것은 손아래 사람으로서 바른 행동은 아닐지 모릅니다. 사울은 자기 장인이었으며 그가 모시던 왕이었습니다. 그런데 어떻게 다윗이 자기 장인이며 왕인 사람을 독사에 비유하여 평가를 할 수 있겠습니까? 그러나 이것이 대단히 중요한 것입니다.

사람 속에는 타락한 본성이 있습니다. 그래서 가까운 사람이 못된 짓을 할 때 자기도 모르는 사이에 닮게 되어 있습니다. 그런 것을 "욕을 하면서 닮아간다."라고 말합니다. 구박하는 시어머니를 그렇게 욕하면서도 나중에 막상 자기가 시어머니가 되었을 때는 며느리를 자기 시어머니와 똑같이 못살게 구는 사람이 있습니다. 그것은 자기도 모르게 닮게 되었기 때문입니다. 또 아버지가 술이나 마시고 어머니를 구타하는 것을 보고 무지무지하게 싫어했던 사람이 자기도 늙었을 때 아버지와 똑같이 술을 좋아하고 아내를 구박하고 심지어는 얼굴까지도 자기 돌아가신 아버지와 비슷해지는 경우도 있습니다.

결국 이 연결 고리를 끊으려면 철저하게 부정하고 반성하는 수밖에 없습니다. 그래서 아무리 사울이 자신의 장인이고 자기가 모시던 분이라 하더라도 철저하게 비판할 것은 비판하고 그 관계를 끊을 것은 끊어야 합니다. 그리고 조금이라도 그 악한 자의 덕을 보려고 하면 안 됩니다. 그 후광의 덕을 보면 그의 악한 영향을 끊을 수가 없습니다. 이것을 생각할 때에 다윗이 사울에게 쫓겨나서 고생한 것이 나중에 바른 정치를 하는 데 얼마나 큰 밑거름이 되었는지 모릅니다.

그러니까 아버지의 악습을 물려받지 않으려면 아버지의 집을 나와서 자기 손으로 아르바이트를 하면서 돈을 벌어서 공부를 하고, 마음 속에 이를 갈면서 나중에 결혼하면 절대로 아내와 아이들을 구박하지 않겠다는 결심을 뼈에 새겨야 하는 것입니다. 그렇게 하지 않으면 결국 자기도 모르는 사이에 그 악한 아버지를 닮아서 그대로 따라가게 되어 있습니다.

그런데 우리는 여기서 정치 권력의 중독성을 다시 한번 생각하게 됩니다. 정치가들 중에서 야당으로 핍박을 받던 사람들은 모두 다 이구동성으로 자기가 만일 대권을 잡기만 한다면 철저하게 모든 것을 민주적으로 할 것이라고 말합니다. 그러나 막상 정권을 잡은 후에는 전임 정치가가 하던 그대로 답습해서 악하게 통치를 합니다. 그 이유는 그렇게 하는 것이 편하다는 것을 깨닫게 되기 때문입니다. 민주적으로 해봐야 자기 권력만 약해지고 또 남에게 잘해 주었다고 해서 사람들이 그것을 알아주는 것도 아닙니다. 그래서 결국 앞에서 하던 사람들의 전철을 따라가는 것입니다. 그래서 정치가가 야당 때 탄압을 받았다고 해서 정치를 민주적으로 잘하는 것이 아닙니다. 자기 속에 정치에 대한 분명한 그림과 소신이 있어야 합니다. 그리고 자기가 한 것에 대하여 칭찬 대신 욕이 돌아오고 손해를 보더라도 그대로 밀고 나갈 수 있는 신념이 있어야 합니다. 이런 신념과 철학이 있는 사람은 누가 뭐라고 해도 흔들리지 않고 일관되게 자신의 정책을 밀고 나갈 수가 있지만, 손해를 보기 싫어하고 여론에 흔들리는 인기 위주의 정치가는 변질되지 않을 수가 없는 것입니다.

그러니까 정치가들도 하나님이 자기를 세웠다는 부르심의 소명이 있어야 합니다. 일단 대통령이 되고 난 후에는 임기는 보장이 되니까 그 동안 자기를 돌보아주던 사람들과의 관계도 끊어야 됩니다. 그런데 그 동안 자기를 지지해 주고 돌보아준 사람들에게 대통령이 되어서 신세를 갚으려고 하니까 결국 부정이 생길 수밖에 없습니다. 그래서 부르심의 소명으로 하나님 앞에서 책임지는 자세가 있어야 끝까지 깨끗하게 소신껏 백성들을 섬길 수 있는 것입니다.

다윗은, 이제 더이상 사울은 하나님의 나라를 해쳐서는 안 된다고 생각합니다.

> "하나님이여 저희 입에서 이를 꺾으소서 여호와여 젊은 사자의 어금니를 꺾어 내시며 저희로 급히 흐르는 물같이 사라지게 하시며 겨누는 살이 꺾임같이 하시고 소멸하여 가는 달팽이 같게 하시며 만기되지 못하여 출생한 자가 일광을 보지 못함 같게 하소서"(58:6~8).

다윗은 가장 먼저, 사자의 이를 꺾어달라고 기도합니다. 이것은 가장 기둥이 되는 장수나 인물들이 떨어져 나가게 해달라는 것입니다. 악한 자도 자기 혼자의 힘으로 나쁜 짓을 하는 것은 아닙니다. 결국 그를 충동질하고 부채질하는 악한 신하가 있습니다. 그런데 그런 자들 안에서 분열이 생겨야 악한 정권이 무너지게 됩니다.

두 번째는, 그들을 빨리 흐르는 물처럼 사라지게 해달라고 기도합니다. 이것은 인심이 빨리 떠나도록 해달라는 것입니다. 처음에는 인간적으로 잘 대해 주고 모든 것을 의욕적으로 하기 때문에 지지하는 사람들이 많습니다. 그러나 시간이 지날수록 그의 욕심이 나오고 편협한 생각들이 노출되면서 인심이 급격하게 바뀌게 되고 결국 권력의 누수 현상이 생기는 것입니다. 그래서 물이 새듯이 권력이 새나가면 결국 껍데기만 남게 되고 실속은 아무것도 없게 됩니다. 그러니까 그를 따르는 자들은 분명히 이유가 있기 때문에 따르는 것입니다. 즉 정의를 위해서 충성하든지 아니면 돈이 생기든지 뭐든지 있어야 합니다. 그런데 악한 자는 나중에 돈도 떨어지고 원래 정의는 없으니까 급격하게 사람들이 떠나는 것입니다. 달팽이도 마찬가지입니다. 서서히 마르면서 죽어갑니다. 이것이 권력의 무상함입니다.

세 번째는, 만삭되지 못한 자처럼 되게 해달라고 기도합니다. 만삭이 되지 못해서 태어나면 장기가 다 만들어지지 않았기 때문에 위험합니다. 특히 실명하는 예가 많았습니다. 맹인들은 대개 조산되면서 다 만들어지지 못한 눈이 빛에 노출되어 실명하는 경우가 가장 많다고 합니다. 그러니까 사울로 하여금 아첨하는 사람들 안에 갇혀서 아무것도 알지 못하게 해달라는 것입니다. 밑에서 모든 것을 부정으로 다 챙겨먹어도 혼자서는 충성하는 줄 알고 있는 것입니다.

하나님의 심판

하나님께서는 결국 정직하지 못한 통치자들을 심판하십니다. 하나님께서는 악한 통치자로 하여금 서서히 그 힘을 빠지게 하셔서 결국 마른 나뭇가지처럼 되게 하십니다. 그래서 소리는 요란하지만 결코 열을 발하지 못합니다.

"가시나무 불이 가마를 더웁게 하기 전에 저가 생것과 불붙는 것을 회리바람으로 제하여 버리시리라"(58:9).

악한 자들은 가시나무와 같아서 불을 붙이면 소리는 요란하지만 금방 타서 꺼지기 때문에 솥을 덥히지 못합니다. 가마솥을 덥히려면 장작 같은 통나무로 오래오래 불을 피워야 하는데 악한 자의 불은 오래 가지 않습니다.

왜냐하면 그것은 하나님의 힘이 아니고 사람의 순간적인 욕심에 불과하기 때문입니다. 그래서 그것으로는 진정으로 사람을 행복하게 해줄 수가 없습니다. 인간의 힘으로 할 수 있는 것은 현상 유지 정도입니다. 더 악하게만 하지 않으면 아주 잘하는 것입니다. 그런데도 불구하고 이상적인 사회를 만들겠다고 요란한 정책을 내놓는 사람들은 가시나무와 같아서 처음에만 요란한 소리를 내지 결국 아무것도 없습니다. 사람들에게 실망만 안겨줄 뿐입니다.

진정으로 인간을 행복하게 하는 방법은 하나님의 복을 끌어오는 것입니다. 이것은 하나님의 말씀과 함께 옵니다. 사람들에게 믿음을 가지게 함으로 각자가 하나님의 복을 받고 죄를 이기는 것입니다.

> "의인은 악인의 보복당함을 보고 기뻐함이여 그 발을 악인의 피에 씻으리로다"(58:10).

이것은 의인이, 악인이 망하는 것을 좋아한다는 뜻이 아닙니다. 정의가 회복되는 것이 기쁘고 많은 사람들이 무엇이 옳은 것인지 깨닫는 것이 기쁜 것입니다. 의인이 악인의 피에 발을 적신다는 것은 결국 악인들이 의인들의 발 앞에 비참하게 죽는 것을 말합니다.

> "때에 사람의 말이 진실로 의인에게 갚음이 있고 진실로 땅에서 판단하시는 하나님이 계시다 하리로다"(58:11).

이 세상은 악인의 뜻대로 되지 않습니다. 하나님께서 악한 자를 판단하시며 의인에게 복으로 갚아주십니다. 그래서 사람들도 비로소 '의로운 종들은 하나님이 보낸 선물이며 악을 사랑하면 악한 통치자가 나오게 된다는 것' 을 깨닫게 됩니다. 우리는 '꺼진 불도 다시 보자' 는 심정으로 의를 사랑하는 사람들이 되어야 합니다. 그래야 불의한 자들이 나타나서 우리의 자유를 도둑질하지 못할 것입니다.